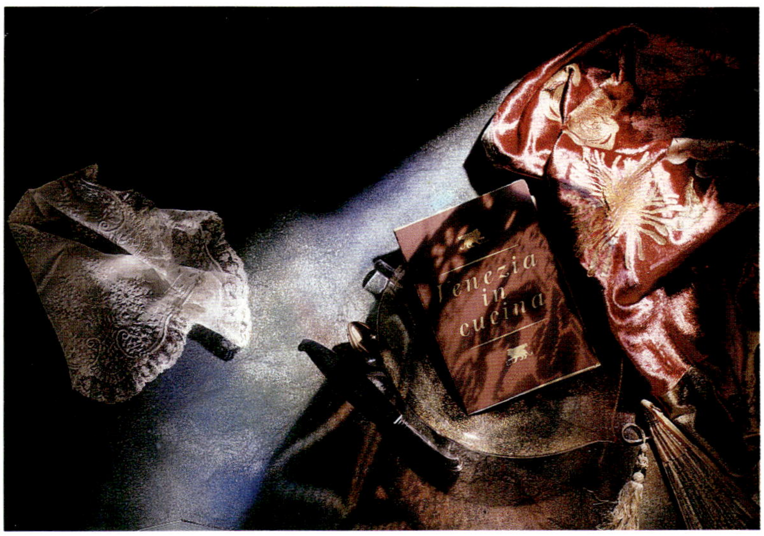
Venezia
in
cucina

Pino Agostini

Kulinarische Streifzüge durch Venedig

ORBIS VERLAG

Titel der italienischen Originalausgabe:
VENEZIA IN CUCINA
Deutsch von Susanne Vogel

ISBN 3-572-01364-X

Die Originalausgabe erschien im Verlag Arsenale Editrice srl, Venedig

Buchgestaltung: Fulvio Ariani
Covergestaltung: Horst Rothe, Niedernhausen

Printed in Italy by EBS, Verona

Inhalt

Die Kochkunst der Serenissima

Alvise Zorzi

VENEZIANISCHES LEBEN GESTERN UND HEUTE

Die meisten Touristen, die in Millionenzahl den Markusplatz überschwemmen, sich durch die Mercerie schieben, San Bartolomeo und San Salvador umschwärmen, sehen von Venedig kaum mehr als das, was sie auf einer Ansichtskarte billiger betrachten könnten. Das Funkeln und Leuchten, das den Besucher in der Basilika umfängt, die Eigenwilligkeit, mit der sich die Fassade des Dogenpalastes ihm entgegenstellt, die Unerschütterlichkeit, mit der die beiden Mohren auf dem Uhrturm seit einem halben Jahrtausend mit ihren Hammerschlägen die Zeit verkünden, sind Wunder, für die viele keine Augen haben. Was »das alte Zeug« betrifft, begnügen sie sich mit einem flüchtigen Blick auf die Seufzerbrücke, für Literaten und Unbelesene seit jeher die Sehenswürdigkeit schlechthin.

Wie können sie überhaupt etwas über das venezianische Leben erfahren, von dem durch den Exodus der Bevölkerung und die immer weiter um sich greifende Anpassung an den Fremdenverkehr ohnehin nicht mehr viel übriggeblieben ist? Und wie sollten sie eine Ahnung von der traditionellen Küche bekommen, die zunehmend verdrängt wird durch übles Fast Food, lieblos zubereitete Tiefkühl-Pizzas, charakterlose Speisen, die selbst in vielen sogenannten guten Restaurants das Angebot ausmachen. Denn das wird von den Touristen verlangt: »Spaghetti al ragù« oder »alle vongole«, »Tagliatelle alla bolognese«, »Tortellini alla panna« …

Tagtäglich müssen die paar Wirte, die mit höchst lobenswerter Leidenschaft und Kompetenz noch immer die venezianische Tradition pflegen, sich mit der Ignoranz ihrer Gäste herumschlagen, müssen diejenigen, die bestrebt sind, sich von der Masse abzuheben, ankämpfen gegen die Versuchungen der »cucina creativa«, der italienischen Variante jener »Nouvelle Cuisine«, die, nachdem sie, angeregt durch den großen Bocuse, Frankreich überrollt hatte, auch in Italien um sich zu greifen begann. Noch immer fordert sie ihren Tribut, werden Tag für Tag traditionelle Gerichte, elegante ebenso wie ländlich-rustikale, von »kreativen« Köchen auf dem Altar der kulinarischen Alchimie geopfert. Heraus kommt dabei etwas, das mit Gaumenfreuden nicht mehr viel zu tun hat.

Dies soll aber nicht heißen, daß man in Venedig, vor allem aber im Veneto, nicht gut essen könnte. Trotz des atemberaubenden Aufschwungs, der im Verlauf von vier Jahrzehnten eine arme Region, deren Aufnahme in die Liste der »unterentwickelten Gebiete« von der UNO allen Ernstes erwogen wurde, zu einem der am höchsten industrialisierten Zonen Italiens verwandelte, blieben die Traditionen nicht auf der Strecke. Hunderte und Aberhunderte kleiner und mittlerer Unternehmer, die sich in dieser Zeit etablieren und dadurch zu einem geradezu schwindelerregenden Anstieg des Pro-Kopf-Einkommens, zur Bekämpfung der Arbeitslosigkeit und zu einem enormen Bekanntheitsgrad der Produkte »made in Veneto« noch im entferntesten Ausland, in das ihre Väter einst auswandern mußten, beitragen konnten, gaben ihre Tugenden —

Francesco Guardi, *Bankett für Polignacs Hochzeit,* aquarellierte Zeichnung; Venedig, Museo Correr

Zähigkeit sondergleichen, beispielhafte Ehrlichkeit, Freude an der Arbeit, gesunden Realismus und Härte gegen sich selbst — keineswegs preis, sondern setzten sie gezielt zum Aufbau ein. Ebensowenig opferten sie ihre Freude am Essen und Trinken. Die Nachkommen jener Generationen, die zu oft und zu lange von Hunger und Not gebeutelt worden waren, frönen zwei Lastern — oder handelt es sich um Kompensation? In jedem Fall ist Essen und Trinken für sie alles andere als eine Nebensache. Doch muß der Wein unverfälscht, soll die Küche ursprünglich und darf die Gastlichkeit nicht aufgesetzt sein. Und es gibt sie nach wie vor, diese Restaurants, die für den, der sie entdeckt, die herrlichsten Überraschungen bereithalten.

Und was ist mit Venedig? Da seine Bevölkerung — gemeint ist die angestammte — inzwischen zum Großteil nach Mestre und Marghera abgewandert ist, gibt es kaum mehr jene alten Schenken, die auf dem Tresen eine stattliche Auswahl an *rafredi,* hartgekochten Eiern, *folpeti, garuso'li, sardè'le roste* und anderen, den Durst anregenden Appetithappen feilboten und neben echtem Cartizze und erfrischendem Prosecco manch andere Tropfen bereithielten, die, wie der Raboso, heute Raritäten darstellen oder, wie beispielsweise der Corbinelo, überhaupt nicht mehr zu bekommen sind. Von der Bildfläche verschwunden sind inzwischen leider auch die letzten *fritolini.* Hier bekam man riesige Portionen Polenta und eine große Auswahl an köstlichstem fangfrischem Fisch, ebenso *sepoline col nero* und mitunter auch *baca'là mantecato.* Dieser wurde noch vor nicht allzu langer Zeit den Gästen einfach auf einem Stück Wachspapier, das auf einem großen Stück dickerem maisfarbenem Papier lag, vorgesetzt. Gepäckträger und *nobilòmeni* — Vornehme — saßen an großen derben Holztischen einträchtig nebeneinander, und kein Standesdünkel störte die gastliche Atmosphäre. Einer der bekannteren *fritolini* lag in der Calle delle Rasse, ein anderer, nicht minder beliebter in der Calle dei Fabbri, und einer schließlich, der die spektakulärste Polenta überhaupt zu bieten hatte, in San Pantalon. Die letzten, die dichtmachten — das war vor etwa zwanzig Jahren —, waren Toneti in San Cancian, dessen vorzüglicher *baca'là mantecato,* serviert mit einem vollen, runden Merlo (ich weiß, es heißt Merlot, doch seinerzeit schrieben ihn die Wirte noch anders), mir unvergeßlich bleiben wird, und Aristide in der Calle della Regina in San Cassiano, wo die Polentaportionen beinahe schon unanständig groß und der Fisch selten lecker und knusprig waren.

Glücklicherweise halten einige Hüter der gastronomischen Traditionen die Stellung und trotzen beharrlich aller Neuerungswut. Es sind nicht mehr als ein Dutzend, von der vornehmsten Adresse mit erlesener (selbstverständlich traditioneller) Küche bis hin zum volkstümlichen charmant-rustikalen Refugium. Und auch auf den Laguneninseln hält sich, ungeachtet des vom Frühjahr bis in die kalte Jahreszeit nicht endenden Touristenansturms, hier und da die traditionelle Küche der Fischer, die auch die eine oder andere behutsame Erneuerung gut verkraftet. Nicht alle kennen diese Lokalitäten, nicht einmal die Autoren der immer zahlreicheren Restaurantführer, denen der Verfasser dieser Zeilen im übrigen gern einen Führer der Restaurants, die man unbedingt vermeiden sollte, entgegenstellen würde (womit er sich viele Feindschaften, aber zweifellos auch viel Dankbarkeit seitens der großen Mehrheit erwerben könnte).

Einige Führer, wie die in mancherlei Hinsicht beispielhafte Veröffentlichung der Accademia Italiana della Cucina, vermitteln mehr oder weniger detaillierte Informationen über die kulinarischen Traditionen des Veneto. Und mindestens zwei ausgezeichnete Abhandlungen — so die des Aristokraten Ranieri Da Mosto und die des leider verstorbenen Bepi Maffioli — befassen sich ausführlich mit der venezianischen Küche (über die Gastronomie des Veneto gibt es noch einige andere — und keineswegs üble). Nicht zu vergessen natürlich die inzwischen vergriffene Abhandlung »Gastronomia veneziana« meines Vaters, Elio Zorzi. Dennoch bleibt festzustellen, daß die venezianische Küche im Grunde von den meisten verkannt wird. Dem normalen Publikum sei dies nachgesehen, nicht aber denjenigen, die sie, und sei es nur aus beruflichen Gründen, eigentlich kennen sollten. Sogar einem der namhaftesten italienischen Gastronomen unserer Tage, Luigi Carnacina, unterläuft in seinem als Taschenbuch erhältlichen Porträt der regionalen Küche ein grober Schnitzer. Im Rezept für einen absoluten Klassiker der venezianischen Küche, nämlich *bigo'li in salsa,* erwähnt er eine zweite Sauce, die hier wirklich nichts zu suchen hat: die Tomatensauce.

Man darf aber nicht übersehen, daß die veränderten Lebensbedingungen der venezianischen Bevölkerung auch die alten Ernährungsgewohnheiten nicht unberührt ließen. Zwar wartet der Fischmarkt von Rialto nach wie vor mit dem größten Angebot auf, doch müssen die heutigen Kundinnen nicht nur mit dem Geld, sondern auch mit ihrer Zeit sparsam umgehen. Woher soll eine berufstätige Hausfrau und Mutter die Zeit hernehmen, um die Polenta geduldig im Kessel zu rühren (und wo soll sie im Zeitalter der Elektroherde das von der Tradition vorgesehene flakkernde Feuer finden)? Der moderne Lebensrhythmus verlangt andere, unkomplizierte Zubereitungen. Unterstützt wird dieser Trend von der Nahrungsmittelindustrie, die manchmal wilde Blüten treibt. Viele Gerichte, die in meiner Jugend auf dem Speisezettel standen, passen nicht mehr in unseren Alltag. Dies gilt für den Klassiker *risi e verze* ebenso wie für jene köstlichen Zubereitungen, zum Beispiel aus *risi, séleno e pomidoro,* die von ihrer Konsistenz her zwischen einer dicken Suppe und einem sämigen Risotto einzuordnen sind und die, neben dem unverzichtbaren Reis, von Kartoffeln über Artischocken und Salat bis hin zu Rüben und Zwiebeln so ziemlich alles enthalten konnten, für die freitäglichen *bigo'li in salsa* und für *bisato in tecia,* das typische Wintergericht, »Venezianische Kalbsleber« und »Kartoffeln auf venezianische Art«, *verze sofegae, sepe roste, ton rosto,* gekochten *asià, çievo'li* und *bòseghe.* Und für die in Kriegszeiten so populären *papaline,* grätenreich zwar, aber nicht zu verachten, bis der entbehrungsreiche Winter 1944/45 und die Einziehung der Fischerboote aus Chioggia, die zu provisorischen Brücken über Etsch und Po umfunktioniert wurden, auch diesen bescheidenen Ersatz für Sardellen und *sardoni* aus dem Zutatenrepertoire verschwinden ließen.

Es gibt allerdings Anzeichen für ein Wiederaufleben der Traditionen auch innerhalb der Familien. Nicht in den Frauenzeitschriften, in denen nach wie vor eine Kochkunst propagiert wird, die unweigerlich herzkrank machen muß. Nein, es sind Signale anderer Art. In vielerlei positiver wie auch negativer Hinsicht, und keineswegs nur in der Mode, sind wir zehn Jahre hinter den USA zurück. Dort nun stellen wir mit einer gewissen Genugtuung eine wachsende Vorliebe nicht nur für gutes Essen, sondern auch für das Kochen fest. Frustriert von der nachlassenden Qualität und zunehmenden Anonymität vieler Restaurants und in dem Wunsch, die Abende nicht mehr vor dem Fernseher, sondern in Gesellschaft von Freunden zu verbringen, weilt der Durchschnittsamerikaner — ob Frau oder Mann — immer häufiger in der Küche oder am *barbecue.* Stolz präsentieren erfolgreiche Geschäftsmänner am Abend die Resultate ihrer kulinarischen Bemühungen. Zugleich setzt sich der Wein zunehmend als Tischgetränk durch und verdrängt den bis dato unsterblichen Scotch und die *soft drinks,* die zu keinem auch nur halbwegs passablen Gericht passen.

Wir haben also Grund zu der Annahme, daß sich nicht nur einige Gastronomen auf die kulinarischen Traditionen besinnen, sondern auch innerhalb der Familien eine Rück-

Longhi-Schule, *Bankett auf der Giudecca;*
Venedig, Ca' Rezzonico

kehr zu diesen Werten stattfinden wird. Heute mangelt es nicht an technischen Hilfsmitteln, von denen die Hausfrauen von einst nur träumen konnten. Fast jeder hat mehr freie Zeit zu seiner Verfügung, und vielen jungen Paaren macht es Spaß, gemeinsam in der Küche zu werkeln. Irgendwann wird es zu der erhofften Renaissance der wahren Kochkunst kommen.

Das vorliegende Buch scheint wie geschaffen, hierzu einen wichtigen Beitrag zu leisten. Nicht alle der einhundertzehn Rezepte entstammen der orthodoxen venezianischen Kochtradition. Gut zwanzig sind der Küche Vicenzas, Veronas, Trevisos und Chioggias, des Veneto also, entlehnt. Und eines, das der unvermeidlichen, aber allgegenwärtigen »Spaghetti alle vongole«, hätte ich persönlich, da seine Wiege im Golf von Neapel steht, hier lieber nicht gesehen. Wie dem auch sei, diese Rezeptsammlung muß einfach Appetit machen, und der Leser wird kaum umhin können, das eine oder andere persönlich auszuprobieren. Und das zu seinem Wohle. Denn diese Küche, die bis auf einige aus dem Veneto stammende Ausnahmen, wie die legendäre *oca in onto,* äußerst bescheiden ist, die selbst in einigen süßen Rezepten, wie den *frìto'le,* Olivenöl tierischen Fetten vorzieht, die den Blaufisch und Gemüse favorisiert, ist ausgesprochen gesund und bekömmlich. Darüber hinaus verspricht die Vielfalt der sorgsam ausgewählten, beinahe ausnahmslos alten und zum Teil sogar antiken Rezepte höchste Tafelfreuden.

Anliegen dieses Buches ist es, den endgültigen Niedergang der venezianischen Kultur und Lebensart, der im Jahr 1797 mit dem Verlust der tausendjährigen Unabhängigkeit der Stadt einsetzte, zu verhindern und das, was noch von ihr übrig ist, der Nachwelt zu erhalten.

DIE ANFÄNGE DER VENEZIANISCHEN KÜCHE

Wie auch immer die Anfänge Venedigs ausgesehen haben mögen, so steht doch eines außer Zweifel: Die ersten Bewohner konnten nicht von dem leben, was der Boden hergab. Zwar erstreckte sich hier Ende des 5. Jahrhunderts eine weite fruchtbare Ebene, standen in der Gegend um Altinum jene prachtvollen Villen, die schon den lateinischen Dichter Martial in Entzücken versetzten. Doch wurde das Gebiet in den nachfolgenden drei Jahrhunderten wieder und wieder von Überschwemmungen heimgesucht, die es zu dem werden ließen, was es heute darstellt oder zumindest darstellte, bis Trockenlegungsmaßnahmen einen Teil der Lagune von Venedig und ganze Bereiche von Jesolo bis nach Marano und Grado verschwinden ließen. Wir müssen uns weite Wasserflächen vorstellen, bewegt im Gezeitenrhythmus, umsäumt von dichtem Röhricht und schmalen Küstenstrichen, dazu die über hundert Inseln Venedigs und der übrigen Lagune. Trotz des Fischreichtums und obwohl die Mehrzahl der Inseln einschließlich derer, die heute die Stadt ausmachen, reich an Nutzgärten und Salinen waren, fehlte jede Möglichkeit, das wichtigste Grundnahrungsmittel, nämlich Weizen, und viele der Lebensmittel, die es zu einer brauchbaren und schmackhaften Nahrung machen, anzubauen. Da sich die

Grenzen des alten Herzogtums Venedig nicht bis nach Mestre erstreckten (dies sollte erst später mit der politischen und wirtschaftlichen Großmachtstellung kommen) und die vielgepriesenen Rinder der Küstenregion, selbst wenn sie wirklich und nicht nur in der Vorstellung späterer Chronisten existierten, nicht ausreichten, um den Nahrungsbedarf einer rasant wachsenden Gemeinde zu dekken, wurden die Lebensmittel andernorts beschafft. Zu Beginn des 10. Jahrhunderts stellte ein Staatsdiener aus Pavia mit einer gewissen Verwunderung fest, daß die Venezianer nicht säten, nicht pflügten und nicht ernteten, dafür aber imstande waren, in allen Häfen Getreide und Wein zu kaufen.
Sechshundert Jahre später, 1490, schrieb der Chronist Marino Sanudo der Jüngere, dem wir ausführliche Schilderungen sowohl der politischen Ereignisse als auch der kleinsten alltäglichen Begebenheiten in einer Stadt verdanken, die damals unter den drei bevölkerungsreichsten Metropolen Europas rangierte und hinsichtlich Lebensstil

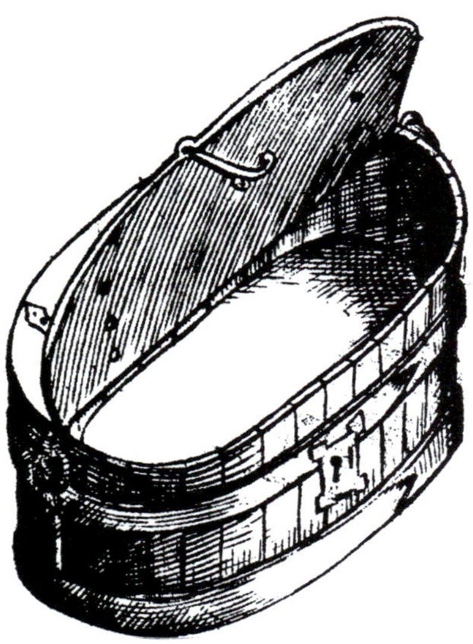

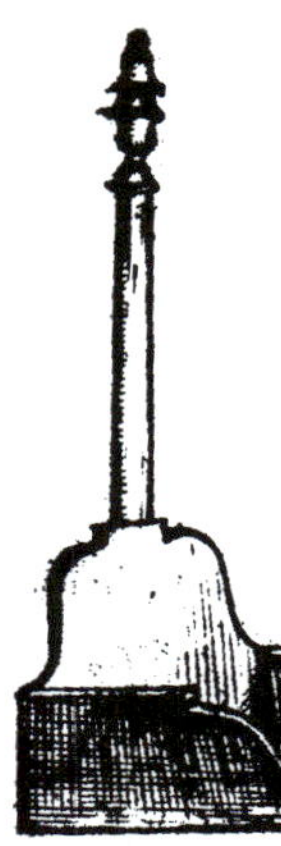

Holzschnitt aus *L'arte del cusinare* von B. Scappi (Venedig, 1571). Gegenüberliegende Seite: Küche im Freien. Auf dieser Seite, oben: Küche mit verschiedenen Gerätschaften; darunter: Gewürzbehälter

und Wohlstand die erste Stelle einnahm: »Und dieser Boden hier bringt nicht das geringste hervor. Dennoch ist alles in Fülle vorhanden ..., denn von allen Dingen und aus allen Landen von überall auf der Welt wird Eßbares hergeschafft.« Und er fügte hinzu, daß trotz der Unmengen von Fisch und Fleisch, von Wein und allen erdenklichen Nahrungsmitteln, die nach Venedig gebracht wurden, am Abend auf den Märkten (der größte war bei Rialto, daneben gab es einen kleineren auf dem Campo San Polo und einen anderen für Fisch und Fleisch in der Nähe des Markusplatzes, nämlich dort, wo sich damals die Getreidespeicher der Republik befanden und sich heute die Giardini Reali erstrecken) nichts mehr zu bekommen war. »Dies, weil alle mit Geld beladen sind«, begründete er seine Beobachtung — eine leichte Übertreibung, doch unbestritten lag der durchschnittliche Lebensstandard im Venedig der Renaissance weit über dem jeder anderen europäischen Stadt.

Dafür, daß nicht nur Weizen und Wein importiert wurden, liegen auch andere Beweise vor. In der aus der Zeit des Dogen Sebastiano Ziani datierenden »Festpreisliste« von 1173 sind Störe und Forellen, Steinbutte und Goldbrassen, Meerbarben, Drachenköpfe, Seezungen, Hechte und auch Schleien aufgeführt. Neben Fischen aus der Adria gab es also auch Süßwasserfische in großer Vielfalt. Aus demselben Dokument geht hervor, daß der Preis für frisches Rind- und Schweinefleisch sowie für getrocknetes Fleisch aus der Lombardei relativ niedrig war, was auf einen großen Verbrauch schließen läßt. Auch in späteren Zeiten war er geradezu unmäßig: Die Analyse eines Rechnungsbuches aus dem 14. Jahrhundert ergab, Säuglinge mit eingerechnet, einen derart hohen Pro-Kopf-Verbrauch von Fleisch und Wein, daß selbst privilegierte Familien, wie die Morosini aus San Tomà, eine durchschnittliche Lebenserwartung von höchstens dreißig Jahren hatten.

Der enorme Reichtum Venedigs, angehäuft im Laufe von mindestens sieben Jahrhunderten, vermutlich aber einer noch viel größeren Zeitspanne, gründete sich in erster Linie auf den Handel mit Gewürzen aus dem Orient — mit Pfeffer, der erstmals im 853 abgefaßten Testament des Orso, des Bischofs von Olivolo, also von Venedig, erwähnt wird, weiterhin mit Ingwer, Zimt, Safran, Koriander, Kreuzkümmel, Kubeben, Mazis, Muskatnuß und zahlreichen anderen Spezereien. Diese wurden an den Endpunkten der Karawanenstraßen, hauptsächlich in Alexandria, Trapezunt, Beirut und Konstantinopel, gekauft und zu einem hohen Preis auf dem gesamten europäischen Kontinent wiederverkauft. Und der Bedarf war groß. Denn damals waren Genußmittel wie Kaffee, Tee und Spirituosen entweder überhaupt nicht bekannt oder zumindest eine Seltenheit. Ebenso erforderte der Genuß von Fleisch, sofern es nicht — wiederum sehr zum Gewinn Venedigs, das einer der führenden Salzproduzenten war — eingesalzen war, starke Gewürze, um den durch überlange Lagerung entstandenen scharfen Geruch und Geschmack zu übertönen. Auch genehmigten Großgrundbesitzer ebenso wie kleinere Feudalherren und das betuchte Bürgertum Frankreichs und Deutschlands, Flanderns und Englands sich nur zu gern und oft ein Getränk aus gekochtem und mit Gewürzen versetztem Wein. Außerdem schrieb man vielen dieser Gewürze medizinische Eigenschaften zu, so auch dem Zucker — Rohrzucker natürlich —, der seit dem 14. Jahrhundert von der venezianischen Familie Corner aus San Luca mit fast industriellen Methoden auf ihren ausgedehnten Plantagen auf Zypern hergestellt wurde. Doch blieb ein Teil dieser Gewürze auch in Venedig, wo man in der Küche regen Gebrauch davon machte und wo der Staat, wie übrigens auf dem gesamten Nahrungsmittelsektor, streng darüber wachte, daß weder betrügerischer Handel noch anderer Mißbrauch (wie Verfälschung) damit angestellt wurden.

Während aus der Ferne Gewürze herbeigeschafft wurden, kam von der östlichen Adriaküste, die um die Jahrtausendwende von Pietro Orseolo II. unterworfen, später wieder verloren und schließlich im 15. Jahrhundert endgültig eingenommen worden war, Hammelfleisch und insbesondere aus Kotor, Bosnien und Albanien *castradina*, gepökeltes, geräuchertes und luftgetrocknetes Hammelfleisch, noch heute das traditionelle Essen zum Salute-Fest am 21. November.

Bis ins späte 14. Jahrhundert zeigte die Republik keinerlei Interesse an der »Terra ferma«, dem Festland. (Auch nach dem 4. Kreuzzug, als sich der Doge »Herzog von Venedig, Dalmatien und Kroatien und Herr über den viereinhalbten Teil des gesamten Oströmischen Reiches« nannte, gingen die nördlichen Grenzen des venezianischen Hoheitsgebietes, von einigen vorgeschobenen Posten abgesehen, nicht über das Lagunenufer hinaus. Venedig besaß Kreta und Euböa, die Zykladen und die Sporaden, Istrien und Dalmatien, nicht aber Mestre oder Oriago.) Der venezianische Adel indes, obzwar vorrangig mit Handel beschäftigt, ver-

Filippo Zanimberti, *Bankett des Dogen Giovanni I. Corner;* Venedig, Palazzo Ducale

schmähte Grundbesitz keineswegs. Als beispielsweise das Volk bei der Dogenwahl 1289 dem aristokratischen Kandidaten seinen eigenen, Jacopo Tiepolo, entgegenstellte, half dieser, ein Sohn und Enkel von Dogen, den Wahlmännern, die keineswegs geneigt waren, ihm ihre Stimmen zu geben und damit die Entstehung einer Dynastie zu riskieren, aus ihrer mißlichen Lage, indem er sich auf seine Ländereien in Marokko zurückzog. Der in San Leonardo ansässige Zweig der Familie Querini durfte die Erträge aus den bei Papozze gelegenen Ländereien des Marchese von Ferrara einkassieren. Und Marino Falier hatte, bevor er zum Dogen gewählt wurde und das hinlänglich bekannte Ende nahm, die Grafschaft von Valmareno als Lehen erworben. Möglicherweise wurde das Gesetz, das ei-

nem Dogen Feudalbesitz »extra dominium« verbot, seinetwegen beschlossen.
Es ist denkbar, daß von solchen Gütern — die Familie Corner aus San Cassiano, jener Zweig, aus der Caterina, die Königin von Zypern, hervorging, besaß ausgedehnte Ländereien in der Marca Trevigiana und bei Padua — bereits im Mittelalter jene landwirtschaftlichen Erzeugnisse in großen Mengen nach Venedig gelangten, die Sanudo später erwähnte. Und es ist ferner vorstellbar, daß gleichzeitig Rezepte und Eßgewohnheiten der »Terra ferma« übernommen wurden, die in der Lagune mit jenen aus den Besitzungen in der Levante und anderen Gebieten im Westen wie im Osten, mit denen Venedig unermüdlich Handel trieb, verschmolzen. Die venezianischen Galeeren steuerten nicht nur die morgenländischen und afrikanischen Häfen an. Sie fuhren regelmäßig nach Sizilien, einem wichtigen Getreidelieferanten, und nach Apulien, nach Aigues Mortes an der provenzalischen Küste und später über den Atlantik bis nach Bordeaux und Brügge, ja sogar Southampton, London und Antwerpen. Auch mit Deutschland, so mit Augsburg und anderen Reichsstädten, pflegte Venedig intensive Handelskontakte. Anfang des 16. Jahrhunderts wurde für die deutschen Kaufleute in San Bortolomio der Fondaco dei Tedeschi errichtet, ein grandioses Gebäude, dessen Fassadengestaltung von Giorgione und Tizian übernommen wurde.
Noch entferntere Gefilde wurden von Venedigs abenteuerlustigen Söhnen aufgesucht. 1245 traf Bruder Giovanni da Pian del Carpine, der an den Hof des Großkhans in der Mongolei entsandt worden war, in Kiew zwei Venezianer, Nicolò Pisani und Giacomo Venier; in Täbris machte 1264 der Venezianer Pietro Vilioni sein Testament, in dem er zahlreiche Glas- und Kristallgefäße vererbte. Und auf Nicolò, Matteo und Marco Polo, die im 13. Jahrhundert eine langjährige Reise bis nach China unternahmen, folgten andere wie Pietro di Luca Longo, der in Peking sein Glück machte und anschließend großzügige finanzielle Hilfe beim Bau einer Kathedrale in Luchetto Duodo leistete, oder auch Francesco Loredan und ein weiterer Loredan mit Vornamen Giovanni, genannt Vacca, der in Delhi, einem weiteren Reiseziel vieler venezianischer Fernhändler, starb.
Diese Ausführungen über die venezianischen Handelsaktivitäten, die der Stadt jahrhundertelang enorme Reichtümer einbrachten und bis zur ersten Hälfte des 17. Jahrhunderts anhielten, sollen eine Ahnung von der Vielfalt der Zutaten vermitteln, die die venezianische Küche von einst prägten. Bis in jüngste Zeit, so machen verschiedenste Dokumente deutlich, waren dabei zwei Grundrichtungen erkennbar: einerseits die genußorientierte und raffiniert gewürzte Eßkultur, andererseits die bescheidene Hausmannskost, die mit wenigen und einfachen lokalen Erzeugnissen auskam und häufig selbst bei den gehobenen Schichten ebenso geschätzt war wie die raffinierte Küche.
Im Mittelalter kamen — dies bezeugen Dokumente jener Zeit — einige Zubereitungen auf, die noch heute fester Bestandteil der venezianischen Küche sind, unter anderem die *salsa peverada,* eine Sauce aus Brot, Rindermark und reichlich Pfeffer. Ihr wurde ein so hoher Rang eingeräumt, daß 1310 die Gewürzhändler amtlich ermahnt wurden, »keine *peverada* zu machen oder machen zu lassen, in der andere Gewürze als guter Pfeffer und guter Safran seien ...«. In einem Dokument aus dem Jahr 1299 ist das *menu* eines nach heutigen Vorstellungen nicht eleganten, aber sehr opulenten Hochzeitsmahls überliefert, bei dem zu Rind- und Schweinefleisch, Hühnchen wie auch Federwild *peverada* serviert wurde.
Hühner wurden auf dem Markt von Rialto in großen Mengen verkauft. Die ersten Gesetze, die die Geschäfte der *gallineri,* der Hühnerhändler, regelten, datierten aus dem Jahr 1173. Federwild muß es im 14. Jahrhundert reichlich gegeben haben, denn sogar Falken wurden ausgeführt. (1364 wurden sechzig lebende und zwölf tote Gerfalken per Schiff nach Alexandria verfrachtet und dort gegen eine Ladung Zucker eingetauscht.) In späteren Dokumenten ist die Rede von Wildenten, Wachteln, Wildtauben, Rebhühnern, Frankolinhühnern, *gallinazze,* Drosseln, Kiebitzen, Wasserläufern, Wildhühnern und sogar von Schwänen und Kranichen. Unter anderem bereitete man daraus Galantinen, die damals und bis ins späte 18. Jahrhundert in feinen Kreisen ebenso geschätzt waren wie Gans oder Hausente. (Mario Sanudo, der berühmte Geschichtsschreiber des 16. Jahrhunderts, gerät bei diesen Schilderungen geradezu ins Schwelgen.) Zu den Lieblingsgerichten des Dogen gehörten aber auch *lotregani* und *verzelate,* besondere Meeräschenarten, die als Zensus an ihn zu entrichten waren. Neben Austern und gesalzenen Aalen wurde in den Patrizierhäusern auch getrockneter, gepreßter und gesalzener Meeräschenrogen sowie echter Kaviar aufgetischt, deren Preise zwischen 1460 und 1464 staatlich geregelt wurden.

Venezianischer Koch, Schnitt aus der Sammlung Gherro (Band IV, Nr. 2203); Venedig, Museo Correr

Bei den Süßspeisen finden wir bereits 1304 *zelatiam,* eine Art Gelee, erwähnt, und aus dem folgenden Jahrhundert liegen ausführlichere Schilderungen vor: von Zwieback und *bozolatos,* den heutigen *bussolai,* von kandiertem Kürbis, Marzipan, *pignocade, storti* (in meiner Kindheit gab es sie noch, jene mit Sahne gefüllten Waffeln), von Quittenbrot und Moschuszucker, kandierten Gebäckstükken und natürlich den *scalette,* jenem gitterförmigen Kleingebäck, dessen Herstellern — *scaleteri* — so manche Gasse ihren Namen verdankt. Aus dem 15. Jahrhundert kommen weitere Berichte hinzu: über das Brot, das jemanden in höchste Verzückung versetzte — 1427 zahlte er sechs Soldi »*pro panibus optimis visu ac candidissimis et deliciosissimis*« —, über herrlichste Salate aus den Klostergärten, aber auch über Spinat und Kerbel, Möhren und Weißkohl, Lauch, Knoblauch und Rettich, Mangold, ägyptische Kapern, rote Kichererbsen und weiße Bohnen, Linsen, Erbsen, frische und getrocknete dicke Bohnen und Spargel, der »am Karsamstag vor dem Mittagsmahl zu essen sei«. Nicht zu vergessen die Früchte: Stachelbeeren und Birnen — ganz ausgezeichnet die von San Nicolò —, frische und getrocknete Feigen, Wassermelonen aus Ferrara, getrocknete Marascakirschen, frische Trauben und Rosinen, *cimbybo* (Zibeben), Mandeln, Maronen, Datteln und Dörrpflaumen und natürlich die mit Fenchel gewürzten Oliven. Erwähnt wird auch ein »festlicher Weihnachtsfladen«, für den jemand 1460 vierundzwanzig Eier zu einem Soldo pro drei Stück kaufte (wobei nicht gesagt wird, für wie viele Personen der Fladen gedacht war).

Und immer wachte der Staat sorgsam darüber, daß es weder zu Engpässen, Hamsterkäufen oder Monopolbildung noch zu Lebensmittelverfälschung kam. Zahlreiche Verfügungen unterbanden jede Weinpanscherei. Bereis 1173 verbot der Doge Sebastiano Ziani den Wirten, Wein mit Wasser zu verlängern oder verschiedene Sorten miteinander zu vermischen. Im 14. Jahrhundert besaß der Staat eine regelrechte Monopolstellung. Vom Peloponnes und aus Kreta importierte er Malvasier, aus Istrien roten Ribolla und *tribiano,* und aus den Marken, Abruzzen, Apulien und Kalabrien, natürlich auch aus der benachbarten Marca Trevigiana die verschiedensten anderen Sorten. In bestimmten Fällen und zu gewissen Zeiten war es gestattet, Wein zu verdünnen. 1339 beispielsweise legte man sogar den Alkoholgehalt des besten verdünnten Weins amtlich fest — bezeichnenderweise nannte man ihn »vino di prima acqua«, Wein vom ersten Wasser.

Die Küche der Wohlhabenden und die maßlose Verschwendung waren schon im 15. Jahrhundert dem Gesetzgeber ein Dorn im Auge, da er befürchtete, übermäßiger Luxus könne zum Zerfall der Moral führen. Also verbot der Große Rat 1473 kurzerhand Fasanen, Frankolinhühner, Pfauen, Schneehühner, auch Forellen und andere Süßwasserfische und genehmigte als Dessert ausschließlich Gelees und *frito'le,* das venezianische Karnevalsgebäck, das in diesem von Bartolomeo Cecchetti veröffent-

lichten Dokument erstmalig genannt wird. Unnötig zu erwähnen, daß diese Vorschriften weitgehend unbeachtet blieben. Im gesamten 16. Jahrhundert erließ die Magistratura Weisungen und Maßregeln und machte sich damit bei den Patriziern in höchstem Maße unbeliebt. Sogar die Bediensteten waren davon betroffen: Sie wurden angehalten, Übertretungen dieser Vorschriften durch ihre Herrschaften zu melden. Bei ihren Erkundungsgängen wurden die Inspektoren äußerst despektierlich behandelt, wie ein weiterer Erlaß bezeugt, der den »anmaßenden Personen«, die diese mit Brot und Orangen bewarfen, Strafe androhte.

Oben: Francesco Zugno, *Bankett von Antonio und Kleopatra;* Venedig, Ca' Rezzonico. Rechte Seite: Bonifacio de' Pitati da Verona, *Der reiche Prasser;* Venedig, Galleria dell' Accademia

Die vornehmen venezianischen Tischsitten gingen auf Einflüsse des byzantinischen Hofes zurück. Eine von dort stammende Prinzessin, die Gemahlin des Dogen Selvo, hatte irgendwann zwischen 1071 und 1084 das Besteck in Venedig eingeführt — bereits zweihundertfünfzig Jahre, bevor Bruder Bonvesin da la Riva in seinen »Cortesie da

desco« den Tischgästen nahelegte, sich nicht die Finger zu lecken, mit denen sie die Teller berührt hatten, um das Essen zum Munde zu führen.
Daß sich auch die Eßkultur diesen noblen Gepflogenheiten anpassen würde, war vorauszusehen. Manche Rezepte aus dem venezianischen »Libro di cucina« (14. Jahrhundert) lassen eine Verfeinerung bereits erkennen. Zum erstenmal werden hier auch Gemeinsamkeiten mit der heutigen Küche beziehungsweise der der jüngsten Vergangenheit sichtbar, während andererseits deutlich wird, daß einige moderne »Kreationen« schon vor gefüllt mit Käse und Kräutern, ausgebacken und mit Rosinen und Pinienkernen angerichtet, von »quinquinelli« mit Mandeln und von »licaproprii«, »dick und rund wie Äpfel«, die in Schmalz gebacken und mit Zucker bestreut wurden. Sogar die heute noch üblichen, durch Backteig gezogenen und fritierten Holunderblüten, die für die Osterfastenzeit typischen Apfelkrapfen und Omelettes mit Gemüse, Huhn und Granatapfel, in Vicenza nach wie vor als *paéta al malgaragno* bekannt, und »stracciatella«, Brühe mit Parmesan und verquirltem Ei, die noch zu Lebzeiten meiner Mutter wie im 14. Jahrhundert, *sansare'li* oder

sechshundert Jahren bekannt waren. Genannt sei hier beispielsweise das »Bramagare«, das heutige »Blancmanger«, also Huhn mit Mandeln und süßem, mit Nelken gewürztem Reis, oder auch die »Quiche«, beschrieben als »Kräutertorte« mit Mangold, Petersilie, Spinat, Minze, Speck und Eiern. Des weiteren gibt es eine »torta de faxoli freschi«, eine Torte aus frischen weißen Bohnen, die mit »panza del porco« (Bauchspeck) gekocht und anschließend im Mörser zerrieben werden. Auch von Orangensauce und Walnußbrot ist damals schon die Rede, von hartgekochten Eiern mit einer Füllung aus Käse und »guten Kräutern« und von Ravioli, *sassare'le* hieß, kommen vor. Neben verschiedenen Versionen der *peverada* gibt es eine Sauce aus Knoblauch, unter der Glut gegart, die provenzalische oder katalanische Anklänge erkennen läßt, weiterhin eine »Sarazenensauce« mit Zimt, Gewürznelken, Kardamom, Galgantwurzel, Muskatnuß, Ingwer, Mandeln, Rosinen und Saft aus unreifen Trauben, die an den Maghreb denken läßt, oder auch eine Sauce mit Salbei und Rosmarin, die zu Ziegen- oder Hammelbraten aufgetischt wurde. Zu Spanferkel wird eine »ausgezeichnete Tatarensauce« vorgeschlagen, die neben den üblichen Gewürzen damals schon Eier enthielt. Zu Siedfleisch wird eine Sauce aus Anis, Mandeln,

Ingwer, Muskatnuß und Zucker, in Essig verrührt, empfohlen — dies ein eindeutig mittelalterliches Rezept. (Die damalige Vorliebe für Süß-Herbes hat heute nur noch in einigen wenigen italienischen Rezepten, so dem toskanischen Wildschweinbraten mit Schokoladensauce, überlebt.)

Wie Giuseppe Maffioli schreibt, trug der enorme Aufschwung des Buchdruckerhandwerks in Venedig, wo zu Beginn des 16. Jahrhunderts innerhalb eines Jahres mehr Bücher entstanden als in allen anderen Städten Italiens zusammen, auch wesentlich zur Entstehung der europäischen Kochkunst im eigentlichen Sinne bei. Tatsächlich erschienen damals gleichzeitig eine ganze Reihe von Kochbüchern. Claudio Benporat spürte in der Vatikanischen Bibliothek jenes auf, das vielleicht als Vorläufer einer umfangreichen Produktion gelten darf: Das »Refettorio« von Eustachio Celebrino da Udine, 1526 von Francesco di Alessandro Bindoni und Maffeo Pasini in Venedig herausgegeben, umfaßt fünfzehn Seiten, auf denen erklärt wird, wie »für ein Festmahl zu decken ist und auch wie man bei Tisch jede Art von Fleisch schneidet und die Speisen in der Ordnung vorlegt, wie sie die Truchsesse Fremden zu Ehren befolgten ... Dazu einige Geheimnisse über das Kochen und auch darüber, wie man Fleisch und Früchte lange haltbar macht.« Benporat beschreibt die Speisenfolge eines winterlichen Essens: Brot, Zwieback und *pignochati* (süßes Brot mit Pinienkernen) sind bereitgestellt und — für die damalige Zeit in Europa noch ungewöhnlich — für jeden Gast Messer und Gabel aufgelegt. Nachdem die Gäste sich mit parfümiertem Wasser die Hände gewaschen haben, wird eine *coletione,* eine Stärkung aus grünem Ingwer, kleinen Pomeranzen, Walnüssen und kandierten Früchten, aufgetragen. Es folgen Zwieback, in Malvasier getunkt, Artischocken, frischer, mit Rosenwasser parfümierter und gezuckerter Käse, Hühnerlebern, Kapaun oder Kalbfleisch mit Damaszenersauce, Platten mit Fasanen, Rebhühnern, Taubenbraten, Torten, Kapaunen, Hühnchen, Kalbsbraten mit Orangen- und Zitronenscheiben und wieder Zitronen, diesmal in Salzlake eingelegt; anschließend gesüßte Zitronenscheiben mit Rosenwasser, Birnentorten, Fleischgalantine, gekochter Kapaun, Kalbfleisch und Zunge mit Brühe oder »Blancmanger« oder Ravioli und dazu Senfsauce oder *peverada;* zu guter Letzt dann Marzipan und, nachdem Tischtuch und Geschirr gewechselt waren, Konfekt und dazu rote oder weiße, mit Wasser verdünnte Dessertweine.

Dabei ist eine genaue Speisenfolge zu erkennen: Eröffnet wird das Menü mit Vorspeisen, dann folgen Braten, schließlich gekochtes Fleisch und zum Abschluß Süßes. Es fällt auf, daß zwischen den einzelnen Gängen immer wieder Zitronen und als Beilage zu Braten Orangen gereicht werden, eine Kombination, die auch dem berühmten und traditionsreichen französischen Gericht *canard à l'orange* zugrunde liegt.

Während Papst Sixtus IV., der Gründer der Vatikanischen Bibliothek, die Rezepte in seinem 1475 in Venedig gedruckten und an Klassikern, vor allem Apicius, angelehnten Werk »De honesta voluptate et valetudine« in Lateinisch verfaßte, wie es sich für einen hochgelehrten Mann geziemte, wurde eine Reihe von Büchern auch in der Vulgärsprache veröffentlicht. Besondere Erwähnung verdienen hier die weit umfangreicheren und systematischeren Rezeptsammlungen von Cristoforo Messisbugo (erstmals 1549 in Ferrara herausgegeben und zwischen 1552 und 1626 in Venedig siebenmal neu aufgelegt), von Domenico Romoli, genannt Panonto (Erstausgabe Venedig 1560), und von Bartolomeo Scappi (zwischen 1570 und 1642 sieben Auflagen). Keiner von ihnen ist Venezianer, doch sind mehrmalige Aufenthalte Messisbugos in Venedig belegt, und das Werk Scappis ist dem »Magnifico Maestro Matteo Barbiero, Cuoco e Scalco celeberrimo della Città di Venetia«, dem »Großen Meister Matteo Barbiero, hochgerühmter Koch und Truchseß der Stadt Venedig«, gewidmet. Zweifellos wurde Venedig aus zweierlei Gründen als Erscheinungsort gewählt: zum einen, weil es damals das Buchdruckerzentrum Europas war, und zum anderen wegen des besonders großen Anklangs, den diese Werke in einer Gesellschaft fanden, die der Kunst des Bewirtens nicht nur im privaten, sondern auch im öffentlichen Bereich einen hohen Stellenwert einräumte.

In der Tat dienten die Bankette des Dogen, Personifikation der Macht und Herrlichkeit der Serenissima, ganz konkreten politischen Zwecken. Durch die sorgfältig getroffene Auswahl der Gäste wurde jedem Amtsträger mindestens einmal jährlich die Gelegenheit gegeben, in ungezwungener und nicht durch starre Etikette geregelter Atmosphäre mit dem höchsten Manne des Staates zusammenzutreffen. Neben dem Serenissimo Principe, der zwar durch sein

Paolo Veronese, *Gastmahl im Hause Levis* (Ausschnitt); Venedig, Galleria dell' Accademia

FECIT D. COVI. MAGNV. LEVI
A. D. MDLXXIII.

Amt wie ein Herrscher in Anspruch genommen war, aber dennoch nur über begrenzte Macht verfügte, saßen in der Regel jene, die mit ihm zusammen die Serenissima Signoria bildeten, also die sechs herzöglichen Räte und andere wichtige Persönlichkeiten. Wie im Bankettsaal des Dogenpalastes zur Musik der Cappella di San Marco getafelt wurde, ist nicht detailliert überliefert. Gewiß ist jedoch, daß vieles vom persönlichen Geschmack des Dogen abhing. Sanudo lobt immer wieder die exquisiten »pasti di pesse« (Fischgerichte) des Dogen Andrea Gritti, eines großen Mannes, der in seiner Jugend Kaufmann in Konstantinopel war, sich später als Befehlshaber im Krieg gegen die unheilige Liga von Cambrai hervortat, die Kaiser Maximilian II., König Ludwig XII. von Frankreich und Papst Julius II. gegen Venedig geschlossen hatten, und sich anschließend, als es um die Neugestaltung dieses Bündnisses ging, als geschickter Diplomat bewährte. Gritti, dessen würdevolle Gesichtszüge Tizian auf der Leinwand festhielt, war ein temperamentvoller und energischer Politiker und zudem ein hochgebildeter Mann, was ihn keineswegs

daran hinderte, sich hemmungslos der Völlerei hinzugeben. Dabei mußte es nicht unbedingt das Beste vom Besten sein. Weiße Bohnen, Knoblauch und Zwiebeln sagten ihm besonders zu, und sein letztes Stündlein hatte geschlagen, nachdem er sich am Heiligen Abend an Aal am Spieß förmlich überfressen hatte. Andere Dogen aber, wie der großzügige Lorenzo Priuli, der umsichtige Alvise Mocenigo und vor allem der herausragende Marino Grimani, bedienten sich, wie es scheint, bevorzugt der jeweils beliebten Gerichte, um sich auf diesem Wege die Sympathien der Geladenen und damit bei der nächsten wichtigen Entschließung auch deren Stimme zu sichern.

VON DER RENAISSANCE ZUM HEUTE

So manches der Rezepte Messisbugos hat, wie Maffioli feststellt, bis heute ohne allzu große Veränderungen überlebt: die »mariconda« zum Beispiel, die (allerdings stark abgewandelt) beim berühmten Artusi wieder auftaucht; oder die »mostarda«, mit ihrer Verbindung aus konzentriertem Sirup, kandierten Früchten und scharfem Senf ein klassisches Renaissance-Gericht; die »capirotta«, eine Art Suppe von Kapaun oder Kalbfleisch oder auch Wild; und ein Frikassee, gebunden mit Eigelb und Zitronensaft, das heute noch in Mittelitalien aus Lammfleisch zubereitet wird (die Eigelb-Zitronen-Sauce entpuppt sich als das in Griechenland in allen erdenklichen Zubereitungen vorkommende *avgolèmono*). Panonto beschreibt ein Gericht aus Geschlinge, aus dem sich die *fongadina* aus Großmutters Zeiten entwickelte. Und Scappi — seine Küche ist die leichteste und dezenteste von allen — hebt immer wieder die vorzüglichen Eigenschaften des *go* hervor, jenes Fisches, der noch heute die Grundlage zahlreicher schmackhafter und beliebter Risottos bildet. Gewiß, jede dieser drei Rezeptsammlungen enthält Vorschläge, die weder dem heutigen Geschmack noch unserer Leber zusagen würden, wie zum Beispiel Scappis Krapfen aus Ziegenmilch, Zucker, Rosenwasser, Salz, Safran und Mehl, Eiern und Schmalz oder das »pan dorato con butirro« Panontos. Andererseits aber findet man Rezepte, die durchaus probierenswert scheinen, wie ausgebackene grüne Bohnen, »pesce in casonada« (Fisch, mit Salbei in Wein und Essig gekocht) und die Krapfen aus Apfel, Rosinen und Pinien-

Jan van Grevenbroeck d. J., *Melonengabe an den Dogen* (gegenüberliegende Seite) und *Der Obsthändler* (oben); Venedig, Museo Correr (Kodex Gradenigo-Dolfin)

kernen Messisbugos oder auch der Hammelbraten Panontos sowie ein ebenfalls von ihm stammendes originelles Rezept zur Konservierung von Kaviar.

Impressionen jener Zeit, die derartige kulinarische Genüsse hervorbrachte, sind uns in Gestalt der zahlreichen »Gastmahle« überliefert, die die großen venezianischen Maler des 16. Jahrhunderts schufen. An erster Stelle wäre wohl Paolo Veronese zu nennen, Schöpfer so prunkvoller Gemälde wie die »Hochzeit zu Kanaa« (Louvre) oder »Gastmahl im Hause des Levi« (Gallerie dell'Accademia). Nicht unterwähnt bleiben dürfen auch Tintoretto, dessen Entwürfe von einem weniger ausgeprägten Sinn für Einzelheiten, dafür aber einer alles durchdringenden Religiösität zeugen, die durch die Hell-Dunkel-Kontraste besonders dramatisch zutage tritt, und Bassano mit seinem aufmerksamen Blick für die kleinsten Details. In der Literatur war Pietro Aretino die herausragende Figur. Wer hätte die Sinnenfreude jener Zeit wohl besser verkörpern können als dieser Mann, Freund und Förderer der Künstler, Vertrauter der Mächtigen und Gast der schönsten Kurtisanen, dem Unverfrorenheit und Lust an gutem Essen im Gesicht geschrieben standen, wie das berühmte Porträt seines Freundes Tizian, das ihn mit kostbaren, mit selbstbewußter Nonchalance getragenen Kleidern darstellt, unschwer erkennen läßt. Mit etwas Phantasie kann man sich ihn in seinem Haus am Canal Grande direkt gegenüber dem großen Markt von Rialto vorstellen, einen Arm um die makellosen Schultern der Angela Zaffetta gelegt, der großen Kurtisane und zweifellos — wie sonst hätte sie ihm wohl so sehr gefallen können — auch äußerst geistreichen Dame, in der anderen Hand einen Kelch jenes in einem seiner Briefe überschwenglich gelobten Weins, den er zum Wohl auf Tiziano Vecellio und Jacopo Sansovino, seine ständigen Tischgenossen, hebt. (Bei diesen gemeinsamen Essen ging es weniger um sinnliche Freuden als um Geschäftliches: Die Triade Aretino-Tizian-Sansovino gab in der damaligen Kunstwelt den Ton an, wurde, heutigen Mafiabossen gleich, hofiert und gefürchtet.)

Das größte Schauspiel des Jahrhunderts waren die prunkvollen Festlichkeiten, mit denen die Republik Heinrich III., den König von Frankreich und Polen, empfing, der gekommen war, um eine alte Allianz zu erneuern — und um Geld zu erbitten. Zuviel wurde schon darüber erzählt, als daß wir uns ein weiteres Mal mit Einzelheiten aufhalten müßten. Nicht unerwähnt bleiben soll trotzdem das wunderbare Frühstück, das man ihm beim Besuch des Arsenals auftischte — »la bellissima collatione di confettioni, & di frutti di zuccari, co i cortelli, con le tovaglie, co i piatti, & con le forcine« —, und auch jenes, das ihm einige Tage darauf im Wahlsaal des Dogenpalastes serviert wurde: Unter anderem gab es »diverse statue, & figure di Zuccaro di huomini, di ninfe, di Lioni, di nani, di grifoni, fatte per mano di Nicolò della Pigna espertissimo in questa maniera di cose« — Männer, Nymphen, Löwen, Zwerge und Griffons darstellende Statuetten und Figürchen aus Zucker, gefertigt von dem in derlei Dingen besonders geschickten Nicolò della Pigna. Die Serenissima wollte den illustren Gast verblüffen, und zweifellos glückte ihr dies — besonders in dem Moment, als der König die Serviette auseinanderfalten wollte und sie ihm in den Händen zerbrach. Denn auch sie war aus »zuccaro«, aus Zukker.

Neben der privaten wie öffentlichen Prachtentfaltung war zugleich, selbst in gehobenen Kreisen, eine Vorliebe für schlichte Speisen und Gebräuche zu verzeichnen, die bis zum Niedergang der Republik fortbestehen sollte. Beweise hierfür sind in großer Zahl erhalten, unter anderem in Gestalt eines Haushaltsbuches des begüterten Marco Falier aus dem Jahr 1509, veröffentlicht von Pompeo Molmenti: Hier ist von »ovi e erbe« (Eiern und Kräutern) die Rede, von »barbonzini« (den kleinen, noch heute bei venezianischen Feinschmeckern äußerst geschätzten Meerbarben) wie auch von »bresole (Braten) de ponta de schena«, von Feigen und Vogelbeeren. Als Ausgaben sind eingetragen 2 Soldi für Kutteln und 1 Soldo für Fisch sowie 2 Lire und 7 Soldi »für 4 Kannen *(sechi)* Wein zu 12 Soldi pro Kanne«.

Das glückliche Ende der Kriege, die die erste Hälfte des 16. Jahrhunderts verdunkelt hatten, leitete für das venezianische Umland, das inzwischen im Besitz der Serenissima war (und auch bis 1797 bleiben sollte), eine lange Friedenszeit ein. In der Folge verlagerte sich das Interesse der reichen Venezianer zunehmend vom Waffen- und Seehandel auf Grundbesitz. Aus dieser Wende heraus wurde die »Kultur der Villen« geboren, die sich bis zum Beginn

Bartolomeo Litterini, *Hochzeit von Kana;* Murano (Venedig), San Pietro Martire

des 17. Jahrhunderts zu höchster Blüte entfaltete. Die schönsten der bis heute erhaltenen Prachtbauten entwarf der geniale Andrea Palladio für die venezianischen Familien Badoer, Zeno, Barbaro, Foscari und Pisani und für die aus dem Veneto stammenden Capra, Serego, Pojana und andere mehr.

Parallel zu diesem »Vordringen« des venezianischen Adels auf die »Terra ferma«, zum Bau der Herrschaftshäuser und zur Wiederentdeckung des Landlebens auch seitens des Provinzadels kam es ebenso in der Landwirtschaft zu Neuerungen. Die wohl folgenreichste war die Einführung des Mais, der, da äußerst rentabel, bald schon im gesamten Hinterland angebaut wurde.

Bemerkenswert ist in diesem Zusammenhang, daß sich das venezianische Territorium inzwischen bis zur Adda

erstreckte, es also die Hälfte der Lombardei einnahm. Es dauerte nicht lange, bis die Polenta zu einem Grundpfeiler der Küche des Veneto geworden war. Zur Freude derjenigen, die gern gut aßen, aber auch zum Wohle der Armen — und die waren in dieser Gegend bis vor nicht allzu langer Zeit äußerst zahlreich —, denen nun ein preiswertes Nahrungsmittel zur Verfügung stand. Allerdings dürfen hierbei nicht die negativen Auswirkungen dieser einseitigen Ernährung vergessen werden, die Ende des vergangenen Jahrhunderts zu einer erschreckenden Zunahme der Pellagra, einer keineswegs harmlosen Avitaminose, führte.

Auch in Venedig erfreute sich die Polenta bald großer Beliebtheit, und bis heute hat sich daran nichts geändert. In seiner Komödie »Das wackere Mädchen« machte Goldoni sie zum Mittelpunkt einer köstlichen Verführungsszene. Mit folgenden Worten versucht Rosaura, Arlecchino zu betören:

»... dann machen wir fein hübsch Feuer an, gießen einen großen Kessel von Wasser, und setzen ihn übers Feuer. Sobald das Wasser anfängt zu kochen, nehme ich von den bekannten Ingredienzen, von dem Staube, der also schön wie Gold aussieht, und gelbes Mehl genannt wird, lasse es nach und nach in dem Kessel zergehen, indeß daß du in demselben, mit einer geschickten Ruthe, Zirkel und Linien machst. Wenn nun diese Materie dicke wird, nehmen wir sie vom Feuer, und thun sie beyde, jedes mit einem Löffel in der Hand, einmüthig aus dem Kessel in eine Schüssel: alsdann schmeißen wir, eins ums andere, eine große Portion frische, gelbe und delikate Butter, und eben so viel fetten, gelben und gut gut geriebenen Käse darauf; hernach? Hernach wird mein lieber Harlekin und Rosaura, eines auf der Seite, das andere auf jener, mit einem Löffel in der Hand, zween bis dren Bissen auf einmal von diesem wohlconditionirten Brey nehmen, und eine Mahlzeit, wie ein Künig halten ...«

Wir sind inzwischen im eleganten, aufgeklärten 18. Jahrhundert angelangt. Das 17. Jahrhundert, das in der Frage der Exkommunizierung des Dogen Leonardo Donato den Sieg Venedigs über Papst Paul V., gleichzeitig aber den Verlust Kretas und die kurz währende Besetzung des Peloponnes durch Francesco Morosini gesehen hatte, hinterließ in der Kochkunst keine weiteren Spuren, mit Ausnahme des 1662 in Mantua veröffentlichten Kochbuches des Dogenkochs Giulio Cesare Tirelli mit dem treffenden Titel »L'arte di ben cucinare«. Bemerkenswert sind an diesem Buch — so Kritikerstimmen — einerseits die verschiedensten neuen Rezepte, von »latte alla spagnola«, dem Vorgänger unserer heutigen »rosada«, bis zum »zambalione« aus Eigelben, Zucker und Weißwein oder den Kürbis- und Artischockenbödensuppen, und andererseits die Tatsache, daß der Verfasser den schon lange überstrapazierten Gewürzen und süß-herben Geschmacksnoten eine kleine Absage erteilt. Das neue Jahrhundert erlebte eine Serenissima, die mit dem Zusammenbruch des Fernosthandels mehr und mehr auch ihre politische Führungsrolle und ihren Machtanspruch als Zentrum der Hochfinanz aufgeben mußte und zur Kapitale der Vergnügungen abrutschte.

Frankreich, inzwischen die größte Macht auf dem Kontinent, diktierte nun den Geschmack, und dies nicht nur in der Mode. Die Ära Ludwigs XIV. hatte große, geniale Köche, wie die Carême und die Vatel, hervorgebracht. Unter Ludwig XV. war die französische Küche um exzellente Erfindungen, von der Mayonnaise bis zu den Lammkoteletts Villeroi, bereichert worden. Sie war nun maßgebend in Europa. In Neapel entstand die Küche der »monzù« (abgeleitet von »monsieur«, wie sich die aus Frankreich angereisten Köche selbst nannten). Bis nach Venedig kamen sie und zwangen einer bis dahin in Geschmacksfragen tonangebenden Gesellschaft neue Gerichte und Tischsitten auf. Hiervon erzählt auch eine Szene aus Carlo Goldonis Komödie »Geist des Widerspruchs«, die keines weiteren Kommentars bedarf.

DOROTHEA: Ein Gericht folge dem anderen. Herr Graf, wie deucht es Ihnen?

GRAF: Nu freilich eines nach dem anderen. So speißet man richtig.

FERRANTE: So deucht mir auch. Zuerst die Supp und dann ...

DOROTHEA: O nein, die Supp zuletzt. Wie meinen, Herr Graf?

GRAF: So dünkt mirs gut; denn Frankreich lehret uns und setzt der Sitten Regel: die Supp am End.

Pietro Longhi, *Die Brezelverkäuferin;*
Venedig, Ca' Rezzonico

FERRANTE: Stünd uns nicht besser an, zuerst den Magen zu erwärmen?

DOROTHEA: O nein, mein Herr, es steht dafür, der Mode Folg zu leisten.

(Zum Diener:) Lasse er stehen die Wurst und bringe den Rest zurück in die Küch.

Wie man sieht, hat jedes Jahrhundert seine Nouvelle Cuisine.

Gerade das umfangreiche Werk Goldonis aber, der selbst ein Genießer und zugleich aufmerksamer Beobachter des Zeitgeistes war, spiegelt nicht nur diese Veränderungen wider, sondern bezeugt zugleich auch, daß der Großteil der Bevölkerung sich trotz aller Neuerungen seine Vorliebe für die einfache, schmackhafte und bodenständige Küche bewahrte. Lauscht man den Beschreibungen seiner Charaktere, läuft einem förmlich das Wasser im Munde zusammen.

Gefragt, wie es seinem Herrn gehe, antwortet Brighella (»Argentina, die brillante Kammerzofe«):

»Von schlichter Art, jedoch nicht schlechter. Er speißet (s)eine Minestra, die zumeist aus Reis oder feinen Makkaroni ... Dann folgt Ochsenfleisch und ein guter Kapaun ... Ein Braten vom Kalbe oder Vögel ... Ein Zwischengange, gewürzet Fleisch gedämpft oder vierer Klößchen vom Fleische oder dergleichen, dann seinen Käse und sein Obst ... Doch weder gibt es Torten, Pasteten oder Wild ...«

Und so gestalten sich die Vorbereitungen eines Abendessens im Hause wohlhabender Handwerker (»Abschied vom Karneval«):

DOMENICA: Und zuvor war ich noch in der Küch und gab meine Weisungen; legte mit Hand an die Füll für die Ravioli und trug dafür Sorg, daß der Schmorbraten, den ich zuvor eigenhändig gewürzt, in den Topfe kam. Ich ließ nochmaligst das Geflügel wässern; bereitete der Truthenn die Füllung und hatte ein Aug auf das Conditionieren der Klöß; dann gab ich Wein und Gedeck heraus. Itzo bleibt nur noch das Geschirr, die Gläseruntersätz und diese paar Flasch vom Zypernweine herzurichten.

Ravioli (*raffioi*), Schmorbraten (*stuffà*), Huhn, gefüllter Truthahn (*dindietta*), Fleischklößchen, dazu guter Wein und zum Abschluß Zypernwein, der im 18. und teils auch noch im 19. Jahrhundert in Mode war und heute zu Unrecht vergessen ist — mit »üppiger Schlichtheit« wäre dieses Essen wohl treffend beschrieben. Bei den »Morbinosi« dagegen wird richtiggehend gevöllert:

GIACOMETTO: Welch ein Reisgericht!

ANDREETTA: Und erst die Supp!

OTTAVIO: Das Fleisch war deliziös!

FELIPPO: Dann diese Ochsenspeis! Und das Gebackene! Es stünd wohl an, zu sterben dafür.

GIACOMETTO: Und diese Butterkrebs, welch eine Vollkommenheit!

ANDREETTA: Sie vergaßen nur, Ihre Nägel zu stutzen.

FELIPPO: Die Tauben! Köstlich!

ANDREETTA: Wahrlich delikat für diese Zeit des Jahrs.

GIACOMETTO: War das Gesalzene mit Knoblauch nicht ein Wunder?

FELIPPO: Auch der Kuchen — äußerst schmackhaft.

GIACOMETTO: Der schöne Salat, ging er nicht direkt zu Herzen?

FELIPPO: Und dann der Nachtisch! Diese Weis, ihn garzukochen, ist wahrlich nicht zu übertreffen!

Risotto, Suppe (*sopa*), Fleisch, Hammel, Ausgebackenes, »mo'leche« (die auch heute noch begehrten, unmittelbar nach der Häutung gefangenen Butterkrebse), Täubchen, Knoblauchsalami, Salat, Dessert — ein beachtliches Festmahl für hundertzwanzig Gäste, wenngleich Signor Andreetta nicht ganz zufrieden scheint.

Die Küche Goldonis, will heißen die Venedigs des 18. Jahrhunderts, ließ bereits viele Gemeinsamkeiten mit der heutigen Küche erkennen. Nur die damaligen Mengen sind heute absolut unüblich. Zahlreiche weitere Zeugnisse der Lebensart jener Zeit bestätigen diesen Eindruck: Wir haben es mit einer einfachen und herzhaften Küche zu tun, in der Fisch und Fleisch gleichermaßen geschätzt waren, in der bei den »primi piatti«, den Zwischengerichten, Reis und bei den Braten Geflügel an erster Stelle standen. Im Laufe des Jahrhunderts kam der »caffè« auf. Die »bottega del caffè« wurde zum Treffpunkt der Vornehmen und Bürger. Das einfache Volk dagegen trank seinen Wein (besonders und zu Recht berühmt war der aus der Gegend von Vicenza, doch noch heute wird manchem gutem Tropfen aus den Colli Berici, wie dem perlenden Durello oder dem delikaten Tocai rosso, die ihm gebührende Anerkennung versagt). Seine bevorzugten Treffpunkte waren die *magazeni*, die auch als Leihhaus fungierten, ferner die *bastioni*, weniger angesehene Osterien, aber auch die *malvasie*, die ebenso wie die *magazeni* in zahlreichen Ortsbezeichnungen weiterleben und in denen auch Adlige, die eine Vorliebe für griechischen oder zypriotischen Wein hegten, ein und aus gingen. Berühmt war die *malvasia* in der Calle del Rimedio. Hier kamen die Patrizier, nachdem sie einen jungen Kollegen am Tag seiner Aufnahme in den Großen Rat auf seinem Einführungsrundgang über den *Broglio*, den kleinen Platz vor dem Dogenpalast, begleitet hatten, zusammen und genehmigten sich ein Glas *malvasia*, in den sie *bussolà*, ein wohlduftendes venezianisches Gebäck, tunkten.

Während die Patrizierfamilien sich bis Ende des 17. Jahrhunderts zur politischen Arbeit geradezu berufen gefühlt und dadurch die Repubblica länger als jeden anderen europäischen Staat am Leben erhalten hatten, ging dieses Engagement in weiten Teilen der Oberschicht nun verloren. In dem Bestreben, dem obligaten *cursus honorum* der politischen Karriere aus dem Weg zu gehen, flüchteten sich immer mehr Patrizier in das Mönchtum. Und in allen Bevölkerungsschichten nahm die Zahl derer zu, die sich hemmungslos dem Vergnügen, den Festen, dem immerwährenden »garanghélo« hingaben, als wollten sie die Vorahnungen eines unvermeidlichen Untergangs einfach aus ihren Gedanken auslöschen.

Prunk und Verschwendung nahmen unglaubliche Formen an. Die Familie Pisani aus Santo Stefano gab ein Vermögen aus, um dem schwedischen König Gustav III. einen solchen Empfang zu bereiten, daß dieser freimütig bekannte, den Venezianern bei einem Gegenbesuch in Stockholm Gleiches nicht bieten zu können. Für den Erzbischof von Köln, Clemens von Bayern, richteten die Nani auf der Giudecca ein opulentes Festmahl aus, das ein Maler der Longhi-Schule in einem heiteren Bild festhielt. Jahr um Jahr reihte sich ein Fest an das andere: Feste des Adels, Feste des Bürgertums und Feste des einfachen Volkes, das jeden erdenklichen Anlaß wahrnahm, um auf dem Platz in seinem Viertel bei Wein und Tanz zu feiern, und an jeder Sagra begeistert teilnahm. Das berühmteste dieser Volksfeste war das von Santa Marta, bei dem zum Abschluß Unmengen gefüllter Enten und *sfogi in saòr* aufgetischt wurden.

Molmenti veröffentlichte die geradezu schwindelerregende Liste der Weine und Spirituosen, die beim Hochzeitsmahl des Cavaliere Zorzi (Giorgio) Contarini dal Zaffo mit der hochwohlgeborenen Caterina Civran im Jahre 1755 kredenzt wurden. Aufgeführt sind vierundzwanzig Weine vom Tokai bis zum Burgunder, von *Sciampagna* über Graves bis zum Rheinwein, Malaga und Moscato di Cipro. Selbst ein südafrikanischer Wein, Kap der Guten Hoffnung, durfte nicht fehlen. Weiterhin gab es Jamaika-Rum und Vermouth, vier »rosoli«, aus Alkohol, Zucker und Wasser zu gleichen Teilen und dazu diversen Aromen bereitete Liköre, sowie englisches Bier, den teuren Picolit aus dem Friaul und »ratafià« aus Grenoble … Angesichts dieser Bräuche verwundert es nicht, daß die Wahl des letzten Dogen, Lodovico Manin, im Jahr 1789 den Staat sage und schreibe 47 298 Dukaten kostete. Acht Tage lang verdrückten die Wahlmänner unvorstellbare Mengen von Fleisch, Fisch, Wild, kostbaren Krustentieren, Salat, Gemüse, Früchten, Süßspeisen und Eis und spülten das Ganze mit reichlich Wein und »rosolio« herunter. Geschlemmt wurde auch an Bord der Kriegsschiffe. War schon die Zahl der Teller und Töpfe, die 1793 an Bord der »Patrona delle Navi« des hochwohlgeborenen Lunardo Correr geladen wurde, höchst beeindruckend, so kann einem die Liste der Lebensmittel den Atem rauben: 4 Krüge Butter von je 200 Pfund, 400 Eier und 32 Fässer Rotwein, 1000 Pfund Reis, je 150 Pfund Gerste und Maccheroni aus Neapel, 100 Pfund *fidelini* aus Genua, 50 Pfund *semette* (Suppennudeln) aus Apulien und dazu 300 Pfund verschiedene andere Pastasorten, 30 Schinken, 20 Knoblauchsalamis, 93 Kalbshaxen, 387 Pfund Stockfisch, 150 Pfund Lachs und 20 1/2 Pfund Kaviar, 16 Laibe verschiedener Käsesorten, 100 Pfund gepreßter und 800 Pfund Zucker in anderer Form, 300 Pfund Kaffee, 130 Pfund Schokolade, 2 Pfund Trüffeln, je 8 Pfund Essiggurken, Kapern und in Essig eingelegte Pfefferschoten, an die 200 Pfund Dörrobst und 44 Pfund kandierte Früchte. Die Liste der Weine umfaßte unter anderem 36 Flaschen Picolit, damals bereits eine kostspielige Rarität. Doch damit nicht genug: In Rovigno lud Corrers Schiff zusätzlich 3 Rinder, 25 lebende Hammel und als Futter einen Fuder Heu, 64 Pfund Öl und einen Scheffel Salz.

Allerdings war der Hang zum Prassen unter den venezianischen Schiffskommandanten nichts Neues. Den Mannschaften dagegen ging es längst nicht so gut: Sie mußten sich mit dem unvermeidlichen Zwieback, in Öl und Meerwasser eingeweicht, und der Bohnensuppe mit oder ohne Fleischeinlage bescheiden. Im 16. Jahrhundert standen jedem Ruderer täglich 676 Gramm Zwieback zu. Demgegenüber war es um die Galeerensklaven zu jener Zeit, als die Mannschaften noch nicht aus Verbrechern und Kriegsgefangenen rekrutiert wurden, und natürlich auch um die Matrosen weit besser bestellt gewesen.

Im 18. Jahrhundert verlief das Stadtleben nach einem ganz anderen Rhythmus. Zwischen 11 und 12 Uhr vormittags wurde die Arbeit für die *marenda*, eine leichte, meist nur aus einem Gang bestehende Mahlzeit, unterbrochen. Das eigentliche und reichlichere Mittagessen, *disnar*, folgte erst um 17 Uhr. Wer am gesellschaftlichen Leben teilnahm, tafelte ein weiteres Mal spät in der Nacht, die anderen gingen ohne Abendessen zu Bett. Nur wenige Venezianer blieben nach dem *disnar* zu Hause: Man begab sich in die »botteghe del caffè«, die *malvasie*, *magazeni* und *bastioni* und suchte, wenn sich der Hunger meldete, die *furato'le* auf, in denen der Weinausschank aber verboten war.

Pietro Longhi, *Die Polenta;*
Venedig, Ca' Rezzonico

Dieser Tagesablauf blieb auch nach dem Ende der Serenissima — Venedig wurde im Mai 1797 von Frankreich besetzt und am Ende jenes unglückseligen Jahres an Österreich abgetreten — noch lange Zeit unverändert bestehen. Ebenso wie die *furato'le,* die Giuseppe Tassini beschrieb als »bottegucce simili a quelle dei pizzicagnoli, ove vendesi pesce fritto ed altri camangiari, ad uso della poveraglia« — enge Läden, ähnlich den Wurstwarenläden, in denen gebackener Fisch und andere Leckerbissen an das gemeine Volk verkauft werden. Wer mehr über die *furato'le,* die *fritolini* und die Osterien des vergangenen und der Anfänge unseres Jahrhunderts erfahren möchte, sollte die »Osterie Veneziane« meines Vaters, Elio Zorzi, lesen, denen wir unter anderem entnehmen können, daß — dies noch zur bereits erwähnten »klassenlosen Gesellschaft« in den *fritolini* — beim eingangs erwähnten Aristide in der Calle della Regina gelegentlich auch Fürst Bernhard von Bülow, damals bereits Reichskanzler, vorbeikam, um eine Portion gebackenen Fisch und Polenta mitzunehmen. Nur wenige Jahre später wurde er Botschafter in Rom, wo er vergeblich den Kriegseintritt Italiens zu verhindern suchte.

Unter den Österreichern, die insgesamt etwa 70 Jahre in Venedig regierten (1798—1806; 1814—1848; 1849—1866), konnte sich die Kartoffel, die zwar schon seit langem bekannt, aber nicht sonderlich geschätzt wurde, in der lokalen Küche endgültig durchsetzen. Doch tat dies der Beliebtheit der Polenta keinen Abbruch. Sie wurde sogar auf der Straße »ben calda, col butire e col formagio« — schön heiß mit Butter und Käse — an die Passanten verkauft, genauso wie die *folpi bolliti* und, wie ich selbst noch in jungen Jahren erlebt habe, *peri coti petora'li.*

Die Herrschaft der Österreicher bildete eines der traurigsten Kapitel der Geschichte dieser Stadt. Zahllose Einwohner zogen fort, was sich zwangsläufig auf die Sitten und Gebräuche, auch im gastronomischen Bereich, auswirken mußte. Gewiß, es ging bei weitem nicht allen schlecht. In der Vorweihnachtszeit machten Metzger und Geflügelhändler besonders gute Umsätze, und bei den großen traditionellen Volksfesten, die reichliches und gutes Essen verhießen, zum Beispiel beim Redentore- und Salute-Fest, waren Bürger und einfaches Volk prompt zur Stelle. »Die größte Sünde der Venezianer ist ihre Völlerei«, schrieb 1841 Pietro Gasparo Moro-Lin, »immerhin aber geht sie mit geschwätziger Fröhlichkeit einher ...«, wie an jenen Festtagen zu beobachten war, an denen in Santa Marta die Essensstände aufgebaut waren. Den glanzvollen Höhepunkt konnte man in den Gärten am Lido erleben, wo man sich zum Essen auf dem Rasen niederließ. Leider blieben auch die Armen nicht aus, die hofften, den einen oder anderen Bissen abzubekommen.

In der Küche waren die Zeiten Goldonis nach wie vor lebendig. Im Karneval gab es *ga'làni,* in Schmalz gebackene und mit Zucker bestreute verschlungene Teigstreifen, und die traditionellen *frito'le,* »in soviel Öl gesotten«, wie der Dichter Lamberti schrieb, »daß sie prächtig aufgehen«. Ein Stich aus den dreißiger Jahren des 19. Jahrhunderts zeigt einen der hochangesehenen *fritolèri* bei der Arbeit und neben ihm einen mächtigen Doppeladler sowie ein Schild, das stolz verkündet: »Hier arbeitet Zamaria«. Meer und Lagune waren noch fischreiche Gewässer. Im Becken vor dem Arsenal wurden die besten Austern und *peoci* (Miesmuscheln) gefischt. Nach dem Anschluß Venedigs an das neue Königreich Italien 1866 schlug Graf Luigi Torelli, ein patriotischer Präfekt, vor, zwischen den Giardini di Castello und Sant'Elena ein großes Becken für die Muschelzucht anzulegen. 1850 verfaßte Luigi Plet, Professor für geistlichen Gesang und anerkannter Kirchenmusikkomponist, ein Loblied auf den Stockfisch, der gottlob bis heute nicht von den Speisekarten verschwunden ist, auch wenn Banausen seine einmalige Qualität zuweilen durch Sahne oder gar Milch verderben. Zu den begeistertsten Anhängern der venezianischen Küche zählte George Sand, die sich bei ihrer Ankunft »nella prima taverna che capita« — in der erstbesten Taverna — gebackenen Fisch bestellte.

Die Österreicher hinterließen in der venezianischen Küche keine weiteren Spuren. Maffioli führt neben anderen »Vermächtnissen« der k.u.k. Monarchie das *Gulasch* an. Zu Unrecht, denn es wurde ursprünglich nur in einigen »deutschen« Bierstuben serviert und fand keine Aufnahme in die venezianische Familienküche. Dafür hatte Venedig etwas viel Besseres zu bieten, nämlich das unvergleichliche »cavroman«, eine Art Hammelschmorbraten, den schon Teofilo Folengo, der Meister der Makkaronischen Dichtung, im 16. Jahrhundert in seinem Epos »Baldus« erwähnte (»... de carne guazzettum / quem pevero spargit Venetus striccando sacchettum«). Weitere »Vermächtnisse« sind mir nicht bekannt. Neben den Krapfen, denen man überall in der Lombardei und im Veneto begegnet, und den Kartoffeln, dem Favoriten der »Teutonen« (Giovanni Prati soll, als er nach dem 9. Kongreß der italienischen Wissenschaftler den Dogenpalast verließ, zu einem Freund gesagt haben: »Nur die Deutschen sind begeisterte Kartoffelesser. Sollen sie doch in ihre Heimat zurückkehren und sie dort in Frieden essen, anstatt unser Land zu besudeln ...«), aus denen sich jedoch die herrlichsten Gnocchi zubereiten lassen, hat meines Wissens nur die Bezeichnung »farina Aus« überlebt, wie man in meiner Jugend das Auszugsmehl benannte.

Der Erste Weltkrieg machte Venedig, nachdem der Feind die italienischen Linien bei Caporetto durchbrochen und bis zur Piave vorgedrungen war, zum Kriegsschauplatz und bedeutete für die wenigen noch erhaltenen Traditionen das Ende. Zu viele Venezianer waren gezwungen, ihre Heimat zu verlassen. Die moralische und materielle Unterstützung, die der Patriarch La Fontaine und auch Bürgermeister Grimani den über ganz Italien verstreuten Flüchtlingen zukommen ließen, konnte den endgültigen Verlust der ohnehin erschütterten Identität nicht verhindern. Die Nachkriegszeit brachte veränderte Lebens- und Eßgewohnheiten mit sich. Geblieben sind nur einige wenige Bräuche, die ich in meiner Kindheit noch kennenlernte: beispielsweise die *persegada* und das Pfefferkuchengebäck, die es am Martinstag gab, und die »fave dei Morti«, knusprige Mandelplätzchen, die man am 2. November aß. Neben den zuvor erwähnten *peri coti* — Birnen, die in einem wunderschönen Kupferkessel, heute einem begehrten Sammelobjekt, gekocht wurden — konnte man an jeder Straßenecke auch *folpeti,* Maronen und Pommes frites kaufen. Für uns Kinder war die Ankunft des *caramèi*-Verkäufers am Strand des Lido ein besonderes Ereignis. Er verkaufte gleichzeitig *tarnoschi,* eine Art Zuckerwatte, die nach der Gräfin Maria Tarnowska, der Hauptperson eines aufsehenerregenden Prozesses, benannt waren. Beliebt waren auch *caragòi* und *garuso'li,* ganz köstliche Schnekken, die ebenfalls direkt aus einem großen Kessel verkauft wurden, was allerdings auf Betreiben von Professor Vivante, dem langjährigen Leiter des Städtischen Hygieneamtes und einem fanatischen Gesundheitsapostel, schließlich verboten wurde.

Nicht nur kulinarische Überraschungen, auch solche ganz anderer Art konnte man in den venezianischen Trattorien erleben. So weilte in der berühmten Taverna »La Fenice« — Besitzer war der nicht minder berühmte Ottavio Zoppi — der junge Marcel Proust zusammen mit dem befreundeten Maler Kes van Dongen. Das einfache Volk dagegen zog die *bàcari* vor. Hier wurde Trani ausgeschenkt, der von einem geschäftstüchtigen Apulier namens Pantaleo Fabiano eingeführt worden war. Im Volksmund hieß dieser Wein *bàcaro,* seitdem ein alter Gondoliere sich erinnert hatte, daß man früher ausgelassenes Feiern als *far bàcara* bezeichnete.

Es folgte der Zweite Weltkrieg. Der Rest ist jüngste Vergangenheit, belastet durch die Abwanderung der ursprünglichen Bewohner, deren Zahl sich zwischen 1950 und heute auf etwa die Hälfte reduzierte. Doch wollen wir hier nicht trauern, sondern uns über die Auferstehung unserer Küche freuen, die in den genauen und originalgetreuen Rezepten von Pino Agostini und den ergänzenden kulturgeschichtlichen Anmerkungen wieder lebendig wird.

Jan van Grevenbroeck d. J., *Patrizier in der Malvasia;* Venedig, Museo Correr (Kodex Gradenigo-Dolfin)

Zu Gast in Venedig

Pino Agostini

V o r s p e i s e n

s a r d e ' l e   i n   s a o r

EINGELEGTE SARDINEN

Saor (der venezianische Dialektausdruck für sapore = Aroma) ist eine Marinade auf Zwiebelgrundlage. Überlieferungen zufolge geht in Venedig der Brauch, Speisen mit Zwiebeln einzulegen, bis ins 14. Jahrhundert zurück. Besonders verbreitet war er unter Seeleuten. Die so konservierten Speisen schützten sie auf ihren monatelangen Fahrten gegen Skorbut. Heute wird dieses Gericht in Venedig traditionsgemäß am Abend des Erlöserfestes (festa del Redentore) serviert, das am dritten Samstag im Juli stattfindet. Aber auch sonst wird es als appetitanregende Vorspeise geschätzt.

Z u t a t e n
f ü r 8 P e r s o n e n

1 kg Sardinen
0,5 kg weiße Zwiebeln
3 dl Weißweinessig
Weizenmehl
Olivenöl
Salz

Z u b e r e i t u n g s z e i t

1 Stunde, dazu die Zeit zum Marinieren

Von den Sardinen Köpfe und Flossen entfernen. Die Fische ausnehmen, anschließend waschen und in Mehl wenden.

Reichlich Öl in einer Pfanne erhitzen. Die Sardinen portionsweise auf beiden Seiten goldgelb fritieren. Mit der Schaumkelle aus dem Öl nehmen. Zum Abtropfen auf Küchenkrepp legen und salzen.

Die Zwiebeln in feine Streifen oder Ringe schneiden. 1 Glas Olivenöl in einem Topf erhitzen. Die Zwiebeln hineingeben und bei milder Hitze goldgelb werden lassen. Den Essig hinzufügen und alles bei milder Hitze köcheln lassen, bis es eine dickflüssige Konsistenz hat. Dabei dürfen die Zwiebeln nicht zerfallen.

In eine Glas- oder Steingut-Terrine eine Lage Sardinen füllen und mit Marinade bedecken. Dann die nächste Lage Sardinen hineingeben und ebenfalls mit Marinade übergießen. Auf diese Weise fortfahren, bis die Zutaten aufgebraucht und die Sardinen völlig mit Marinade bedeckt sind.

Die Terrine zudecken und die Sardinen mindestens 2 Tage an einem kühlen Ort ziehen lassen.

Weinempfehlung

Eine generelle Empfehlung ist wegen des säuerlichen Charakters des Gerichtes schwierig.

Varianten

Anstelle der Sardinen kann man ebensogut kleine Seezungen *(sfogi, passarini)*, kleine Ährenfische *(anguè'le)*, Grundeln, junge Forellen und/oder Meerbarben verwenden.

Ein altes Rezept für eine gehaltvollere Variante, die sich besonders für den Winter empfiehlt, schreibt vor, in Wein eingeweichte Rosinen, Pinienkerne und etwas Zimt über die Sardinen zu geben, bevor man sie mit der Marinade übergießt.

granseo'le a'la venessiana

SEESPINNE VENEZIANISCHE ART

Seespinnen (lat. Maja squinado*) sind große Mittelmeerkrebse, die auf sandigem oder kiesigem Grund leben und sich zur Tarnung häufig mit kleinen Algen bedecken. Sie besitzen einen harten und stacheligen herzförmigen Panzer von rötlicher Farbe und können bis zu 20 cm lang werden. Da sie in der Adria zahlreich vertreten sind, gehören sie seit jeher zu den Spezialitäten der venezianischen Küche. Sowohl Männchen als auch Weibchen werden gegessen. Während erstere, die an ihren relativ großen Scheren und der kleineren Schwanzplatte zu erkennen sind, weniger, aber schmackhafteres Fleisch besitzen, sind die Weibchen fleischiger und liefern außerdem Eier, die unter einer mächtigen Schwanzplatte verborgen sind. Am besten schmecken Seespinnen von Oktober bis Dezember. Während dieser Zeit enthalten die Weibchen besonders viel Corail, eine rötliche bis orangefarbene cremige Substanz, die würziger schmeckt und fester ist als das übrige Fleisch. Die großen* granseo'le *von etwa 400—500 g ergeben ein Hauptgericht, doch werden die mittelgroßen Exemplare von etwa 250 bis 300 g bevorzugt, da sie zarteres Fleisch besitzen und sich daher ausgezeichnet für Vorspeisen eignen.*

Zutaten für 4 Personen

4 lebende mittelgroße Seespinnen
2 Zitronen
1 Bund Petersilie, gehackt (nach Belieben)
Olivenöl »extra vergine«
Salz
Pfeffer aus der Mühle

Zubereitungszeit

1 1/2 Stunden

Die Panzer der Seespinnen sorgfältig abbürsten. Anschließend die Beine mit Küchenzwirn an den Körper binden.

In einem großen Topf reichlich Wasser mit 1/2 Zitrone, Salz und einigen Pfefferkörnern zum Kochen bringen. Die Seespinnen ins sprudelnde Wasser geben und etwa 20 Minuten kochen. Sie sind gar, wenn sie sich scharlachrot gefärbt haben. Die Seespinnen im Wasser auskühlen lassen.

Herausnehmen, abtropfen lassen und den Küchenzwirn entfernen. Die Panzer von eventuell noch vorhandenen Verkrustungen säubern.

Bei weiblichen Tieren zunächst die Schwanzplatte ablösen, den Rogen herausnehmen und in eine Schüssel geben. Anschließend den gesamten unteren Panzer entfernen. Die Beine am Ansatz einzeln abdrehen. Dabei behutsam vorgehen, um den Rückenpanzer nicht zu beschädigen.

Den Corail, eine cremige Substanz im Brustraum der Seespinne, herauslösen und in eine zweite Schüssel geben. Das Fleisch vorsichtig in einem Stück auslösen und zerpflücken. Anschließend die harten und knorpeligen

Teile vorsichtig entfernen und das Fleisch zum Corail geben. Mit einem spitzen Gegenstand alle noch verbliebenen Fleischreste aus den Panzerritzen lösen. Dabei auch die cremige braune Substanz auslösen und zu den Eiern geben.

Mit einer Spezialzange oder einem Nußknacker die Beine aufbrechen und das Fleisch auslösen. Ebenfalls zerpflücken und in die Schüssel zum übrigen Fleisch geben.

Fleisch und Corail mit einer Prise Salz, reichlich frisch gemahlenem Pfeffer, dem Saft von 1 Zitrone und einem Schuß Olivenöl »extra vergine« vorsichtig miteinander vermischen und in die sorgfältig ausgewaschenen Rückenpanzer füllen. Nach Belieben mit etwas gehackter Petersilie bestreuen.

Nun den Rogen und die cremige Substanz miteinander verrühren und separat reichen, so daß jeder Gast nach Belieben davon nehmen kann.

GRANSEO'LE A'LA VENESSIANA

Weinempfehlung

Sauvignon dei Colli Berici oder Soave Classico

Varianten

Das hier vorgestellte Rezept entstammt der traditionellen venezianischen Kücne. Zusätzlich kann man Mayonnaise oder etwas Worcestersauce unter das Fleisch ziehen. Zuweilen wird anstelle von Olivenöl auch zerlassene und mit Knoblauch aromatisierte Butter verwendet. Das ist Geschmackssache, wobei das klassische Rezept den natürlichen Geschmack dieses begehrten Krustentieres am besten bewahrt.

cape sante a'la venessiana

JAKOBSMUSCHELN VENEZIANISCHE ART

Cape sante *nennt der Venezianer jene Muscheln, die in der internationalen Spitzengastronomie unter ihrem französischen Namen »Coquilles Saint-Jacques« bekannt sind und auch als Jakobs- oder Pilgermuscheln gehandelt werden. Im Mittelalter wurden sie hauptsächlich an den Küsten Galiciens gefischt und dienten denen als Nahrung, die Santiago de Compostela, die Hauptstadt des Königreiches Galicien und eine der bedeutendsten Wallfahrtsstätten der damaligen Zeit, besuchten. So wurden ihre Schalen zum Emblem der Pilger. In Italien sind die Jakobsmuscheln wegen ihrer Form auch als »pettini« (Kämmchen), abgeleitet von ihrem lateinischen Namen* Pecten jacobaeus, *und als »ventagli« (Fächer) bekannt. Tatsächlich gehören sie zu den Kammuscheln, deren Schalen strahlenförmig verlaufende Rippen und konzentrische Wachstumslinien aufweisen, wobei die eine Schalenhälfte stark gewölbt und strukturiert, die andere flach ist. Jakobsmuscheln leben auf sandigem Meeresboden, wo sie sich nach dem Rückstoßprinzip fortbewegen: Durch schnelles Auf- und Zuklappen der Schalen erzeugen sie eine Strömung, die sie in Zickzacklinien vorantreibt. Am besten schmecken Jakobsmuscheln von September bis Mai, wenn sie die ideale Größe von 10—15 cm erreicht haben.*

Die venezianischen cape sante *stammen entweder aus der Adria, wo man sie mit Grundschleppnetzen fischt, oder aus Zuchtanlagen. Beim Kauf sollte man sich unbedingt vergewissern, daß sie frisch sind. Man erkennt dies am angenehmen Meergeruch und an den geschlossenen Schalen.*

Zutaten für 6 Personen

18 Jakobsmuscheln
1 Knoblauchzehe
1 Zitrone
1 Glas Olivenöl »extra vergine«
1 EL Butter
etwas feine Semmelbrösel
1 Bund Petersilie, gehackt
2 EL trockener Weißwein
Salz (nach Bedarf)
Pfeffer aus der Mühle

Zubereitungszeit

20 Minuten, dazu 1/2 Stunde für die Vorbereitung

Um den zarten Geschmack des Fleisches zu erhalten, zuerst die rohen Muscheln öffnen und die ungenießbaren Teile entfernen.

Eine Muschel so mit der Linken fassen, daß die gewölbte Schale in der Hand liegt und die flache Schale nach oben zeigt. Dabei ein Tuch zu Hilfe nehmen, um einen festeren Griff zu haben. Ein kräftiges Küchenmesser zwischen die Schalen schieben und am Schalenrand entlangführen, um den Muskel zu durchtrennen.

Die obere Schale abheben und die Muschel mit einem biegsamen Messer von der Unterschale lösen.

Alle dunklen Teile entfernen, so daß nur das weiße Muskelfleisch (auch Nüßchen genannt) und der orangefarbene Rogen (der Corail) übrigbleiben.

Nüßchen und Corail trennen und mehrmals gründlich waschen, um eventuelle Sandrückstände zu entfernen. Die gewölbten Schalenhälften sauber bürsten, gründlich waschen und abtrocknen. Sie dienen als Servierschalen.

Nüßchen und Corail in den Semmelbröseln wenden.

Öl, Butter und Knoblauchzehe in einen flachen Topf geben. Sobald das Fett heiß ist, den Knoblauch herausnehmen. Die Jakobsmuscheln hineingeben und von allen Seiten anbräunen. Wenn sie fast gar sind, Petersilie, Wein und einige Spritzer Zitronensaft hinzufügen. Die Muscheln eventuell salzen (zuvor den Fond probieren) und mit frisch gemahlenem Pfeffer abschmecken.

Die Jakobsmuscheln aus dem Topf nehmen und in den vorbereiteten Schalen anrichten. Mit etwas Fond beträufeln und heiß servieren.

Weinempfehlung

Tocai dei Colli Euganei oder dei Colli Berici

Varianten

Frische Jakobsmuscheln kann man auch roh mit Zitronensaft und frisch gemahlenem Pfeffer genießen. Die gängigsten Zubereitungen aber sind die *in forno* (im Ofen) oder *in tecia* (in der Pfanne). Im ersten Fall werden die Jakobsmuscheln wie zuvor beschrieben vorbereitet, auf einigen Schalen angerichtet und im Ofen gratiniert. Bei der zweiten Variante werden sie nach dem Rezept für *peoci saltài* (s. S. 43) zubereitet, wobei man den Fond mit 1 TL Tomatenpüree aromatisiert.

cape 'longhe a scotadeo

MESSERSCHEIDEN MIT DIP

Diese Muscheln haben ihren Namen wegen ihrer schmalen Schalen, die je nach Art 12–16 cm lang werden. Am frühen Morgen, bei Ebbe, kann man Messerscheiden an den Stränden Venedigs in großer Zahl sammeln. In Anspielung auf eine kuriose Fangmethode heißen sie in Venedig auch cape da deo *(ital. cappe da dito, zu deutsch Fingermuscheln). Bei Ebbe ragen ihre geöffneten Schalen senkrecht aus dem Sand. Der Sammler muß nur seinen Finger hineinstecken, und die Muschel schließt gierig die Schalen um die vermeintliche Beute. Mit einem kräftigen Ruck wird sie aus dem Sand gezogen. Anstelle des Fingers, der sich oftmals als zu dick erweist, verwenden die Venezianer meist eine Eisenstange mit abgeplattetem Ende, die vorsichtig eingeführt werden muß. Andere wiederum bohren zwei Finger in den Sand und vereiteln somit jede Fluchtmöglichkeit. Die originellste Methode besteht darin, eine Prise Salz zwischen die Schalen zu streuen. Die Muschel reagiert, als sei die Flut zurückgekehrt, und schießt halb aus dem Sand. Meist kehrt man mit reichlicher Beute heim; man bekommt die Messerscheiden aber auch beim Fischhändler. Nur ganz frische Exemplare sind für den Verzehr geeignet.*

Zutaten
für 4 Personen

800 g Messerscheiden
Olivenöl »extra vergine«
Zitronensaft
Pfeffer

Zubereitungszeit

10 Minuten, dazu die Vorbereitung

Die Messerscheiden sorgfältig unter fließendem Wasser waschen, um den Sand aus den Schalen zu schwemmen.

Ein wenig Olivenöl mit Zitronensaft und einer Prise Pfeffer verrühren und für jeden Gast ein Schälchen mit diesem Dip bereitstellen.

Im Ofen das Backblech kräftig erhitzen. Die Muscheln auf das heiße Blech legen und in den Ofen schieben. Sobald sich die Muscheln in der Hitze geöffnet haben, das Blech herausnehmen.

Die Messerscheiden sofort servieren. Man genießt sie, indem man das Fleisch mit einer Gabel herauszieht und in den Dip tunkt.

Weinempfehlung

Garganega dei Colli Berici

Varianten

Köstlich schmecken Messerscheiden auch, wenn man das Fleisch nur mit etwas Zitronensaft beträufelt.
Man kann die Muscheln zum Säubern auch einige Stunden in einen Eimer mit Salzwasser legen und anschließend unter fließendem Wasser gründlich abspülen.

peoci saltài

GEDÄMPFTE MIESMUSCHELN

Daß in der Küche der Lagunenstadt Weichtiere jeder Art und insbesondere Muscheln dominieren, ist keineswegs verwunderlich. Eine wichtige Rolle spielen dabei in Venedig die peoci *— Miesmuscheln —, denn es gibt sie in großen Mengen, und sie sind entsprechend preiswert. Bei den Zoologen heißen sie* Mytilus edulis, *in Italien »cozze«, bei den Engländern »mussels« und bei den Franzosen »moules« oder auch »huîtres du pauvre«, übersetzt »Austern der armen Leute«. Die in allen Meeren vorkommenden Miesmuscheln besitzen meist blauschwarze, dreieckige bis rechteckige Schalen, an denen Wachstumsstreifen und die charakteristischen Haftfäden, auch Bart genannt, zu erkennen sind. Form und Farbe der Schalen variieren je nach Herkunft.*

Früher stammten die in Venedig angebotenen Miesmuscheln zumeist entweder aus dem offenen Meer jenseits der vorgelagerten Strandwälle oder aber aus Süditalien — und hier vor allem aus Tarent und Neapel. In jüngster Zeit hat die Muschelzucht in der Lagune eine rasante Entwicklung erlebt, so daß inzwischen der Bedarf der gesamten Region aus einheimischen Beständen gedeckt werden kann. Von den drei Becken der Lagune werden für die Zucht nur die beiden genutzt, die südlich von Malamocco bzw. Chioggia begrenzt werden, während das dritte, das sich vor Marghera erstreckt, durch Abwässer zu stark verschmutzt ist und aufgegeben wurde.

Daher kann man die Muscheln aus der Lagune unbedenklich genießen. Trotzdem würde kaum ein Venezianer sie roh verspeisen. Peoci *werden grundsätzlich gekocht und auf traditionelle Weise mit Knoblauch, Petersilie und Pfeffer gewürzt. Besonders wichtig ist: Die Muscheln müssen absolut frisch sein. Exemplare mit besonders dünner Schale, bräunlicher Färbung oder gelbem bis orangefarbenem Rand werden aussortiert.*

Zutaten
für 6 Personen

1,5 kg Miesmuscheln (etwa 6 Dutzend)
2 Knoblauchzehen
2 Bund Petersilie
1 dl Olivenöl »extra vergine«
Salz (nach Bedarf)
Pfeffer aus der Mühle
einige Zitronenspalten

Zubereitungszeit

1/4 Stunde, dazu 1 Stunde für die Vorbereitung

Die Muscheln entbarten, das heißt, die Haftfäden abziehen.

Anschließend die Muscheln mehrmals sorgfältig unter fließendem Wasser waschen. Dabei die Schalen mit einer harten Bürste gründlich bearbeiten, bis sie sauber sind.

1 Bund Petersilie und die Knoblauchzehen (ohne den inneren Keim) fein wiegen und mit etwas Öl verrühren.

Eine große Pfanne leicht mit Öl einfetten und die Petersilien-Knoblauch-Mischung hinein- und die Muscheln daraufgeben. Die Pfanne mit einem Deckel verschließen.

Die Muscheln bei hoher Temperatur erhitzen. Je nach Menge und Größe sind sie nach 5—10 Minuten gar. Sie sind jetzt geöffnet und haben ihren würzigen Saft abgegeben.

Die Muscheln mit einer Schaumkelle aus der Pfanne nehmen und in eine Servierschüssel füllen. Dabei noch geschlossene oder leere Schalen aussortieren. Den Fond durch ein feines Sieb gießen und zu den Muscheln geben. Die Muscheln mit frisch gemahlenem Pfeffer würzen und vermischen, mit ganzen Petersilienblättchen garnieren. Die Muscheln heiß servieren und dazu Zitronenspalten reichen.

Und so genießt man sie: Man nimmt eine Muschel in die Hand, beträufelt das Fleisch mit etwas Zitronensaft und holt es dann mit der Gabel aus der Schale. Den würzigen Fond löffelt man entweder mit einer leeren Schalenhälfte auf, oder man stippt ihn mit Brotstückchen auf.

Weinempfehlung

Gambellara oder Bianco di Custoza

Varianten

Eine Servierschüssel wird mit gerösteten Brotscheiben ausgelegt, über die man Muscheln und Fond gibt. Man kann die Muscheln bereits während der Zubereitung mit Zitronensaft beträufeln, so daß sich die Zitronenspalten erübrigen. Dieses Rezept ist das einfachste und gängigste.
Peoci werden aber auch gern *al forno* zubereitet, also gratiniert: Die Miesmuscheln mit einem Messer öffnen. Die oberen Schalenhälften entfernen und die Muscheln nebeneinander in eine große, ofenfeste Form setzen. Mit einer Mischung aus feingehacktem Knoblauch, gewiegter Petersilie und Öl bestreichen und leicht mit Semmelbröseln bestreuen. Etwa 1/4 Stunde im vorgeheizten Ofen (200—220°) gratinieren und sofort servieren.

caparosso'li

GEDÄMPFTE VENUSMUSCHELN

Die Rauhe Venusmuschel (Venus verrucosa) *— auf italienisch heißt sie wegen ihrer Farbe und der rauhen Schale »tartufo di mare«, also Meerestrüffel — gehört derselben Familie an wie die Strahlige Venusmuschel (s. S. 57), die in Italien »vongola« genannt wird. Wie die Miesmuscheln stammen auch die Venusmuscheln, die in Venedig und Umgebung erhältlich sind, aus den Kulturen der Lagune bei Chioggia und Malamocco. Venusmuscheln werden lebend angeboten und müssen, da sie auf sandigem Grund leben, zunächst gründlich gereinigt werden. Deshalb legt man sie vor der Zubereitung mindestens 12 Stunden in eine Schüssel mit Meerwasser oder entsprechend gesalzenem Wasser.*

Zutaten für 6 Personen

2 kg Rauhe Venusmuscheln *(tartufi di mare)*
Olivenöl »extra vergine«
1 Knoblauchzehe
1 Bund Petersilie, gehackt
Pfeffer (kein Salz)

Zubereitungszeit

3/4 Stunde

Die Muscheln mehrmals und sehr sorgfältig unter fließendem Wasser waschen. Dabei mit einem Lappen oder einer Bürste bearbeiten, um alle Algen- und Schmutzreste zu entfernen.

Etwas Öl in einen Topf geben und die Knoblauchzehe (aus der zuvor der Keim entfernt wurde) goldgelb braten.

Den Knoblauch entfernen und die Muscheln in den Topf geben.

Sie sind gar, wenn sie sich geöffnet und ihren salzigen Saft abgegeben haben.

Die Muscheln mit einer Schaumkelle aus dem Topf nehmen und in eine Schüssel füllen. Mit Petersilie bestreuen und mit dem Fond übergießen. (Damit keine Sandrückstände ins Essen gelangen, wird der Fond zuvor durch ein feines Sieb geseiht.) Gut durchmischen und servieren.

Das Muschelfleisch mit einer Gabel aus den Schalen holen. Ungeöffnete Exemplare aussortieren.

Weinempfehlung

Vespaiolo di Breganze oder Pinot grigio del Piave

Varianten

Ganz frische *caparosso'li* kann man auch wie Austern roh verzehren. Man öffnet die Schalen und würzt die Muscheln mit einigen Tropfen Zitronensaft und etwas Pfeffer nach Geschmack.

garuso'li

MEERESSCHNECKENSALAT

Einst waren die Herkuleskeule (Murex brandaris) *und die Purpurschnecke* (M. trunculus) *weniger wegen ihrer kulinarischen Qualitäten als vielmehr aufgrund einer anatomischen Besonderheit im Mittelmeerraum sehr gefragt und ein bedeutender Wirtschaftsfaktor: Durch eine in der Mantelhöhle sitzende Drüse scheiden diese Schnecken ein weißes Sekret ab, das sich durch das Sonnenlicht zunächst gelbgrün und schließlich rotviolett verfärbt. Es waren die Phönizier, die diesen Farbstoff als erste entdeckten. Dann übernahmen ihn die Griechen und nannten ihn »porphýra«, wovon sich das deutsche Wort »Purpur« ableitete. Heute wird der Farbstoff auf chemischem Wege hergestellt, weshalb Herkuleskeule und Purpurschnecke nur noch für die Malakologie — die Lehre von den Weichtieren — und natürlich für die Küche von Interesse sind. Hier tun sich insbesondere die venezianischen Köche hervor, die aus den Schnecken köstliche Vorspeisen und Appetithappen bereiten. Da diese Meeresfrüchte nicht aus angelegten Kulturen stammen, sondern gefischt werden, muß man beim Kauf besonders gründlich prüfen, ob sie wirklich frisch sind.*

Zutaten
für 4 Personen

1,2 kg Meeresschnecken
etwas Zitronenschale
3 EL Essig
Petersilie und Knoblauch, gehackt
Olivenöl »extra vergine«
Salz und Pfeffer

Zubereitungszeit

1 Stunde für helle (junge) Muscheln bzw. 1 1/4 Stunden für dunkle (ältere) Muscheln.

Die Meeresschnecken mehrmals unter fließendem Wasser waschen.

In einen Topf mit kaltem Wasser geben. Zitronenschale, Essig und eine Prise Salz hinzufügen.

Das Ganze zum Kochen bringen und die Schnecken nach dem ersten Aufsprudeln je nach Alter 45 Minuten bzw. 1 Stunde kochen lassen.

Das Wasser abgießen. Mit einem Zahnstocher oder einer Nadel die Schnecken aus den Gehäusen ziehen und in eine Schüssel geben. Dabei auch den Kalkdeckel entfernen, der das Gehäuse verschließt.

Die Schnecken mit Öl, Petersilie, Knoblauch, Salz und Pfeffer würzen.

Den Schneckensalat kalt servieren.

Weinempfehlung

Pinot bianco dei Colli Euganei oder Soave Classico

Varianten

Besonders beliebt sind diese Schnecken in Pellestrina und San Piero in Volta. Dort bekommt man sie häufig auch mit Zwiebeln in Tomatensauce geschmort oder wie *bovo'leti* (s. nächste Seite) zubereitet.

bovo'leti

KLEINE WEINBERG-SCHNECKEN

Hinter den venezianischen bovo'leti *(oder* bogoeti*) verbergen sich die kleinen gesprenkelten Weinbergschnecken, die man nach einem Regenguß oder am frühen Morgen, wenn die Blätter noch feucht vom Tau sind, in großen Mengen im Gemüsegarten oder in freier Natur sammeln kann. In Italien bekommt man sie auch beim Fischhändler. Die Venezianer verstehen es, aus diesem Gericht der armen Leute eine wahre Köstlichkeit zu zaubern. Nicht selten findet es sich in der Speisenfolge eines erlesenen Menüs. Aber auch an bestimmten Straßenecken Venedigs und bei den traditionellen Dorffesten darf der Straßenhändler, der die Schnecken portionsweise in Tüten an die Passanten verkauft, nicht fehlen.*

Zutaten

für 4 Personen

Weinbergschnecken in beliebiger Menge, wobei man als Appetithappen mindestens 100 g pro Person rechnet
Knoblauch nach Belieben
Olivenöl »extra vergine«
Petersilie nach Geschmack
Salz und Pfeffer

Zubereitungszeit

Mindestens 2 Stunden für die eigentliche Zubereitung, dazu die Vorbereitung und einige Stunden Ruhezeit.

Die Weinbergschnecken mehrmals sorgfältig unter fließendem Wasser abspülen.

In einem großen Topf Wasser lauwarm werden lassen und die Schnecken hineingeben. Das Wasser aufkochen lassen und die Schnecken 10 Minuten kochen.

Das Wasser abgießen, die Schnecken abtropfen und etwa eine Stunde abkühlen lassen.

Öl und sehr fein gehackten Knoblauch miteinander vermischen und zu den Schnecken geben, mit Salz und Pfeffer würzen und nach Belieben auch mit reichlich gehackter Petersilie bestreuen.

Die *bovo'leti* einige Stunden ziehen lassen und kalt servieren. Mit einem Zahnstocher oder, wie in Venedig üblich, einer Stecknadel *(pomo'lin)* werden die Schnecken aus dem Häuschen gezogen.

Weinempfehlung

Bardolino Chiaretto

Varianten

Die venezianischen Straßenverkäufer legen die *bovo'leti* mindestens 2 Stunden in kaltes Wasser und spülen sie anschließend unter fließendem Wasser ab. Dann setzen sie sie in kaltem Wasser auf. Der Schaum, der sich nach dem ersten Aufwallen bildet, wird abgeschöpft. Anschließend lassen sie die Schnecken 5 Minuten garen, seihen sie ab, lassen sie gut abtropfen und bereiten sie wie zuvor beschrieben zu.
Auf dieselbe Art und Weise werden in Venedig die *caraboi*, kleine Meeresschnecken, zubereitet.

po'lenta e sa'lame coto

POLENTA MIT GEKOCHTER WURST

Sowohl »polenta« als auch »salame« galten eigentlich stets als roba da poareti, *als Arme-Leute-Essen. Heute ist Polenta mit gekochter Wurst auch eine beliebte Vorspeise. Im Veneto hielten die Bäuerinnen früher über dem Feuer einen Kessel mit heißem Wasser bereit, damit jederzeit »polenta« zubereitet werden konnte. Und natürlich hingen auch im Keller immer ein paar hausgemachte Würste. Die Bauern mußten selbst in Kriegszeiten nicht wirklich Not leiden: Die Gärten lieferten das Gemüse, die Felder Weizen und Mais, die Schweine Fleisch und Wurst, die Kühe Milch und die Hühner Eier.*
Der Mais war ein Geschenk der Spanier oder vielmehr der Neuen Welt, von wo ihn die conquistadores *nach Europa brachten. Bereits gegen Ende des 16. Jahrhunderts wurde er im gesamten Veneto angebaut. Der Mais ließ sich vollständig verwerten: Blätter und zerkleinerte Halme gab man dem Vieh zum Fressen, die Maiskolbenspindeln verfeuerte man, die getrockneten Hüllblätter —* scartosse *— dienten als Füllung für Matratzen, und die Körner wurden zu Grieß oder Mehl vermahlen. Seinerzeit aß man mehr Polenta als Brot, das damals für viel Geld bei den* forneri *(Bäckern) gekauft werden mußte. Polenta gab es zu allem und jedem: zu Fisch (helle Polenta), Käse,* tocio *(Bratenfond), Pilzen, Feigen, ja selbst zu Radicchio und Salat. Kurz nach der Maisernte wurden dann die Schweine geschlachtet und aus ihrem Fleisch die verschiedensten Würste bereitet:* soppresse, salsicce, cotechini etc. *Noch heute werden die Würste nach folgendem Rezept hergestellt: Man mischt einen Teil fettes mit fünf Teilen magerem Schweinefleisch, hackt das Ganze je nach Geschmack mehr oder weniger fein, würzt nach Belieben mit fein zerriebenem Knoblauch, Salz und Pfefferkörnern, knetet die Masse noch einmal gründlich durch und füllt sie schließlich in sorgsam gesäuberte Schweinedärme, die dann abgebunden werden. Man hängt die Würste in den gut belüfteten Keller und läßt sie dort in Ruhe reifen. Neben dem Räuchern, das im Norden weit verbreitet ist, gehört die Wurstherstellung zu den gängigsten Konservierungsmethoden für Fleisch. Wer die Gelegenheit hat, Hausmacherwürste in verschiedenen Gegenden des Veneto zu kosten, wird zwar zwischen allen eine gewisse Ähnlichkeit, zugleich aber Geschmacksunterschiede feststellen. Denn jede Gegend hat andere Varianten entwickelt. In Valpolicella, wörtlich übersetzt dem »Tal der vielen Keller«, nahe dem Gardasee, wird die Wurstmasse mit Recioto Amarone, einem trockenen, dort gekelterten Rotwein, und Kräutern aromatisiert. Anschließend läßt man die Würste an einem dunklen, kühlen und vor allem trockenen Ort reifen. Das ist nur hier möglich, weil das Tal die feuchten Nebel, die sich im Herbst und Winter über das Flachland senken, kaum kennt.*

Zutaten
für 5 Personen

Für die Polenta

1 kg grobes gelbes Maismehl oder (für die feinere Variante) weißes Maismehl
3 l Wasser
15 g Salz

Für die »salame«

10 dicke Scheiben italienische Hausmacherwurst
50 g fetter Speck
2 EL Weißweinessig

Zubereitungszeit

1/2—1 Stunde

Für die Polenta wird ein *paiolo*, ein unverzinkter Kupfertopf mit gewölbtem Boden, verwendet.

Wasser und Salz zum Kochen bringen. Das Maismehl unter ständigem Rühren hineingeben. Mit einem Holzlöffel im Uhrzeigersinn weiterrühren, damit sich keine Klumpen bilden.

Die Polenta ist gar, wenn sie zu einer glatten, geschmeidigen Masse geworden ist, die sich leicht vom Topfrand löst. 1/2 Stunde Kochzeit genügt. Früher ließ man die Polenta, damit sie noch zarter wurde, auch bis zu 1 Stunde kochen.

Die Polenta auf einem Holzbrett ausstreichen und lauwarm werden lassen.

Die Polenta mit dem Messer oder einer Schnur in etwa 2 cm dicke Scheiben schneiden.

Den Speck in kleinste Würfelchen schneiden und in einer großen Pfanne langsam auslassen.

Die Wurstscheiben dazugeben und von beiden Seiten darin heiß werden lassen, ohne sie jedoch zu braten.

Auf Tellern je 2 Scheiben lauwarme Polenta und »salame« anrichten.

Den Essig zum Fett in der Pfanne geben und den Fond 1 Minute einkochen lassen. Anschließend über die Portionen verteilen und servieren.

Weinempfehlung

Valpolicella Classico oder Merlot del Piave

Varianten

Vorzüglich schmeckt Polenta auch heiß oder völlig ausgekühlt, in Scheiben geschnitten und über dem Grill geröstet.
Die Wurst schmeckt auch kalt, zum Beispiel auf heißen Polentascheiben angerichtet. Besonders delikat ist »soppressa«, zu der man einen kräftigen Rotwein trinkt.

fiori de suca o de suchete friti

AUSGEBACKENE KÜRBIS- ODER ZUCCHINIBLÜTEN

Dies ist ein typisches Frühlingsgericht. Die Kürbisblüten können nur verwendet werden, solange sie noch geschlossen sind. Man stutzt und entfasert den Stiel und schneidet die Blütenspitze ab. Die bereits geöffneten Zucchiniblüten dagegen werden unten glatt geschnitten und vom Stempel befreit. Anschließend werden die Blüten behutsam gewaschen und zum Trocknen auf ein Leinentuch gelegt.

Zutaten für 6 Personen

12 Kürbis- oder Zucchiniblüten
100 g feinstes Mehl
1 Ei
1 Glas Milch
Olivenöl (oder Fritieröl)
Salz
Pfeffer

Zubereitungszeit

20 Minuten

Das Mehl mit der kalten Milch verrühren. Das verquirlte Ei dazugeben und alles zu einem Backteig glattrühren. Nicht salzen, damit der Teig beim Ausbacken schön knusprig wird.

In einer Pfanne reichlich Öl erhitzen.

Die Blüten einzeln vorsichtig durch den Backteig ziehen, abtropfen lassen und ins Öl geben.

Die Blüten nach kurzer Zeit wenden, damit sie ringsum gleichmäßig bräunen. Mit einer Schaumkelle aus dem Öl nehmen und zum Abtropfen auf Küchenkrepp legen. Die ausgebackenen Blüten, solange sie noch heiß sind, mit Salz und nach Belieben mit Pfeffer würzen.

Auf einer Platte anrichten und sofort servieren.

Weinempfehlung

Lessini Durello oder Bianco di Custoza

Varianten

Die angegebenen Zutaten sind für eine kleine Vorspeise berechnet. Für eine Beilage werden die Mengen einfach nach Bedarf erhöht.
Man kann den Backteig auch aus geschlagenem Eiweiß, etwas Wein und Mehl herstellen.
Ein köstliches Dessert erhält man, wenn man den Teig mit einer Prise Salz würzt und die ausgebackenen Blüten statt mit Salz und Pfeffer mit Zucker bestreut.
Nach obigem Rezept lassen sich auch die Blütentrauben der Robinie *(Robinia pseudoacacia)* zubereiten. Diese Pflanze, die auch als Scheinakazie bekannt ist, wächst in der Lagune und im Veneto an Wassergräben und Feldrändern. Da ihre Blüten lieblich schmecken, bieten sie sich für die süße Variante an, wobei man zusätzlich etwas abgeriebene Zitronenschale verwendet. Ebenso geeignet sind die Blütendolden des Holunders *(Sambucus nigra)*. Beide Varianten sind ausgesprochen delikat — überzeugen Sie sich selbst!

Pasta, Suppen und Reis

bigo'li in salsa

VENEZIANISCHE VOLLKORN-NUDELN MIT SARDINEN

Der Legende nach stammen die Spaghetti ursprünglich aus China, von wo aus Marco Polo sie — angeblich — nach Venedig mitbrachte. Während einer Reise nach Kathai soll der venezianische Reisende und Kaufmann (13.—14. Jh.) einen Diener in ein Dorf gesandt haben, um Proviant zu holen. Dabei beobachtete dieser die Frauen bei der Zubereitung einer aus langen Fäden bestehenden Speise, die in sprudelndem Wasser gekocht und anschließend gewürzt wurde. Er erkundigte sich nach dem Rezept und erstattete Marco Polo genauen Bericht, der dann die Neuigkeit nach Venedig mitbrachte. Da der Diener Spaghetti hieß, erhielten die Fäden aus Weizenteig also diesen Namen. Eine etwas unglaubwürdige Erklärung. Tatsächlich führten jüngste Forschungen auf dem Gebiet der Geschichte der Gastronomie zu der Erkenntnis, daß Pasta und Spaghetti keiner bestimmten Heimat zuzuordnen sind, sondern vielmehr »zu den ursprünglichen Nahrungsmitteln zählen, die jedes Volk für sich ersinnt, ohne auf Anregungen durch andere angewiesen zu sein« *(M. Alberini). In Venedig und dem gesamten Veneto trägt dieses »ursprüngliche Nahrungsmittel« die Bezeichnung* bigo'li. *Die Nudeln werden aus einem Teig aus Mehl, Eiern, wenig Wasser und Salz hergestellt, der durch eine Presse mit durchlöcherter Kupferscheibe gedrückt wird, so daß lange, dicke Spaghetti entstehen. Die klassischen venezianischen* bigo'li *sind, da sie aus Vollkornweizenmehl hergestellt werden, dunkel. Heute verwendet man bevorzugt* bigo'li *aus Weizenmehl. Einst waren sie ein traditionelles Essen für den Heiligabend, Aschermittwoch, Karfreitag und freitags generell; für Tage also, an denen die Kirche fleischlose Kost vorschrieb. Zugleich aber gehören sie zu den typischen Gerichten der venezianischen Küche und werden daher auch ohne besonderen Anlaß häufig zubereitet.*

Zutaten
für 4 Personen

Für den Teig

300 g Vollweizenmehl (oder Weizenmehl)
3 ganze Eier
3 Prisen Salz
Wasser (nach Bedarf)

Für die Sauce

1 Glas Olivenöl
4 gesalzene Sardinen
1 mittelgroße Zwiebel
2 EL Wasser oder Weißwein
Pfeffer aus der Mühle

Zubereitungszeit

1 Stunde

Das Mehl auf die Arbeitsfläche häufen, in die Mitte eine Mulde drücken und in diese die Eier mit dem Salz geben.

Mit einer Gabel langsam die Eier ins Mehl einarbeiten und dabei evtl. einige EL Wasser zufügen, bis sich ein fester Teig ergibt. Diesen gründlich mit den Händen kneten, immer wieder umschlagen und wenden, bis der Teig glatt und elastisch ist.

Den Teig in ein mit Mehl bestäubtes Tuch einschlagen und etwa 20 Minuten ruhen lassen. Dann den Teig halbieren und durch die Presse in eine Schüssel drücken, die mit Grieß ausgestreut ist, damit die *bigo'li* nicht aneinanderkleben. Anschließend gibt man sie auf ein Tuch und läßt sie ruhen.

Von den Sardinen Köpfe und Gräten entfernen und sie, falls nötig, schuppen. Schließlich gründlich unter fließendem Wasser abspülen und grob zerkleinern. Die Zwiebel schälen und in feine Scheiben schneiden.

In einem kleineren Topf das Öl auf großer Flamme erhitzen. Sardinen und Zwiebel hineingeben, umrühren und die Zwiebel goldgelb werden lassen. Mit 2 EL Wasser (oder Weißwein) ablöschen. Die Hitze herunterschalten und den Topf mit einem Deckel verschließen. Sardinen und Zwiebel langsam schmoren und dabei gelegentlich rühren, bis die Sauce eine homogene Konsistenz hat.

In einem großen Topf reichlich Wasser unter Zugabe von etwas Salz zum Kochen bringen. Faustregel: 1 l Wasser pro 100 g Pasta (hier also 4 l Wasser). In diesem Fall das Wasser mäßig salzen, da die Sauce genug Salz enthält. (Ansonsten nimmt man 10 g Salz pro Liter Wasser.)

Sobald das Wasser kocht, die *bigo'li* hineingeben. Mit einer Holzgabel rühren, damit sie nicht aneinanderkleben.

Die Hitze so regulieren, daß das Wasser sofort wieder aufwallt.

Die *bigo'li* gelegentlich mit der Gabel umrühren. Die Kochzeit beträgt etwa 5—8 Minuten. Da sie von der Größe und den Zutaten der *bigo'li* abhängt, ist eine genauere Angabe nicht möglich. Auf jeden Fall sollten die *bigo'li* »al dente« sein, also noch Biß haben.

Die *bigo'li* auf ein Sieb zum Abtropfen gießen, in die vorgewärmte Servierschüssel füllen, die Sauce zugeben und gut miteinander vermischen. Die *bigo'li in salsa* auf vorgewärmten Tellern anrichten. Auf Parmesan wird verzichtet.

BIGO'LI IN SALSA

Weinempfehlung

Garganega dei Colli Berici oder Tocai italico dei Colli Euganei

Varianten

Bigo'li können aus dunklem oder hellem Mehl hergestellt sein. Für die Sauce dagegen stehen die Zutaten weitgehend fest. Heute verwendet man anstelle von gesalzenen Sardinen bevorzugt Sardellenfilets in Öl. Auch zerpflückten Thunfisch kann man hinzugeben. Einige Köche würzen die Sauce zusätzlich mit gehackter Petersilie und/oder Kapern und verzichten dann zuweilen auch auf die Zwiebel. Die interessanteste Variante aber ist die *all'ebraica* (auf jüdische Art), die anstelle der Zwiebel sehr fein gehackten Knoblauch vorsieht. Übrigens sollen die Juden des Gettos die *bigo'li in salsa* erfunden haben.

bigo'li co' l'anara

VENEZIANISCHE VOLLKORN-NUDELN MIT ENTE

*Sowohl die Lagune als auch das flache Hinterland bis ins Voralpengebiet mit seinen zahlreichen Wasserläufen und Karstquellen sind ein idealer Lebensraum für Wasservögel. Fast jeder der hier ansässigen Bauern hält neben anderem Geflügel auch Enten, da sie kaum Pflege benötigen. Interessanterweise behaupten einige Forscher, Enten, Gänse und Truthähne seien zunächst im Getto von Venedig aufgetischt worden und hätten wenig später dann Zugang in die Küchen der »cristiani« gefunden. Mit dem Wort »cristiani« bezeichnet man in Venedig und Umgebung nicht nur die Christen, sondern es bedeutet auch »Menschenkind« oder »anständiges Wesen«. Und es kann sogar vorkommen, daß man über die Hauskatze sagt: »*El par un cristian*«, was soviel heißt wie: »Sie ist ein gutes Wesen.«*

Das nachfolgende Gericht ist typisch für die Gegend um Thiene nördlich von Vicenza, von wo es sich im gesamten Veneto bis nach Venedig ausbreitete.

Zutaten für 4 Personen

400 g Vollkorn-*bigo'li*
1 junge, nicht zu fette Ente
1 Zwiebel
2 Möhren
1 Stange Bleichsellerie
50 g Butter
1 Bund Salbei
50 g frisch geriebener Parmesan
Salz und Pfeffer

Zubereitungszeit

1 1/2 Stunden

Die Ente, falls erforderlich, rupfen und absengen, um den restlichen Flaum zu entfernen. Kopf und Füße der Ente entfernen (früher wurden auch diese verwertet). Die Ente ausnehmen. Dabei behutsam vorgehen, damit die Gallenblase nicht platzt und das Fleisch ungenießbar macht. Die Innereien, das heißt Herz, Leber und Magen, beiseite legen. Ente und Innereien sorgfältig abspülen.

Die Ente mit dem Sellerie, den Möhren und der Zwiebel in einen großen Topf mit gesalzenem kaltem Wasser geben, aufkochen lassen und mindestens 1 Stunde kochen.

Währenddessen die Innereien in Stückchen schneiden. In einem Pfännchen die Butter mit dem Salbei bräunen. Die Innereien hineingeben und mit etwas heißer Brühe übergießen. Salzen, pfeffern und etwa 1/2 Stunde bei milder Hitze köcheln lassen.

Die fertig gegarte Ente aus dem Topf nehmen. Die Brühe durch ein feines Sieb gießen und erneut aufkochen lassen. Die *bigo'li* in die Brühe geben und garen, wie im vorherigen Rezept beschrieben.

Die *bigo'li* abgießen, in eine vorgewärmte Schüssel geben und mit der Sauce übergießen. Mit einem Stückchen Butter verfeinern und mit frisch geriebenem Parmesan bestreuen. Sofort servieren.

Die gekochte Ente kann als Hauptgericht serviert werden. Dazu passen Saucen für »carne lessa« (s. S. 95) und Gemüse nach Wahl.

Weinempfehlung

Cabernet oder Merlot Montello e Colli Asolani

Varianten

Leichter und bekömmlicher wird das Gericht, wenn man der Ente vor dem Kochen die fette Haut abzieht.

---

spagheti a'le vongo'le

SPAGHETTI MIT VONGOLE

Abgesehen von den dunklen bigo'li *(s. S. 53) sind Spaghetti nicht typisch für die venezianische Küche. Und so stammt auch dieses Gericht ursprünglich aus Süditalien. Dennoch steht es inzwischen in jedem Restaurant Venedigs und seiner Umgebung auf der Speisekarte, zumal die »vongole« in der östlichen Lagune gefischt werden und hier zum täglichen Marktangebot gehören. Wie die* caparosso'li *(s. S. 44) zählen auch die »vongole« zu den Venusmuscheln (zu deutsch »Strahlige« bzw. »Rauhe Venusmuschel«).*

Spaghetti sind getrocknete Nudeln aus meist industrieller Herstellung. In Venedig werden sie mit anderen Produkten dieser Art kurz unter dem Begriff pasta conza *(angemachte Pasta) zusammengefaßt, wobei man über die genaue Unterscheidung zwischen »penne«, »pennette«, »maniche«, »sedani«, und wie die diversen Formen sonst noch alle heißen, großzügig hinweggeht.*

Zutaten für 4 Personen

320 g Spaghetti
600 g frische »vongole«
400 g Dosentomaten (oder 4 große, reife Tomaten)
1 dl Olivenöl »extra vergine«
2 Knoblauchzehen
1 Bund Petersilie
Salz
Pfeffer aus der Mühle

Zubereitungszeit

40 Minuten

Die »vongole« sorgfältig waschen. In eine flache Kasserolle füllen und je einen Schuß Wasser und Öl hinzufügen. Die Muscheln erhitzen, bis sie sich öffnen.

Die »vongole« mit einer Schaumkelle aus dem Topf nehmen und in einer Schüssel abkühlen lassen. Den Sud stehenlassen, damit sich evtl. vorhandener Sand absetzen kann. Dann vorsichtig durch ein feines Sieb gießen.

Das restliche Öl in einem kleinen Topf erhitzen. Den gehackten Knoblauch, die Tomaten, eine Prise Salz und den Sud hinzufügen. Die Sauce etwa 1/2 Stunde einköcheln lassen, dabei ab und zu umrühren.

Währenddessen die Muscheln aus den Schalen lösen und zur eingedickten Sauce geben — sie sollen nur noch kurz aufgewärmt werden. Die Sauce mit gehackter Petersilie und frisch gemahlenem Pfeffer würzen und mit Salz abschmecken.

Während der Saucenzubereitung in einem Topf reichlich gesalzenes Wasser zum Kochen bringen. Die Spaghetti hineingeben und wie *bigo'li* garen (s. S. 54). Spaghetti und Sauce sollten gleichzeitig fertig sein. Sofern es sich um getrocknete Pasta handelt, ist die Kochzeit im allgemeinen auf der Packung angegeben.

Die Spaghetti abgießen, abtropfen lassen und in eine Schüssel geben. Mit der Sauce übergießen, vorsichtig miteinander vermengen und sofort servieren.

Weinempfehlung

Pinot grigio di Breganze oder di Lison-pramaggiore

Varianten

Beim Garen der »vongole« und bei der Zubereitung der Sauce kann man das Olivenöl auch weglassen. Statt dessen gießt man es zum Schluß einfach über das fertige Gericht, das dadurch bekömmlicher wird. Anstelle von Pfeffer kann man eine kleine Chilischote verwenden, die in der Sauce mitkocht und, bevor man diese über die Spaghetti gießt, entfernt wird. Noch ein Tip: Wenn man keine Zeit hat oder keine frischen »vongole« bekommt, kann man auch »vongole« au naturel im Glas verwenden.

papare'le coi bisi

PAPPARDELLE MIT ERBSEN

Dieses klassische Frühlingsgericht schmeckt am besten, wenn die ersten zarten, süßen Erbsen im Garten reifen. Ihr Aroma verbindet sich mit dem feinen Geschmack der hausgemachten Pasta zu einem ganz besonderen Genuß. Pasta aus eigener Herstellung war schon immer der Stolz jeder Hausfrau, die damit ihr Geschick unter Beweis stellen konnte. Nicht umsonst lautet ein Sprichwort aus dem Veneto im Veroneser Dialekt: »Parché la paparela sia bona, bisogna che mena el cul la parona« *(Damit die Pappardelle gut werden, muß die Hausfrau ihren Hintern fleißig bewegen).*

Zutaten für 4 Personen

Für den Teig

300 g Weizenmehl
3 ganze Eier
eine Prise Salz

Für die Sauce

100 g Erbsen, enthülst
50 g Butter
50 g Bauchspeck
1 kleine Zwiebel
1 kleine Schöpfkelle heiße Brühe
1 großer EL gehackte Petersilie
geriebener Parmesan nach Belieben

Zubereitungszeit

etwa 1 Stunde

Das Mehl auf die Arbeitsfläche geben, in die Mitte eine Mulde drücken. Eier und Salz hineingeben und alles zu einem geschmeidigen Teig verarbeiten, wie im Rezept *bigo'li in salsa* (s. S. 53) beschrieben. Den Teig in zwei Portionen teilen und diese, von der Mitte aus beginnend, mit dem Nudelholz zu einem gleichmäßigen, nicht zu dicken Teigblatt ausrollen. Die Teigblätter einige Minuten antrocknen lassen, wobei sie aber nicht spröde werden dürfen. Anschließend aufrollen und mit einem scharfen Messer in 5—8 mm breite Streifen, die *papare'le,* schneiden. Die Tagliatelle auf ein Tuch geben, vorsichtig auflokkern, damit sie nicht aneinander kleben, und ruhen lassen, bis die Sauce fertig ist.

Den Speck und die Zwiebel in kleine Würfel schneiden und in einer Kasserolle in der Hälfte der Butter anbraten.

Sobald die Zwiebel goldgelb und der Speck fast ausgelassen ist, die Erbsen mit der Brühe zugeben. Die Sauce zugedeckt je nach Größe der Erbsen 10—15 Minuten köcheln lassen. Mit Salz und Pfeffer abschmecken, zum Schluß die gehackte Petersilie unterrühren.

In der Zwischenzeit reichlich leicht gesalzenes Wasser in einem großen Topf zum Kochen bringen. Die *papare'le* hineingeben und »al dente« kochen. Achtung: Hausgemachte Pasta ist sehr schnell gar!

Die *papare'le* abgießen, tropfnaß in eine Steingutschüssel füllen und die restliche Butter unterziehen. Die *papare'le* mit der Sauce übergießen und mit frisch geriebenem Parmesan bestreuen. Vorsichtig vermengen und sofort servieren. Dazu ein Schälchen mit geriebenem Parmesan reichen, so daß sich jeder nach Belieben bedienen kann.

Weinempfehlung

Soave Classico oder Bianco di Custoza

Varianten

Eine kompliziertere Variante sieht vor, mehrere Schöpfkellen Brühe zu den Erbsen zu gießen und die *papare'le* in der Sauce zu garen, wobei sie die Flüssigkeit weitgehend aufnehmen. Allerdings erfordert diese Methode viel Erfahrung und Fingerspitzengefühl, damit keine Suppe daraus entsteht.
Ein ähnliches Gericht heißt *papare'le e figadini* (Tagliatelle mit Hühnerlebern). Hierbei werden die Hühnerlebern zunächst in Butter angebraten, dann wird nach der zuvor genannten Methode weiterverfahren.

gnochi de patate

KARTOFFEL-NOCKEN

Die gnochi *haben ihren Ursprung nicht in der venezianischen Küche, sondern in der Veronas, das einst ebenfalls zur Serenissima Repubblica gehörte. Gnochi gibt es wie den Karneval seit dem 16. Jahrhundert in Verona. Aber erst zu Beginn des vergangenen Jahrhunderts, als Verona Teil des österreichisch-ungarischen Festungsvierecks und wichtigster Stützpunkt der Österreicher in Oberitalien war, lernte man die Kartoffel-gnochi auch andernorts schätzen. Zwar hatte es zuvor schon Kartoffeln gegeben, doch waren sie als* roba da foresti *— Essen für Fremde — oder als Speise für Bergler abgetan worden. Erst mit den Österreichern konnten sie sich endgültig durchsetzen.*
Auch heute noch gibt es in Verona den Brauch, daß am letzten Karnevalsfreitag auf dem Vorplatz der Basilika San Zeno Maggiore in riesigen Töpfen gnochi *zubereitet und an Vorbeikommende verteilt werden. Danach folgt der Umzug der Karnevalswagen durch das Zentrum der Stadt. Allen voran geht der* papà del gnoco, *die traditionelle Karnevalsfigur der Stadt, als Sinnbild für Überfluß. Er wird begleitet von einer Schar von Helfern, die auch während des Festzuges die* gnochi *an die Menge verteilen. Selbst in den Familien werden an diesem Tag — im Veroneser Dialekt heißt er* vènardi gnocolàr, *zu deutsch »Freitag der Kartoffelnokken« — Schüsseln mit dampfenden* gnochi *aufgetragen. Die venezianischen »gnocchi« — sie werden nicht aus Kartoffeln, sondern aus Weizenmehl hergestellt und heute kaum noch zubereitet — stammen aus Epochen, in denen Kartoffeln in Italien noch unbekannt waren. Ein Überbleibsel aus jenen Zeiten sind die* malloreddus, *jene sardischen, aus Wasser und Mehl geformten Klößchen, dann die* strangolapreti *(wörtl. Priesterwürger) aus Trient, der Tiroler Knödel und ähnliche Zubereitungen. Bereits im 14. Jahrhundert werden diese Teigwaren von Boccaccio in seiner Beschreibung des Landes Bengodi und im 16. Jahrhundert von Merlin Cocai (Teofilo Folengo) in* Baldus *erwähnt. In beiden Fällen ist von* maccheroni *die Rede. Diese Bezeichnung rührt von der Art der Teigverarbeitung her: von dem italienischen Wort* ammaccare *(zerquetschen). Heute sind die Veroneser* gnochi *von San Zeno Maggiore fester Bestandteil der traditionellen venezianischen Küche.*

Zutaten
für 6—8 Personen

2 kg große, mehligkochende Kartoffeln
500 g feines, gesiebtes Mehl
2 Eier
Salz

Für die Sauce

1 kg Tomaten aus der Dose
1 dl Olivenöl »extra vergine«
1 große Zwiebel
einige Stengel Petersilie (oder Basilikum)
1 Knoblauchzehe
Salz
Pfeffer
reichlich geriebener Parmesan

Zubereitungszeit
1 1/2 Stunden

Die ungeschälten Kartoffeln waschen und in einen großen Topf geben. Mit leicht gesalzenem Wasser bedecken und so lange kochen, bis sie gar sind.

Eine Arbeitsfläche mit Mehl bestäuben (in Verona verwendet man bevorzugt eine Arbeitsfläche aus Marmor). Das Wasser abgießen, die Kartoffeln schälen und durch die Presse auf die Arbeitsfläche drücken. Das Püree mit dem Mehl, den Eiern und Salz vermengen, anschließend mit den Händen gut durchkneten, bis sich ein leichter, glatter Teig ergibt.

GNOCHI DE PATATE

Den Teig in Portionen teilen und mit bemehlten Händen etwa 2 cm dicke Rollen formen. Diese in etwa 3 cm lange Stücke schneiden und gegen die Zinken einer Gabel oder die Innenseite einer Reibe drükken. Dabei entstehen kleine, geriffelte Schalen, die die Sauce schön aufnehmen.

Die fertigen *gnochi* auf ein mit Mehl bestäubtes Tuch legen. Dabei dürfen sie sich nicht berühren, damit sie nicht aneinander kleben.

Die Tomatensauce zubereiten:
- In einem Topf das Olivenöl erhitzen, die feingehackte Zwiebel darin goldgelb anschwitzen;
- die Tomaten und die vom Keim befreite und feingehackte Knoblauchzehe hinzufügen; salzen und pfeffern;
- einköcheln lassen;
- sobald die Sauce genügend eingedickt ist, die feingehackten Petersilien- oder Basilikumblättchen dazugeben; umrühren und vom Herd nehmen;
- die Sauce abschmecken.

In einem großen Topf reichlich Salzwasser zum Kochen bringen. Die *gnochi* hineingeben und, sobald sie an die Oberfläche kommen, mit der Schaumkelle herausnehmen. Die *gnochi* abtropfen lassen, auf Teller verteilen und 2–3 EL Tomatensauce darübergeben.

Sofort servieren und dazu reichlich frisch geriebenen Parmesan reichen.

Weinempfehlung

Bardolino Chiaretto oder Tocai Rosso dei Colli Berici.

Varianten

Neben den verschiedenen Herstellungsmethoden für »gnocchi« sind für die *gnochi* aus Kartoffeln verschiedene Saucen bekannt. Am häufigsten reicht man sie in der Gegend von Verona mit der hier beschriebenen Tomatensauce, die im übrigen auch ausgezeichnet zu Spaghetti und anderen Pastasorten paßt. Auch übergießt man die *gnochi* gern mit gebräunter Butter und bestreut sie mit reichlich Parmesan, oder aber man beträufelt sie mit zerlassener Butter und bestreut sie mit Zucker und Zimt (im Verhältnis 2:1) sowie mit Parmesan.
Vorzüglich paßt auch eine Hackfleischsauce oder der Bratenfond der *pastissada de caval* (s. S. 100) dazu.
In den Teig der *gnochi* wird in jüngster Zeit auch Tomatensauce oder sehr fein gehackter Spinat oder gekochtes Kürbismus gemengt, wodurch die *gnochi* eine hübsche rötliche, grünliche oder gelbliche Färbung erhalten.

pasta e fasioi

SUPPE MIT PASTA UND WEISSEN BOHNEN

Die Behauptung, pasta e fasioi *sei eine venezianische Suppe, ist nicht ganz zutreffend. Genaugenommen handelt es sich um eine Spezialität, die in allen Familien, Trattorien und Restaurants des gesamten Veneto zubereitet wird. Es waren zwar venezianische Kaufleute, die im 16. Jahrhundert die weißen Bohnen aus Spanien mitbrachten, das sie wiederum aus der Neuen Welt eingeführt hatte. Doch fand die Bohne binnen kurzem in der gesamten Region Freunde und eroberte sich alsbald einen wichtigen Platz in der regionalen Küche, den sie bis heute unverändert innehat.*
Typisch für dieses Gericht ist die Kombination von weißen Bohnen und Schweineschwarte. Deshalb war es früher das klassische Gericht für den Frühherbst, jene Zeit, in der üblicherweise die Schweine geschlachtet wurden und es frische Schwarten und Knochen

gab. Kurz zuvor wurden die Bohnen geerntet, die die Bauern geschickterweise auf den Feldern zwischen den Maispflanzen ausgesät hatten — so konnten die Bohnen am Mais hochranken, und beides wurde gleichzeitig reif. Heute wird unser Leben nicht mehr durch diese jahreszeitlichen Rhythmen bestimmt, denn der Markt bietet fast das ganze Jahr hindurch alles, was das Herz begehrt. Und dennoch vermitteln solche Gerichte noch immer eine Ahnung vom einstigen Einklang des Menschen mit der Natur und halten die kulinarischen Traditionen wach.

Das klassische Rezept für pasta e fasioi *verlangt die besonders mehligen und dünnschaligen weißen Bohnen aus Lamon, einem Dorf nördlich von Feltre in der Provinz Belluno. Ihren deftigen Geschmack erhält die Suppe im allgemeinen durch Zugabe von Schweineschwarte, doch werden in manchen Gegenden auch frische Knochen oder ein Schinkenknochen und dazu magerer Bauchspeck mitgekocht. Als Pasta verwendet man in der traditionellen Version dicke Tagliatelle, die man in der Gegend von Treviso aus Weizengrieß und Wasser ohne Zugabe von Eiern herstellt und die ihren Namen ihrer Ähnlichkeit mit Hosenträgern verdanken (das Dialektwort für Hosenträger lautet in Treviso* tirache*). Allerdings variiert auch die Pastasorte von Gegend zu Gegend. In jedem Fall schmeckt diese Suppe ganz vorzüglich.*

Zutaten
für 4 Personen

300 g frische weiße Bohnen aus Lamon
200 g *tirache* aus Treviso (oder eine andere Pastasorte)
100 g Schweineschwarte oder 1 Schinkenknochen
1 große Zwiebel
1 Möhre
1 Stange Bleichsellerie
1 Knoblauchzehe
1 Bund Petersilie
1 dl Olivenöl
Salz
Pfeffer aus der Mühle
frisch geriebener Parmesan

Zubereitungszeit

3 Stunden

Das geputzte Gemüse mit Ausnahme der Petersilie fein hacken und in einem großen Topf im heißen Öl anbräunen.

Die Bohnen, 2,5 l kaltes Wasser und die Schwarten bzw. den Schinkenknochen dazugeben. Das Ganze aufkochen und etwa 2 1/2 Stunden leise köcheln lassen. Erst nach der Hälfte der angegebenen Zeit salzen und pfeffern — so bleiben die Bohnen schön zart.

Die Schwarten bzw. den Knochen entfernen. Falls Schwarten mitgekocht wurden, diese in feine Streifen schneiden und separat zur Suppe servieren, so daß sich jeder nach Belieben davon nehmen kann. Vom Knochen alle Fleischreste lösen und zurück in die Suppe geben.

Die Hälfte der gekochten Bohnen durch ein Sieb streichen und wieder in die Suppe geben. Falls nötig, salzen.

Die Suppe aufkochen, die Pasta hinzufügen und »al dente« garen. Zuletzt die gehackte Petersilie unterrühren.

Die Suppe in Steingutschalen anrichten und vor dem Servieren etwa 10 Minuten ruhen lassen, wobei sich auf der Oberfläche eine dünne Haut bildet. Zu *pasta e fasioi* stellt man reichlich geriebenen Parmesan, gutes Olivenöl »extra vergine« und die Pfeffermühle bereit. Bevor man mit dem Essen beginnt, gießt man kreuzförmig etwas Öl auf die Suppe und gibt etwas Pfeffer aus der Mühle darüber. Parmesan kann, muß aber nicht genommen werden.

Weinempfehlung

Tocai Rosso dei Colli Berici

Varianten

Verwendet man keine frischen, sondern getrocknete Bohnen, so werden diese zuvor über Nacht mit einer Prise Natron in lauwarmem Wasser eingeweicht. Dann gießt man das Wasser ab und verfährt nach obigem Rezept weiter. Falls die Suppe zu dick wird, gibt man etwas heiße Brühe zu. Gerät sie dagegen zu flüssig, rührt man entweder 1 EL Maisstärke oder 1 gekochte und zerdrückte Kartoffel ein. Perfekt ist diese deftige Suppe, wenn sie in ihrer Konsistenz einem Eintopf nahekommt.
Natürlich kann man auch anderes Schweinefleisch verwenden. Sollten sich während des Kochens an der Oberfläche Fettaugen oder Schaum bilden, werden diese mit der Schaumkelle entfernt. Denn — so überraschend dies auch sein mag — *pasta e fasioi* ist ein fettarmes Gericht! Das Gemüse — Bohnen natürlich ausgenommen — darf durchaus variieren. So kann man beispielsweise Lauch und Tomatenpüree dazugeben und zusätzlich auch mit Estragon, Majoran, Rosmarin und Lorbeer würzen.

minestròn

GEMÜSESUPPE

Minestròn *ist die Vergrößerungsform des italienischen Wortes* minestra *(Suppe) und bedeutet soviel wie »dicke, reichhaltige Suppe«. In Venedig und im gesamten Veneto, wo die Zwischengerichte aus Pasta und Sauce erst durch den Wegfall der regionalen Grenzen im Zuge der nationalen Einigung Popularität erlangten, gehört diese Gemüsesuppe zu den wirklich traditionellen Zubereitungen. Was gäbe es wohl nach einem Arbeitstag auf dem Feld oder in der Fabrik an Herbst- und Winterabenden, wenn der Körper nach etwas Gehaltvollem zum Aufwärmen verlangt, Besseres als einen Teller heiße Gemüsesuppe! Nach den Zutaten muß man nicht lange suchen: Sie gedeihen im Hausgarten in Hülle und Fülle. Jede* minestròn *ist ein einmaliges Meisterwerk, das von der Hausfrau aus der Laune des Augenblicks heraus und aus dem vorhandenen Marktangebot komponiert wird. Eine Einlage ist kein Muß, doch kann man nach Belieben beispielsweise geröstete Brotwürfel, eine Handvoll Reis, kurze Nudeln oder »maltagliati« (wörtlich »schlecht Geschnittene«, gemeint sind bei der Pastaherstellung übriggebliebene, unregelmäßig große Teigreste) dazugeben. Auch in anderen Regionen Italiens ist dieses Gericht gang und gäbe, so in Ligurien, wo man zuletzt etwas »pesto alla genovese« (Genueser Basilikumsauce) einrührt, in der Lombardei, wo natürlich Reis nicht fehlen darf, oder auch in der Toskana, nach Artusi, einem berühmten italienischen Kochbuchautor des 19. Jahrhunderts, die wahre Heimat der »minestrone«. Doch ist diese Suppe im Veneto so verbreitet, daß sie durchaus der regionalen Küche zuzuordnen ist. Unverzichtbare Zutat sind die weißen Bohnen aus Lamon (s. voriges Rezept), im übrigen sind sämtliche Abwandlungen zulässig.*

Zutaten
für 8 Personen

400 g frische weiße Bohnen aus Lamon
4 Kartoffeln
1 Zwiebel, 2 Möhren
2 Stangen Bleichsellerie
4 frische Tomaten, gehäutet und zerkleinert
200 g Zucchini
1 Bund Petersilie
1 Glas Olivenöl
Salz, Pfeffer
frisch geriebener Parmesan

Zubereitungszeit

2 Stunden

Die Zwiebel fein hacken. In einem großen Topf Olivenöl heiß werden lassen, und die

Zwiebel darin andünsten. 2,5 l kaltes Wasser angießen und die Bohnen sowie das restliche, zerkleinerte Gemüse (mit Ausnahme der Petersilie) hinzufügen.

Nach 1 1/2stündiger Kochzeit einen Teil des Gemüses herausnehmen, durch ein Sieb streichen und zurück in den Topf geben. Die Suppe mit Salz und Pfeffer abschmecken, die feingehackte Petersilie zugeben.

Vor dem Servieren noch einige Minuten ruhen lassen. Dazu die Pfeffermühle, kaltes Olivenöl »extra vergine« und frisch geriebenen Parmesan bereitstellen.

Weinempfehlung

Soave Classico

Varianten

Die venezianischen Gourmets vertreten die Meinung, daß zu einer Suppe, in der Bohnenkerne enthalten sind, kein Parmesan paßt. Dergleichen Bedenken sind den Gourmands fremd. Es ist also eine reine Frage des Geschmacks. Nach Belieben kann man einige Minuten vor Ende der Kochzeit kurze Pasta in die Suppe geben. Dabei darf man mit der Menge nicht übertreiben, denn die *minestròn* sollte nicht zu dick werden. Allerdings schließt diese Variante die Möglichkeit aus, Reste der Suppe am nächsten Tag zu essen. Schade, denn aufgewärmt schmeckt *minestròn* nochmal so gut. Variieren kann man auch in der Auswahl des Gemüses — ausgezeichnet schmeckt im Winter beispielsweise auch Wirsing —, wobei die Bohnen natürlich niemals fehlen dürfen. Man kann die Zwiebel ebenso in gewürfeltem und ausgelassenem fettem oder durchwachsenem Speck anbraten, was der Suppe einen herzhaften Geschmack verleiht. Manche Hausfrauen geben auch 2 Knoblauchzehen an die Suppe.

sopa de pesse

FISCHSUPPE

Es gibt keinen Flecken am Golf von Venedig, der nicht ein eigenständiges Rezept für diese Suppe hervorgebracht hätte. Und wie die minestròn *(s. linke Seite) wird auch dieses Gericht, bedingt durch das tagesabhängige und lokal geprägte Marktangebot, in immer wieder anderen Varianten zubereitet. So läßt sich die Hausfrau, die sich morgens zur* Pescaria, *dem Fischmarkt am Canal Grande, begibt, wo die Fischer seit dem 9. Jahrhundert ihren Fang im Schatten der Statue ihres Schutzpatrons, des Apostels Petrus, feilbieten, bei der Wahl der Zutaten nicht zuletzt auch von der Laune des Augenblicks leiten. Aus den vielfältigen Rezepten für diese Suppe, die durchaus als Hauptgericht serviert werden kann, wurde das aus Chioggia, dem Fischerstädtchen am südlichen Ende der Lagune, ausgewählt. Zum einen handelt es sich hierbei um die populärste der vielen Versionen, zum anderen hat die Küche von Chioggia, was die Zubereitung von Fischen und Meeresfrüchten betrifft, vieles gemein mit der kulinarischen Tradition Venedigs. In Caorle oder Grado, in Triest oder Comacchio bereitet man die Fischsuppe wieder anders zu. Doch lehnen sich sämtliche Varianten an das Rezept aus Chioggia an. Hier findet jedes Jahr im August die* sagra del pesse, *das Fischerfest, statt. Das Städtchen ist dann mit Segeln, Netzen, beleuchteten Kähnen und Fischerbooten geschmückt, und an allen Ecken gibt es Verkaufsstände, die ausgebackenen Fisch mit Polenta,* folpeti *(kleine Polypen) und anderes mehr anbieten — übrigens auch eine gute Gelegenheit, um diese herrliche Fischsuppe zu kosten.*

SOPA DE PESSE

Zutaten für 8 Personen

2 kg gemischte Fische und Meeresfrüchte: Drachenkopf, Aal, Seeteufel, Seebarsch, kleine Sepien, Calamari und Moscardini, Jakobsmuscheln
600 g Miesmuscheln
1 dl Olivenöl
1 Zwiebel
2 Knoblauchzehen
1/2 Glas guter Essig
3 reife Tomaten
einige Weißbrotscheiben
2 l Wasser
2 Möhren
2 Stangen Bleichsellerie
2 Lorbeerblätter
Salz, Pfeffer

Zubereitungszeit

etwa 1 1/2 Stunden

Die Fische ausnehmen und von den Kiemen befreien (Abfälle wegwerfen), Köpfe, Flossen und Gräten entfernen und für die Herstellung des Fischfonds beiseite legen. Die Jakobsmuscheln aus den Schalen lösen und säubern. Sepien, Calamari und Moscardini vorbereiten, wie auf S. 152, 153 und 154 beschrieben. Die vorbereiteten Fische und Meeresfrüchte gründlich waschen und in Stücke schneiden.

Die Möhren und den Sellerie fein hacken. Mit 1,5 l Wasser, 2 Lorbeerblättern und etwas Salz und Pfeffer in einen Topf geben, Fischköpfe, Flossen und Gräten hinzufügen und das Ganze aufkochen lassen.

In einem zweiten großen Topf 1 dl Öl stark erhitzen, bis es zu rauchen beginnt. Zwiebel und Knoblauchzehen fein hacken und im Öl glasig werden lassen. Mit 1/2 Glas Wasser ablöschen. Die zerkleinerten Meeresfrüchte und etwa 10 Minuten später die Fischstücke zugeben und leicht anbraten.

1/2 Glas Essig angießen, verdampfen lassen und die zerkleinerten Tomaten dazugeben.

Den Fischfond durch ein feines Sieb gießen und zu den Fischen und Meeresfrüchten geben. Die Suppe leicht pfeffern, aufkochen und bei milder Hitze 1/2 Stunde simmern lassen.

Die Miesmuscheln gründlich säubern (s. S. 43) und 5 Minuten vor Ende der Kochzeit in die Suppe geben.

Die Brotscheiben rösten und Suppenteller damit auslegen. Die Suppe mit Salz abschmecken und verteilen. So viel Brühe angießen, daß Fische und Meeresfrüchte bedeckt sind. Auf Parmesan wird verzichtet.

Weinempfehlung

Pinot Bianco Superiore di Breganze oder Gambellara Superiore

Varianten

Das Originalrezept für Fischsuppe aus Chioggia verlangt Essig, Lorbeer und Tomaten. Allerdings wurden die Tomaten erst später in das Rezept aufgenommen, weshalb einige Puristen sie weglassen. Doch hat heute jede Fischsuppe, die man in Venedig und Umgebung bekommt, eine rötliche Färbung, die zuweilen durch Zugabe von 1 TL Tomatenmark noch verstärkt wird. Lorbeer ist nicht jedermanns Geschmack, weshalb manche Hausfrauen ihn weglassen. Den Essig kann man ebensogut durch 1 Glas trockenen Weißwein ersetzen.

tripe in brodo

KUTTELSUPPE

Kutteln zählen zu den Innereien, und diese waren lange Zeit ausschließlich der Küche der armen Leute vorbehalten. Heute indes sind sie in Feinschmeckerkreisen sehr beliebt. Schlendert man durch die calli *(Gassen) Venedigs oder die baumbestandenen Straßen des Veneto, sieht man nicht selten vor den volkstümlichen Trattorien Tafeln mit der Aufschrift »Oggi trippe« (heute Kutteln). Sie werden geschätzt wie nie zuvor. In höchster Vollendung weiß man Kutteln oder, wie sie auch heißen, Kaldaunen in der Marca Trevigiana zuzubereiten, einer Bauerngegend, in der viele venezianische Adlige einst ihre Sommerresidenzen besaßen.*

Bei Kutteln handelt es sich um den Magen von Kälbern und Rindern. Er umfaßt folgende vier Teile: den Pansen, der etwa 80 Prozent des Organs ausmacht; den Netzmagen mit wabenartiger Struktur; den Blätter- oder Faltenmagen, der im venezianischen Dialekt sentope'le *genannt wird; und schließlich den eigentlichen Hauptmagen, der zu deutsch Labmagen und in Venedig* prete *(Priester) heißt. In der Regel bieten die* bechèri *(Metzger) alle Arten von Kutteln bereits gewaschen und vorgekocht an. Andernfalls muß man sie selbst vorbereiten. Üblicherweise werden die Kutteln mehrmals sorgfältig gewaschen, danach überbrüht und anschließend in leicht gesalzenem Wasser ausgiebig gekocht. Dabei gibt man reichlich Aromaten (zum Beispiel Sellerie, Möhren, Zwiebeln, Salbei oder Rosmarin) hinzu, denn die Kutteln besitzen keinen ausgeprägten Eigengeschmack. Die zartesten* tripe *sind die vom Kalb, am schmackhaftesten jedoch die vom Rind und Mastkalb. Früher wurden auch die Kutteln vom Schwein* (tripe de mas'cio *oder* de porseo) *verwertet, allerdings ist man davon völlig abgekommen. Selbstverständlich sind frische Kutteln Tiefkühlware vorzuziehen.*

Zutaten für 6 Personen

1,2 kg Kutteln vom Rind *(sentope'le* und *prete)*
1 Stange Bleichsellerie
1 Bund Petersilie
Saft von 1 Zitrone
einige Pfefferkörner
50 g fetter Speck
1/2 Glas Olivenöl
1 1/2 große Zwiebeln
2 Rosmarinzweige
3 Salbeiblätter
2 Lorbeerblätter
1,5 l Rindfleischbrühe
einige dünne geröstete Weißbrotscheiben
Salz, Pfeffer
frisch geriebener Parmesan

Zubereitungszeit

3–6 Stunden

Sollten die Kutteln noch nicht vorgekocht sein, so werden sie am Vorabend zunächst gründlich gewaschen und mit 1/2 Zwiebel, 1 Stange Bleichsellerie, 1 Bund Petersilie, Zitronensaft, Pfefferkörnern, 1 Rosmarinzweig und je 2 Salbei- und Lorbeerblättern in reichlich Wasser eingelegt.

Am nächsten Morgen das Wasser abgießen und die Kutteln in feine Streifen schneiden.

Den Speck, 1 Zwiebel, die Blättchen von 1 Rosmarinzweig und 2 Salbeiblätter fein hacken.

Das Öl in einem großen Topf auf niedriger Stufe erhitzen, bis es zu rauchen beginnt. Das Feingehackte zugeben und leicht anbräunen. Die Kutteln mit etwas Salz und 1 Lorbeerblatt dazugeben und alles mit Wasser bedecken. Die Hitze hochschalten und die Kutteln ausgiebig kochen: 2 Stunden, wenn sie bereits vorgekocht, 3 bis

5 Stunden, wenn sie es nicht sind. Nach Bedarf gelegentlich etwas kochendes Wasser nachgießen. Zum Schluß müssen die Kutteln zart und nahezu trocken sein.

Die Rindfleischbrühe aufkochen lassen und zu den Kutteln geben. Die Suppe mit Salz und Pfeffer abschmecken. Steingut-Suppenschalen mit Röstbrotscheiben auslegen und die Kuttelsuppe hineingeben. Sofort servieren. Dazu geriebenen Parmesan und die Pfeffermühle reichen.

Weinempfehlung

Tocai Bianco dei Colli Berici

Varianten

Traditionell wird diese Suppe in Schalen aus Steingut serviert, da sie die Wärme besser halten. Man sollte Kutteln heiß essen, da sie so besser schmecken und leichter verdaulich sind. Bei einer Variante dieser Suppe, die als *tripe del convento* bekannt ist, werden die würzenden Zutaten nicht fein gehackt, sondern im ganzen in einem Mullsäckchen mitgekocht, das zum Schluß entfernt wird. Dadurch ist die Suppe klarer. Manche Köche verwenden anstelle von Lorbeer auch Gewürznelken und/oder eine Prise Zimt. In einigen Gegenden des Veneto wird eine Brühe aus Kalbsfuß einer Rindfleischbrühe vorgezogen. In Venedig ist die dickflüssige Kalbsfußbrühe nicht besonders beliebt.

sopa coada

TAUBEN-AUFLAUF MIT BRÜHE

Der Name coada *leitet sich von dem italienischen Wort »covata« (= ausgebrütet) ab und spielt auf die lange Garzeit im Ofen an. Soviel zur Etymologie. Da die* sopa coada *viel Aufwand und Zeit erfordert, bereitete man sie, wenn hochgeschätzter Besuch oder ein ganz besonderer Anlaß ins Haus standen. Alle Autoren legen übereinstimmend die Entstehung dieses Gerichts in die Zeit unmittelbar nach der Einigung Italiens — der Veneto wurde 1866 dem neuen Königreich angegliedert —, denn bei näherer Betrachtung weist es Ähnlichkeiten mit einem älteren sardischen Gericht auf, der etwas einfacheren »suppa quatta«. Es wäre ohne weiteres denkbar, daß ein sardischer Grenadier des piemontesischen Heeres, das in Treviso in Garnison lag, in einem Anflug von Heimweh einem Gastwirt die Zubereitung dieser Suppe verriet, daß sie großen Anklang fand und sich in der Folge zu einem eigenständigen Gericht der Küche Venedigs und des Veneto entwickelte.*
Die sopa coada *kann auch als sättigendes Hauptgericht serviert werden. Am besten schmeckt sie aufgewärmt, weil sich dann der volle Geschmack entfalten kann. Vorzugsweise verarbeitet man junge Tauben, die im Vergleich zu älteren Tieren zarteres Fleisch besitzen.*

Zutaten
für 6 Personen

3 schöne junge Tauben
500 g altbackenes Landbrot, in Scheiben geschnitten und in Butter geröstet
2 l Fleischbrühe
1 große Zwiebel
2 Stangen Bleichsellerie
2 Möhren
150 g Butter
1/2 Glas Olivenöl
100 g frisch geriebener Parmesan
1 Glas trockener Weißwein
Salz
Pfeffer

Zubereitungszeit

3 Stunden

Varianten

Etwas weniger gehaltvoll ist die *sopa coada,* wenn man das Brot nicht in Butter röstet. Nach Belieben kann man 1 TL Tomatenmark, in etwas Wasser verrührt, hinzufügen. Anstelle der Tauben werden in einigen Gegenden (zum Beispiel in Oderzo) junge Hühner verwendet. Um zu überprüfen, ob noch genügend Flüssigkeit in der Form ist, drückt man den flachen Holzlöffel auf die oberste Brotschicht: Tritt keine Brühe hervor, so muß man welche nachgießen.

Die Tauben rupfen, ausnehmen (die Lebern beiseite legen) und Köpfe und Füße entfernen. Die Tauben abflämmen und halbieren oder vierteln.

Die Zwiebel, den Sellerie und die Möhren fein hacken. Das Öl und die Butter erhitzen, bis sie anfangen zu rauchen, und das Feingehackte darin anschwitzen. Die Taubenstücke dazugeben und leicht anbraten. Mit dem Wein löschen und, sobald er verdampft ist, etwas Brühe zugießen. Salzen, pfeffern und die Taubenstücke zugedeckt 1/2 Stunde schmoren lassen. 5 Minuten vor Ablauf der Garzeit die gesäuberten Lebern hinzufügen.

Die Taubenstücke aus dem Topf nehmen und vorsichtig von den Knochen lösen. Die Stücke sollen möglichst ganz bleiben. Die Lebern aus dem Topf nehmen und halbieren.

Die restliche Brühe zum Bratenfond gießen und etwa 10 Minuten leise köcheln lassen.

Eine Steingut-Terrine oder eine ofenfeste Form mit gerösteten Brotscheiben auslegen. Reichlich geriebenen Parmesan darüberstreuen und 2 Taubenhälften mit einigen Leberstückchen darauflegen. Nun eine weitere Lage Brot und 2 Taubenhälften mit etwas Leber einfüllen. Eine dritte Lage einschichten, mit Brotscheiben abdekken und mit Parmesan bestreuen. So viel Brühe angießen, daß das Ganze soeben bedeckt ist. Die Terrine 2 1/2 Stunden in den mäßig vorgeheizten Ofen (80—100°C) schieben. Gelegentlich etwas heiße Brühe nachgießen. Das Gericht darf nicht trocken werden.

Die fertige *sopa coada* hat die Konsistenz eines Auflaufs aus Tauben und Brot. Man reicht die restliche Brühe separat in Tassen und trinkt sie dazu.

Weinempfehlung

Pinot Nero del Piave oder Cabernet riserva dei Colli Berici

papare'le coi figadini

PAPPARDELLE IN BRÜHE MIT HÜHNERLEBERN

Die Kultur der Ville Venete, der Herrenhäuser des Veneto, erstreckte sich bis an die Grenze zur Lombardei. Aus diesen Randgebieten der Serenissima Repubblica di Venezia stammt das nachfolgende Gericht, das — wie man früher sagte — in seiner Zartheit und Köstlichkeit »der Tafel eines Königs würdig ist«. Noch heute wird es in der Gegend von Verona, dem Ort seiner Entstehung, zubereitet. Allerdings ist es ausschließlich besonderen Festtagen vorbehalten, an denen die parona de casa, *die Herrin des Hauses, um ihr ganzes Können unter Beweis zu stellen, die Pasta selbst bereitet und ein üppiges, aus zahlreichen Gängen bestehendes Mahl auftischt. Eine alte Veroneser Redensart macht die Beliebtheit dieses Zwischengerichtes deutlich:* San Zen che ride, paparele calde *(Wenn es »pappardelle« in Brühe gibt, ist San Zen, der Schutzpatron der Stadt, zufrieden). Das Originalrezept schreibt ausdrücklich eine gehaltvolle, aus Huhn und Truthahn gekochte Brühe vor, doch tut es auch Fleischbrühe, zum Beispiel die, die sich bei der Zubereitung von gemischtem gekochtem Fleisch (s. S. 95) ergibt.*

Zutaten für 6 Personen

400 g hausgemachte »pappardelle« (s. S. 58)
300 g Hühnerlebern
50 g Butter
1,5—2 l Hühner- und Truthahnbrühe
Salz
geriebener Parmesan nach Belieben

Zubereitungszeit

40 Minuten, dazu die Zeit für die Zubereitung der Pappardelle und der Brühe

Die Hühnerlebern säubern, in Stückchen schneiden und mit einer Prise Salz in der Butter anbräunen.

In einem größeren Topf die Brühe aufkochen und die angebratenen Lebern mit den Pappardelle hineingeben.

Sofort servieren, wenn die Pasta »al dente« ist. Dazu geriebenen Parmesan reichen.

Weinempfehlung

Bardolino Superiore

Varianten

Die Hühnerlebern braten, die »al dente« gekochten *papare'le* auf Teller verteilen und die Leberstückchen daraufgeben. Weitere Varianten sind nicht bekannt.

panada venessiana

BROTSUPPE VENEZIANISCHE ART

Die Generation, die beide Weltkriege miterlebt hat, wußte aus allem etwas zu machen. Sie hatte es von ihren Vorfahren gelernt und die wiederum von den ihren. Auch in der Küche wurde alles verwertet. Der Abfall bestand nur aus Knochen, die nicht das kleinste Stückchen Fleisch mehr aufwiesen. Altbackenes Brot verfütterte man nur dann an die Tiere, wenn man der Mengen nicht mehr Herr wurde. Man versuchte, soviel wie möglich davon in der Küche zu verwerten: gerieben zum Panieren von Koteletts oder für die pearà *(s. S. 98), mit oder ohne Butter geröstet als Einlage in Brühe und Gemüsesuppe, man tunkte es morgens in den Milchkaffee, und man bereitete daraus die* panada, *eine bekömmliche Suppe für Klein-*

kinder und Alte. Auch in der Fastenzeit wurde die panada *häufig zubereitet. Früher hieß sie auch* panbogio *(oder* pan bogío*)* all'ogio, *auf italienisch »pane bollito all'olio« (»gekochtes Brot mit Öl«). Sie machte kaum Arbeit, war schmackhaft und vermittelte eine wohlige Wärme. Nur wer sich an die »gute alte Zeit« erinnern kann — und das sind immer weniger —, besinnt sich hin und wieder auch auf dieses Rezept. Aber es ist eine Frage der Zeit, bis die* panada *nur noch in Kochbüchern vorkommt.*

Zutaten für 5 Personen

400 g altbackenes Weißbrot
1—1,5 l Wasser
2 Knoblauchzehen
2 Lorbeerblätter
1 dl Olivenöl »extra vergine«
Salz
frisch geriebener Parmesan

Zubereitungszeit

3/4 Stunde

Das Brot in Stückchen brechen und in eine Steingut-Kasserolle geben.

Lauwarmes Wasser über das Brot gießen. Gehäutete Knoblauchzehen, Lorbeerblätter und eine Prise Salz dazugeben.

Das Ganze etwa 10 Minuten ruhen lassen. Auf den Herd stellen und bei milder Hitze 40 Minuten leise köcheln lassen, dabei gelegentlich rühren. Es muß ein glatter, sämiger Brei entstehen.

Die Kasserolle vom Herd nehmen und reichlich geriebenen Parmesan unter die *panada* ziehen. Die Suppe in einzelne Suppenschalen füllen, jede Portion mit etwas Olivenöl verfeinern und servieren. Dazu Parmesan und aromatisches Olivenöl »extra vergine« reichen.

Weinempfehlung

Bianco di Custoza

Varianten

Bei obigem Rezept handelt es sich um die einfachste Version der *panada.* Man kann sie auch mit Fleischextrakt oder Gemüse anreichern und läßt in diesem Fall das Salz weg. Manche Hausfrau reibt das Brot, vermengt es mit rohem Ei und verwendet anstelle des Wassers Fleischbrühe. Die Gewürze variieren von Gegend zu Gegend. Mancherorts wird die *panada* zum Beispiel mit einer Prise Zimt aromatisiert. Sollte die Suppe beim Kochen zu stark eindicken, so gibt man etwas Wasser oder Brühe zu. Das traditionelle Rezept verlangt pro 150 g Brot 0,5 l Wasser, letztendlich aber bleibt die Dosierung dem persönlichen Geschmack überlassen.

risi e bisi

ERBSENRISOTTO

Dieses aus der Zeit der Serenissima Repubblica überlieferte Gericht wurde traditionsgemäß am 25. April, dem Fest des heiligen Markus, des Schutzpatrons Venedigs, für den Dogen, das Oberhaupt der Republik, zubereitet. Von daher ist zu verstehen, daß es sich im ganzen Veneto einer großen Beliebtheit erfreut. Hinzu kommt, daß in der gesamten Region seit jeher Erbsen angebaut werden. Einige Dörfer veranstalten sogar jedes Frühjahr eine »sagra dei piselli«, ein Erbsenfest. Doch auch über die Landesgrenzen hinaus — in den Küstengebieten Dalmatiens, in Griechenland, der Türkei und im Libanon — ist dieses Gericht in diversen Varianten bekannt.

Zutaten für 4 Personen

800 g zarte, süße Erbsen (ausgehülst 250—300 g)
250 g Reis »Vialone nano«
60 g Butter
50 g Bauchspeck
1 kleine Zwiebel
1 Bund Petersilie
Salz, Pfeffer und frisch geriebener Parmesan nach Geschmack

Zubereitungszeit

1 1/2 Stunden

Die Erbsen enthülsen, die Schoten aber nicht wegwerfen. Beides waschen.

2 l leicht gesalzenes Wasser zum Kochen bringen, die Erbsenschoten hineingeben und etwa 1 Stunde kochen. Anschließend Brühe und Schoten passieren oder durch ein Sieb streichen und in einem Topf auf kleiner Stufe warm halten.

Die Zwiebel und den Speck in feine Würfel schneiden. Die Hälfte der Butter in einem Topf zerlassen, die Zwiebel darin glasig schwitzen und den Speck auslassen. Die Erbsen und 2 Schöpfkellen von der heißen Erbsenbrühe dazugeben. Die Erbsen zugedeckt 5 Minuten kochen lassen. (Bei großen, harten Erbsen beträgt die Kochzeit 1/4 Stunde.)

Den Reis einstreuen und mit einem Holzlöffel umrühren. Erbsenbrühe angießen und weiter rühren, bis der Reis fast gar ist. Der Risotto muß cremig (»all'onda«) sein. Einige Minuten vor Ende der Kochzeit die gehackte Petersilie unterziehen.

Den Risotto vom Herd nehmen, mit Salz und Pfeffer abschmecken, restliche Butter und geriebenen Parmesan unterrühren und gründlich miteinander vermischen. Zugedeckt noch einige Minuten ruhen lassen.

Den Erbsen-Risotto mit geriebenem Parmesan servieren.

Weinempfehlung

Lessini Durello Superiore

Varianten

Um sich Arbeit zu ersparen, verwenden viele Hausfrauen anstelle der Erbsen- eine Instantbrühe. Damit verringert sich die Zubereitungszeit auf 1/2 Stunde. Zuweilen wird der Risotto zusätzlich mit Fenchelsamen und 1 Knoblauchzehe gewürzt. Das perfekte Mengenverhältnis von Reis und enthülsten Erbsen ist 1:1 bzw. 1:3 für ganze Schoten.

RISI E BISI

risi e spàresi

SPARGEL-RISOTTO

Dieser Risotto ist eine Spezialität aus Bassano del Grappa, denn hier wird der beste Spargel des gesamten Veneto gestochen. Aber auch die Erzeugnisse aus Chioggia, der Poebene, von den Feldern entlang der Etsch in der Gegend um Verona und aus anderen Gebieten können sich sehen lassen. In Venedig und Umgebung ist risi e sparasi *ein beliebtes Frühlingsgericht.*

Zutaten für 4 Personen

300 g Spargelspitzen
300 g Reis »Vialone nano«
1 l Brühe
100 g Butter
etwas Olivenöl »extra vergine«
2 Zwiebeln
1/2 Glas trockener Weißwein
1 Bund Petersilie
Salz
Pfeffer aus der Mühle
frisch geriebener Parmesan

Zubereitungszeit

40 Minuten

Etwas Öl und 60 g Butter in einem Topf erhitzen, die feingehackten Zwiebeln hineingeben und einige Minuten dünsten.

Die Spargelspitzen dazugeben und etwas anziehen lassen. Salzen und leicht pfeffern.

Den Reis in den Topf geben, glasig werden lassen, dabei mit einem Holzlöffel umrühren. Mit 1/2 Glas Weißwein ablöschen. Sobald dieser verdampft ist, 1 Schöpfkelle Brühe zugießen. Rühren, bis der Reis die Brühe aufgenommen hat, dann erneut Flüssigkeit zugießen. Auf diese Weise fortfahren, bis der Reis »al dente« ist.

Den Risotto mit Salz abschmecken und mit der restlichen Butter verfeinern. Geriebenen Parmesan und die gehackte Petersilie unterziehen. Gründlich umrühren und den Risotto noch einen kurzen Augenblick ziehen lassen. Er muß »all'onda« (cremig) sein.

Den Risotto mit geriebenem Parmesan servieren.

Weinempfehlung

Vespaiolo Superiore di Breganze

Varianten

Für 300 g Spargelspitzen benötigt man etwa 1 kg Spargelstangen. Die Stangen werden geschält, gekocht und passiert. In der daraus entstehenden Brühe wird der Reis gegart. Bei diesem klassischen Rezept für *risi e spàresi* sind die Spargelspitzen fast verkocht. Möchte man dies vermeiden, werden die Spargelspitzen zunächst in der Pfanne gedünstet und erst nach Hälfte der Garzeit unter den Reis gemischt. Durch Zugabe von 1 TL Tomatensauce erhält der Risotto eine aparte Färbung.

---

risi e patate

KARTOFFEL-RISOTTO

Besonders im Winter wird dieses köstliche Gericht in Venedig gern zubereitet, denn es wärmt von innen heraus.

Zutaten
für 4 Personen

300 g Reis »Vialone nano«
200 g Kartoffeln
50 g Bauchspeck
60 g Butter
1 Zwiebel
1 Stengel Rosmarin
1 l Brühe
Salz
Pfeffer
frisch geriebener Parmesan

Zubereitungszeit

40 Minuten

Die Kartoffeln waschen, schälen und in kleine Stückchen schneiden.

Die Zwiebel, den Speck und den Rosmarin fein hacken und in 30 g Butter andünsten. Die Kartoffelstücke zugeben, salzen, pfeffern und anbraten.

Den Reis zugeben und mit dem Holzlöffel gut verrühren. Unter ständigem Rühren nach und nach die kochende Brühe zugießen.

Den fertigen Risotto mit Salz abschmekken und die restliche Butter und reichlich geriebenen Parmesan unterrühren. Den Risotto vom Herd nehmen und servieren.

Weinempfehlung

Etschtaler Rosé

Varianten

Früher bereitete man diesen Risotto häufig an Fastentagen zu. Dabei ersetzte man die Fleisch- durch Gemüsebrühe und den Speck durch Olivenöl. An anderen Tagen dagegen verwendete man häufig auch fetten Speck. Delikater schmeckt der Risotto, wenn man ihn mit Salbei anstelle von Rosmarin würzt.

risoto coi bruscando'li

RISOTTO MIT HOPFENSPROSSEN

Einst eine Speise der armen Bevölkerung des Veneto, hat sich dieser risoto *inzwischen zu einem Gericht der feinen Küche gemausert. Man kann die* bruscando'li *— Spitzen der jungen Hopfensprossen — ohne großen Aufwand im Frühjahr sammeln, denn Hopfen wächst häufig wild an Hecken, Gräben und auf unbebautem Land. Die Triebe, die einen eigentümlichen Geschmack mit herber bis leicht bitterer Note haben, werden frisch verwendet. Falls sie etwas welk sind, legt man sie vor dem Kochen eine Zeitlang in Eiswasser und deckt sie dabei mit Plastikfolie ab. Bei den venezianischen Gemüsehändlern bekommt man* bruscando'li *meist im April.*

Zutaten
für 4 Personen

300 g Hopfensprossen
300 g italienischer Rundkornreis
1 Zwiebel
1 l Fleischbrühe (oder Instantbrühe)
60 g Butter
1/2 Glas Olivenöl
eine kleine Handvoll Petersilie, gehackt
geriebener Parmesan (nach Belieben)
Salz und Pfeffer

Zubereitungszeit

40 Minuten

Die Hopfensprossen waschen und in Stückchen schneiden.

Die Zwiebel fein hacken und in einem Topf in der Hälfte der Butter und dem Öl anschwitzen. Die Hopfensprossen dazugeben, salzen und 10 Minuten dünsten.

In einem zweiten Topf die Brühe aufkochen.

Den Reis zu den Hopfensprossen geben und unter ständigem Rühren schnell glasig werden lassen. Etwas kochende Brühe zugießen und weiter rühren, bis sie vom Reis ganz aufgenommen ist. Wieder Flüssigkeit zugeben und auf diese Weise fortfahren, bis der Reis gar ist.

Den Topf vom Herd nehmen. Die restliche Butter, geriebenen Parmesan, die Petersilie und etwas Pfeffer unterrühren.

Der Reis darf weder zu feucht noch zu trokken sein. Er ist gerade richtig, wenn er »all'onda« (cremig) ist.

Weinempfehlung

Bianco di Custoza oder Tocai del Piave

Varianten

Neben den Sprossen des Hopfens eignen sich für diese Zubereitung auch die des Mäusedorns und der Kermesbeere, die ebenfalls wild auf unbebautem Land wachsen. Schon etwas ältere Triebe, die später in der Saison gesammelt wurden, blanchiert man, bevor man sie zur Zwiebel gibt. Dadurch werden sie zart und verlieren den etwas herben Geschmack.

risoto de suca za'la

RISOTTO MIT KÜRBIS

Um diesen Risotto zuzubereiten, benötigt man ein Stück »zucca marina« oder »di Chioggia«. In Venedig heißt dieser Kürbis wegen seiner rauhen Schale suca baruca, *das ist ein besonders würzig schmeckender Kürbis (s. S. 181). Er läßt sich bei uns ohne weiteres durch den handelsüblichen gelben Kürbis ersetzen.*

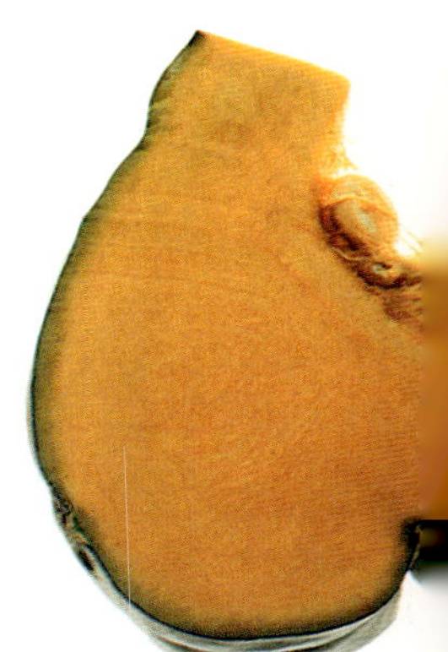

Zutaten
für 4 Personen

300 g Kürbis
300 g italienischer Rundkornreis
1 l Gemüsebrühe
1 Glas Olivenöl
50 g Butter
1 Zwiebel
1 Bund Petersilie
Salz
Pfeffer
geriebener Parmesan

Zubereitungszeit

40 Minuten

Den Kürbis schälen und von den Kernen befreien, anschließend in kleine Stücke schneiden oder grob raspeln.

Die Zwiebel fein hacken und im Olivenöl und 30 g Butter andünsten. Den Kürbis dazugeben, salzen und pfeffern. Unter ständigem Rühren ohne Zugabe von Flüssigkeit so lange kochen, bis der Kürbis zerfällt.

Den Reis zugeben und unter ständigem Rühren glasig werden lassen. Etwas kochende Brühe zugießen. Sobald die Flüssigkeit eingekocht ist, unter Rühren immer wieder etwas Brühe zugießen, bis der Reis beinahe gar ist.

Die restliche Butter, die gehackte Petersilie und eine Handvoll geriebenen Parmesan dazugeben und gründlich miteinander verrühren. Den Risotto mit Salz und Pfeffer abschmecken und vom Herd nehmen. Er muß »all'onda«, das heißt cremig, sein.

Den Risotto sofort mit geriebenem Parmesan servieren.

Weinempfehlung

Pinot Bianco superiore dei Colli Euganei

Varianten

Weitere würzende Zutaten, wie Knoblauch oder Zimt, können nach Belieben verwendet werden. *Sucarisi* heißt dieses Gericht im venezianischen Dialekt, wenn es mehr Kürbis als Reis enthält. Dagegen bezeichnet *risi e suca* gewöhnlich ein trockeneres Reisgericht.

risoto al radicio rosso

RISOTTO MIT RADICCHIO

Mit der ständig wachsenden Beliebtheit des »radicchio rosso di Treviso« (s. S. 170) fand auch dieser Risotto vor nicht allzu langer Zeit Aufnahme in die venezianische Küche. Bei der Zubereitung ist man nicht unbedingt auf die zuvor genannte Sorte festgelegt: Der rosafarbene Radicchio aus Chioggia oder der tiefrote aus Verona sind genausogut geeignet; man kann die verschiedenen Sorten aber auch mischen. Um den typischen Bittergeschmack dieses Gemüses zu mildern, gibt man eine Prise Zucker an den Risotto.

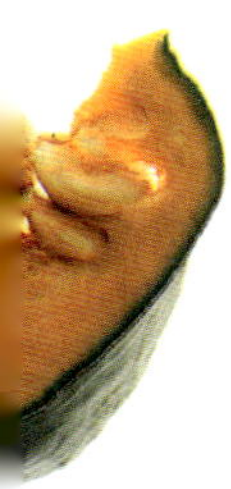

Zutaten
für 4 Personen

300 g italienischer Rundkornreis
400 g roter Radicchio aus Treviso
1 l Brühe
1/2 Glas Rotwein
50 g Butter
1 Glas Olivenöl
1 Zwiebel
1 Knoblauchzehe
Salz
Pfeffer
eine Prise Zucker
frisch geriebener Parmesan

Zubereitungszeit

40 Minuten

Den Radicchio putzen, waschen und kleinschneiden.

Die Zwiebel fein hacken und mit der ganzen Knoblauchzehe in 1 Glas Olivenöl und etwas Butter glasig werden lassen. Den Radicchio zugeben, salzen, pfeffern und kurz andünsten. Den Rotwein zugießen — er verleiht dem Gericht eine hübsche Farbe — und verdampfen lassen. Den Knoblauch entfernen und den Radicchio mit einer Messerspitze Zucker süßen.

Den Reis dazugeben und unter Rühren kurz ziehen lassen. Etwas kochende Brühe zugießen und rühren, bis sie vom Reis aufgenommen ist. Wieder etwas Brühe zugeben und unter Rühren weiter garen.

Wenn der Reis beinahe gar ist, salzen und pfeffern. Die restliche Butter und eine Handvoll geriebenen Parmesan unterziehen.

Den Risotto heiß und »all'onda« (cremig) mit geriebenem Parmesan servieren.

Weinempfehlung

Pinot grigio del Piave

Varianten

Der Rotwein ist Geschmackssache. Man kann ebenso Weißwein verwenden oder den Wein auch ganz weglassen. Dasselbe gilt für den Knoblauch, der, wie viele meinen, in einem Risotto nichts zu suchen hat. Ansonsten ist dieses Rezept zu »jung« für wirklich interessante Varianten. Durch die diversen Radicchio-Sorten können sich Aussehen und Geschmack des Risottos geringfügig ändern. Gesüßt werden muß nur der Radicchio aus Treviso.

risi co'le verze

WIRSING-RISOTTO

Das italienische Wort »verza«, das im venezianischen Dialekt nicht mit einem Z, sondern mit einem weichen S ausgesprochen wird, ist von »verde« (grün) abgeleitet, was auf die intensiv grüne Farbe des Wirsings (s. S. 180) schließen läßt. Früher zählte dieser Risotto im Herbst zu den Standardgerichten der »osterie« der Lagune.

Zutaten
für 4 Personen

200 g Reis »Vialone nano«
etwa 400 g zarter Wirsing
40 g Butter
2 EL Olivenöl »extra vergine«
1 kleine Zwiebel
1 l leichte Rindfleisch- oder Instantbrühe
frisch geriebener Parmesan
Salz und Pfeffer

Zubereitungszeit

etwa 45 Minuten

Den Wirsing von welken Außenblättern befreien, waschen und nach Belieben in feine oder grobe Streifen schneiden.

In einem mittleren Topf die Butter und das Öl erhitzen. Die Zwiebel fein hacken und im Fett goldgelb werden lassen. Den Wirsing, 1 Schöpfkelle Brühe und etwas Salz zugeben, die Temperatur hochschalten und das Gemüse zugedeckt mindestens 25 Minuten dünsten.

Die restliche Brühe und den Reis zugeben. Weiter garen und dabei häufig rühren.

Sobald der Reis »al dente« ist, den Herd abschalten. Das Gericht leicht pfeffern und eine Handvoll Parmesan unterziehen. Noch einmal gründlich umrühren und den Risotto vor dem Servieren einige Minuten ruhen lassen.

Weinempfehlung

Gambellara Classico Superiore

Varianten

Nach dem gleichen Rezept läßt sich auch Risotto mit Spinat, Lauch, Sellerie, Fenchel, Tomaten oder Pilzen zubereiten, wobei in letzterem Fall mit 2 Knoblauchzehen gewürzt wird.

risoto de mar

RISOTTO MIT MEERESFRÜCHTEN

Er heißt auch risoto de pesse *oder* a'la pescadora, *übersetzt »Risotto von Fischen« oder »Fischerart«, aber nicht, weil dieses venezianische Gericht ausschließlich von Fischern zubereitet würde, sondern weil seine Grundlage aus einer beliebigen Mischung von Fischen und Meeresfrüchten besteht. Unerläßlich sind nur ein guter Fischfond und Meeresfrüchte. Hier ein relativ einfaches Rezept.*

Zutaten
für 4 Personen

1,5 kg Mies-, Jakobs- und Pilgermuscheln
1 kg gemischte Fische (z. B. Brasse, Drachenkopf, Meerbarbe)
1 Lorbeerblatt
1 Möhre, 1 Stange Bleichsellerie
einige Pfefferkörner
300 g Reis »Vialone nano«
1 Glas Olivenöl
30 g Butter
1 Zwiebel
1 Knoblauchzehe
1 Glas trockener Weißwein
1 Bund Petersilie
Salz und Pfeffer

Zubereitungszeit

1 Stunde

Muscheln sorgfältig waschen und säubern. Anschließend in einer Pfanne erhitzen, bis sie sich öffnen (s. S. 44). Jakobs-, Pilger- und einen Teil der Miesmuscheln aus den Schalen lösen. (Einige ganze Miesmuscheln für die Garnierung beiseite legen.) Den Muschelsud durch ein feines Tuch seihen und beiseite stellen.

Die Fische vorbereiten, das heißt schuppen, von den Kiemen befreien und ausnehmen. Danach in etwas Wasser mit 1 Lorbeerblatt, einer Prise Salz und einigen Pfefferkörnern kochen. Die Fische aus dem Wasser nehmen — sie können als Hauptgang serviert werden — und den Fond warm stellen.

In einer Kasserolle die feingehackte Zwiebel und die Knoblauchzehe im Öl anbraten. Den Knoblauch, sobald er etwas Farbe annimmt, entfernen.

Die ausgelösten Muscheln, den Weißwein und, sobald dieser verdampft ist, den Muschelsud dazugeben, salzen und pfeffern. Den Reis zugeben und unter Rühren glasig werden lassen. Nach und nach den Fischfond zugießen und dabei ständig weiterrühren, bis der Reis beinahe gar ist.

Die gehackte Petersilie und die Butter unterziehen und den Reis vom Herd nehmen; Er muß »all'onda« (cremig) sein.

Den Risotto in einer Servierschüssel anrichten. Mit den ganzen Miesmuscheln und einigen Petersilienblättern garnieren.

Weinempfehlung

Garganega dei Colli Berici oder Vespaiolo di Breganze

Varianten

Man kann den Risotto zusätzlich mit kleinen Tintenfischen (Sepien) oder *folpeti* (winzigen Moschuspolypen, die unter der Bezeichnung »moscardini« angeboten werden) anreichern. Der Fond läßt sich auch aus Abfällen von fettarmen Fischen bereiten.

risoto nero

SCHWARZER RISOTTO

Wer dieses venezianische Gericht das erste Mal probiert, kann sich bei seinem Anblick einer gewissen Skepsis nicht erwehren, ist aber durch den Geschmack dann mehr als angenehm überrascht. Die Venezianer unterstreichen diesen Effekt, indem sie den risoto nero *auf weißen Tellern servieren. Eine der Voraussetzungen für das Gelingen ist der Fischfond, der aus mageren Fischabfällen, einigen Muschelschalen und würzenden Zutaten gekocht wird. Die venezianischen Hausfrauen wissen nur zu gut um die geschmackliche Wirkung eines solchen Fonds und bereiten ihn gewöhnlich aus den Abfällen des Fisches, der nach diesem Zwischengericht als Hauptgang serviert wird, zu.*

Zutaten für 4 Personen

500 g mittelgroße Tintenfische (Sepien)
300 g italienischer Rundkornreis
30 g Butter
1 Glas Olivenöl
1 kleine Zwiebel
1 Knoblauchzehe
1 Glas trockener Weißwein
1 l Fischfond
1 Bund Petersilie
Salz und Pfeffer

RISOTO NERO

Zubereitungszeit

40 Minuten

Die Tintenfische vorbereiten: Behutsam die Haut abziehen und die Tentakel abtrennen. Die Tintenfische vorsichtig aufschneiden und den Schulp herausziehen. Die Eingeweide entfernen. Den Tintenbeutel vorsichtig herausholen, damit er nicht platzt. Mit einem scharfen Messer die Augen und die zwischen den Tentakeln sitzenden harten Kauwerkzeuge herausschneiden. Körper und Tentakel gründlich waschen und in feine Streifen schneiden.

Die Zwiebel fein hacken. In einem Topf das Olivenöl erhitzen, Zwiebel und Knoblauchzehe zugeben und anziehen lassen. Den Knoblauch entfernen, sobald er zu bräunen beginnt. Die Tintenfische zugeben, salzen und pfeffern und ein paar Minuten unter Rühren anbraten. Mit dem Wein ablöschen und diesen verdampfen lassen.

Die Tintenbeutel entleeren, die Flüssigkeit mit etwas Wasser verrühren und zu den Tintenfischen geben. Etwa 20 Minuten schmoren. Ab und zu umrühren.

Den Reis zugeben und einige Minuten im Fond ziehen lassen, dabei ständig rühren. Etwas Fischfond zugießen und rühren, bis der Reis die Flüssigkeit aufgenommen hat. Nach und nach unter Rühren Fischfond dazugeben, bis der Reis gar ist. Butter und gehackte Petersilie unterziehen und den Topf vom Herd nehmen. Den Risotto noch einige Minuten ruhen lassen und servieren.

Weinempfehlung

Vespaiolo Superiore di Breganze oder Soave Classico

Varianten

Gern gibt man zusätzlich 1 EL Tomatensauce an den Reis, dadurch erhält er einen schön goldenen Schimmer. Beim Kauf kleinere Tintenfische auswählen, da sie zarter sind. Wie bei allen Risottos mit Fischen und Meeresfrüchten kann man auch in diesem Fall ganz zum Schluß etwas geriebenen Parmesan zugeben. Serviert wird der Risotto allerdings ohne Parmesan.

risi e scampi

SCAMPI-RISOTTO

Scampi — den Zoologen sind sie als Nephrops norvegicus *bekannt — werden nicht nur in der Adria, sondern im gesamten Mittelmeer und in anderen Gewässern gefangen. Die Krebse mit dem hellen, lachsroten Panzer und den schmalen Scheren sind begehrte Leckerbissen. Obwohl sie sich zu delikatesten Vorspeisen und anderen Köstlichkeiten verarbeiten lassen, dienen sie in der venezianischen Küche in erster Linie dazu, diesem Risotto seinen wunderbaren Geschmack und seine einmalig zarte Farbe zu verleihen.*

Zutaten
für 4 Personen

300 g italienischer Rundkornreis
500 g ganze Scampi
1 Lorbeerblatt
1 Glas Olivenöl
30 g Butter
1 Zwiebel
1 Knoblauchzehe
1/2 Glas trockener Weißwein
Salz
Pfeffer

Zubereitungszeit

40 Minuten

1,2 l Wasser mit 1 Lorbeerblatt und einer Prise Salz aufkochen lassen und die gewaschenen Scampi hineingeben. Scampi aus dem Topf nehmen, den Sud durchseihen und warm stellen.

Die Scampi ausbrechen: Den Kopf abdrehen und wegwerfen. Den Panzer mit einer Schere auf der Ober- und Unterseite längs aufschneiden, mit den Händen auseinanderziehen und das Fleisch behutsam herauslösen, so daß es möglichst ganz bleibt. Man kann auch das erste Panzersegment entfernen und das Fleisch vom Schwanz aus herausdrücken. Den Darm entfernen und die Scampi beiseite legen.

Die feingehackte Zwiebel mit der Knoblauchzehe im heißen Öl goldgelb werden lassen und den Knoblauch entfernen. Den Reis dazugeben und unter Rühren glasig werden lassen. Den Wein zugießen und verdampfen lassen. Unter Rühren Scampisud zugießen. Wenn er vom Reis aufgenommen ist, wieder etwas Sud dazugießen und weiter rühren.

Nach der Hälfte der Garzeit, nach etwa 10 Minuten, die Scampi zum Reis geben und ständig weiter rühren.

Wenn der Reis »all'onda« (cremig) ist, vom Herd nehmen. Den Risotto mit der Butter verfeinern, auf weißen Tellern anrichten und servieren. Auf Parmesan wird bei diesem Gericht verzichtet.

Weinempfehlung

Bianco di Custoza

Varianten

Nach diesem Rezept kann man auch Risotto mit Krabben, Garnelen, Seespinne, Languste und anderen Krustentieren zubereiten. 1 TL Tomatensauce intensiviert die Farbe des Risottos, ohne seinen Geschmack merklich zu beeinflussen. Als würzende Zutaten sind zusätzlich auch gehackte Petersilie und eine Handvoll geriebener Parmesan zu empfehlen, die zum Schluß untergerührt werden. Wie bei jedem Risotto trifft auch hier das alte venezianische Sprichwort zu: *El riso nasse in acqua e 'l vol morir nel vin* — zu deutsch: »Reis wird im Wasser geboren und möchte im Wein sterben«. Besonders gut paßt ein trockener Weißwein.

risoto de bisato

RISOTTO MIT AAL

Bisato *lautet die venezianische Dialektbezeichnung für den Aal. Er liefert die Grundlage für zahlreiche traditionelle Gerichte (s. S. 135 und 136), unter anderem für den Risotto, der früher zu den klassischen Weihnachtsessen zählte. Für das nachfolgende Rezept eignen sich auch Forelle, Karpfen oder — dies ist eine besondere Spezialität am östlichen Gardasee — Schleie.*

Zutaten
für 4 Personen

400 g Aal (ein schönes, dickes Stück)
300 g italienischer Rundkornreis
1/2 Glas Olivenöl
30 g Butter
1 Zwiebel
1 Knoblauchzehe
1 Lorbeerblatt
Saft von 1/2 Zitrone
1,2 l Instantbrühe
1 Bund Petersilie
Salz
Pfeffer aus der Mühle

Zubereitungszeit

40 Minuten

Den Aal küchenfertig vorbereiten und in kleine Stücke schneiden.

Öl und Butter in einer Kasserolle erhitzen. Feingehackte Zwiebel, Knoblauchzehe und Lorbeerblatt zugeben.

Sobald die Zwiebel glasig wird, die Aalstücke zugeben, salzen und anbräunen. Mit dem Zitronensaft beträufeln und mit etwas kochender Brühe übergießen. Etwa 20 Minuten schmoren lassen.

Die Aalstücke aus dem Topf nehmen, häuten und entgräten (was sich nun sehr leicht bewerkstelligen läßt). Knoblauch und Lorbeerblatt entfernen.

Den Reis zur Zwiebel geben und durch ständiges Rühren glasig werden lassen. Den Aal zugeben, etwas heiße Brühe zugießen und ständig rühren. Wenn der Reis die Flüssigkeit aufgenommen hat, erneut etwas Brühe nachgießen.

Sobald der Reis gar und »all'onda« (cremig) ist, die feingehackte Petersilie unterziehen und das Gericht leicht mit frisch gemahlenem Pfeffer bestäuben. Den Risotto noch einmal umrühren und sofort servieren. Dazu reicht man keinen Parmesan.

Weinempfehlung

Soave Classico Superiore

Varianten

Forelle und Schleie lassen sich genauso zubereiten: Die Fische säubern, vorgaren, häuten, entgräten und das Fleisch zum Reis geben. Da die Forelle aber nicht so fett ist wie Aal, beträufelt man sie besser mit etwas trockenem Weißwein anstelle von Zitronensaft. Dagegen empfiehlt sich bei der Schleie, die einen leicht modrigen Geschmack hat, 1 EL Essig. Venezianische Feinschmecker geben zusammen mit den Aalstücken auch eine Handvoll frische Erbsen an den *risoto de bisato.*

risoto de rane

RISOTTO MIT FRÖSCHEN

Reisfelder sind ein idealer Lebensraum für Frösche — oder zumindest waren sie es bis zur Einführung der chemischen Unkrautvernichtungsmittel. Und so bevölkerten sie auch in großer Zahl die Bewässerungsgräben und -wiesen und die sanft ansteigenden Deiche des Sile, der Treviso durchfließt und in die Lagune mündet. Was läge also näher, als diese enge Verbindung zwischen Fröschen und Reis in der Küche wiederaufleben zu lassen? Im Veneto genießt dieses Gericht besondere Beliebtheit in Treviso, im Polesine und in der Gegend südlich von Verona. Aber es ist auch in der gesamten Poebene verbreitet. In der Lombardei beispielsweise heißt es »riso di San Siro«, zu Ehren des ersten Bischofs von Pavia, der es der Legende nach erfunden haben soll.

Zutaten für 4 Personen

700 g ganze Frösche
300 g italienischer Rundkornreis
1 Glas Olivenöl
30 g Butter
1 Zwiebel
1/2 Glas trockener Weißwein
1 Bund Petersilie
1,2 l Brühe, hergestellt aus:
einigen Sellerieblättern, 1 zerdrückten Knoblauchzehe, 2 Lorbeerblättern, 1 kleinen Zwiebel, mit 2 Gewürznelken gespickt, 1 Stückchen Zitronenschale, 2 Brühwürfeln
Salz und Pfeffer

Zubereitungszeit

1 Stunde

1,5 l Wasser mit den Zutaten für die Brühe sowie den küchenfertig vorbereiteten und gewaschenen Fröschen in einen Topf geben, aufsprudeln lassen und 1/2 Stunde kochen lassen.

Die Frösche aus der Brühe nehmen. Die Schenkel abtrennen — den Rest wegwerfen — und von den Knochen lösen. Die Brühe durchseihen und warm stellen.

Das Öl in einem Topf erhitzen und die feingehackte Zwiebel darin goldgelb werden lassen. Den Reis dazugeben, mit einem Holzlöffel gut verrühren und glasig schwitzen. Nach einigen Minuten mit dem Wein ablöschen.

Wenn der Wein verdampft ist, etwas heiße Brühe zugießen. Sobald diese vom Reis aufgenommen ist, immer wieder etwas Brühe unter ständigem Rühren zugießen.

Kurz vor Vollendung des Garvorgangs die Froschschenkel zum Reis geben und mit Salz abschmecken. Sobald der Reis gar und »all'onda« (cremig) ist, die Butter, die feingehackte Petersilie und etwas frisch gemahlenen Pfeffer unterziehen.

Den Risotto heiß servieren. Auf Parmesan wird verzichtet.

Weinempfehlung

Tocai Bianco dei Colli Berici

Varianten

Eine beliebte Variante, die der Zartheit der Froschschenkel ganz besonders entgegenkommt, besteht darin, diese zunächst in reichlich Tomatensauce zu schmoren und schließlich mit gekochtem Reis zu vermischen.
Die Petersilie läßt sich ohne weiteres durch gemischte feingehackte Kräuter der Saison, zum Beispiel Basilikum, Majoran und Estragon, ersetzen.

riso e 'luganeghe

RISOTTO MIT WURST

Auch dieser herzhafte und sättigende Risotto ist ein für das Veneto überaus typischer erster Gang. Seinen Ursprung hat das Gericht, das auch häufig risotto con la salsiccia *(salsiccia ist die allgemeine Bezeichnung für frische Schweinewurst) genannt wird, in der Marca Trevigiana, eine bei den venezianischen Adeligen, die dort ihre Sommerresidenzen bauten, sehr beliebte Gegend. In Venedig und Umgebung enthält der* riso e 'luganeghe *neben den* 'luganeghe, *einer Frischwurstspezialität aus Treviso, oft noch Wirsing, Blumenkohl, Kartoffeln und Spinat. Unabdingbar sind auf jeden Fall die* 'luganeghe.

Zutaten
für 4 Personen

150 g *'luganeghe* (s. S. 115)
300 g italienischer Rundkornreis
30 g Butter
1 Zwiebel
1 Stange Bleichsellerie
1/2 Glas trockener Weißwein
1,2 l Instantbrühe
1 Bund Petersilie
etwas Salz
reichlich geriebener Parmesan

Zubereitungszeit

40 Minuten

Nach Belieben mehr oder weniger stark gewürzte *'luganeghe* auswählen. Die Würste häuten und kleinschneiden.

Die Zwiebel und die Selleriestangen fein hacken und in einer Kasserolle in der Butter andünsten. Die Wurststückchen zugeben und einige Minuten mitbraten, dabei häufig mit dem Holzlöffel umrühren.

Den Reis zugeben, unter Rühren glasig werden lassen und mit etwas Weißwein ablöschen. Sobald dieser verdampft ist, nach und nach die Brühe zugießen. Dabei jedesmal warten, bis die Flüssigkeit vom Reis

aufgenommen ist. Während des gesamten Garvorgangs rühren.

Den Risotto mit Salz abschmecken. Die gehackte Petersilie und eine große Handvoll geriebenen Parmesan unterziehen.

Der Reis muß »all'onda« (cremig) sein. Mit geriebenem Parmesan sofort servieren.

Weinempfehlung

Cabernet di Lison-Pramaggiore oder Cabernet Montello e Colli Asolani

Varianten

Das traditionelle Rezept schreibt pro 100 g Reis eine *'luganega* (sie wiegt etwa 50—60 g) vor. Wem dies zu üppig ist, kann entweder die Menge reduzieren oder die Wurstfülle, bevor sie in den Topf kommt, in einer Pfanne kurz ausbraten. Früher dagegen wurden oftmals sogar ganze *'luganeghe* verarbeitet und zum Schluß auf dem Reis angerichtet. Gibt man auch Gemüse an den Risotto, wird es zusammen mit der Wurst nahezu fertig gegart, bevor man den Reis zufügt.

risi col late

MILCHREIS

Nach den bisher vorgestellten Risotto-Rezepten — nicht berücksichtigt wurden solche, die inzwischen endgültig in Vergessenheit geraten sind — hier ein verblüffend schlichtes Gericht, das allen Venezianern, die etwa in der Mitte ihres Lebens stehen, noch in lebhafter Erinnerung ist. So manches Mal bekamen sie es von ihren Müttern vorgesetzt. Auch mit der heute üblichen pasteurisierten Milch kann diese Reisspeise zubereitet werden. Aber näher kommt es dem ursprünglichen Geschmack, wenn man ganz frische, nicht entrahmte Milch verwendet.

Zutaten
für 4 Personen

1,5 l frische Milch
300 g italienischer Rundkornreis
eine Prise Salz

Zubereitungszeit

1/2 Stunde

Die Hälfte der Milch in einem Topf erhitzen, den Reis hineingeben und kochen lassen; dabei hin und wieder umrühren.

Nach 8—10 Minuten die restliche heiße Milch zugießen und mit einer Prise Salz würzen.

Sobald der Reis »al dente« ist, noch einmal mit Salz abschmecken. Und schon ist die Reisspeise fertig! Sie muß noch halb flüssig sein.

Varianten

Nach Geschmack kann man kurz vor Ende der Kochzeit eine Handvoll geriebenen Parmesan unterziehen. Wer ein Faible für Süßes hat, nimmt anstelle von Salz etwas Zucker. Eine Handvoll Pinienkerne und in lauwarmem Wasser eingeweichte Rosinen geben dem Gericht eine besondere Note.

Fleisch, Geflügel und Wild

carne lessa

GEMISCHTES GEKOCHTES FLEISCH

Dieses Gericht wird in vielen Regionen Italiens zubereitet — besonders berühmt ist die piemontesische Version namens »büi«. In Venedig kennt man es seit dem 16. Jahrhundert. In wohlhabenden Familien — die arme Bevölkerung konnte sich diesen Luxus nicht leisten — kam dieses Gericht fast täglich auf den Tisch. In den frühen Morgenstunden wurde das Fleisch aufgesetzt, und am späteren Vormittag genehmigte sich der Herr des Hauses ein stärkendes Täßchen brodeto *(Brühe), ein Brauch, der bis heute lebendig ist. Das fertig gegarte Fleisch wird bis zum Servieren warm gehalten. Dazu reicht man verschiedene Saucen, von denen sich jeder nach Belieben selbst bedient. Die im Veneto beliebtesten Saucen finden Sie im Anschluß an dieses Rezept.*

Zutaten
für 10 Personen

1 kg Rindfleisch (z. B. Schwanzstück)
einige Markknochen
1 Suppenhuhn, möglichst aus Freilandaufzucht
500 g Kalbskopf
500 g Pökelzunge
500 g »cotechino« (s. S. 114)
2 große Zwiebeln, mit Gewürznelken gespickt
3 Möhren
3 Stangen Bleichsellerie samt Grün
2 Kräutersträußchen, bestehend aus 1 Bund Petersilie, Lorbeerblättern und 1 Knoblauchzehe
Pfefferkörner
Salz

Zubereitungszeit

etwa 3 Stunden Kochzeit

In einem großen Topf, in dem das Rindfleisch und das Huhn Platz haben, 6 l Wasser mit 30 g Salz (die Faustregel lautet: 3 l Wasser und 15 g Salz pro kg Fleisch), Knochen, 1 Zwiebel, 2 Möhren, 2 Selleriestangen und 1 Kräutersträußchen zum Kochen bringen. Das Rindfleisch ins sprudelnde Wasser legen und den Topf nicht ganz verschließen. Den Schaum, der sich nach kurzer Zeit bildet, mit einer Kelle abschöpfen. Die Hitze reduzieren und das Fleisch bei niedriger Temperatur 1 Stunde kochen lassen. Das Huhn zugeben, den Schaum abschöpfen, bis die Brühe wieder klar ist. Einige Pfefferkörner zugeben und das Ganze im halb verschlossenen Topf weitere 2 Stunden leise köcheln lassen. Fleisch und Huhn sind gar, wenn man mit einer Gabel mühelos hineinstechen kann.

»Cotechino« und Pökelzunge werden separat gekocht, wie in den Rezepten auf S. 114 und 107 angegeben.

Damit die Rindfleisch-Hühner-Brühe nicht trübe wird, kocht man den Kalbskopf ebenfalls separat. In kaltem, leicht gesalzenem Wasser läßt man ihn zusammen mit 1 Zwiebel, 1 Möhre, 1 Selleriestange und 1 Kräutersträußchen aufsetzen und einige Stunden leise köcheln lassen.

Die gegarten Fleischstücke aus der Brühe nehmen, in ein großes Metallgefäß geben und zum Warmhalten mit der Rindfleisch-Hühner-Brühe übergießen. Den anderen Sud weggießen.

Es obliegt dem Hausherrn, das Fleisch bei Tisch aufzuschneiden.

Weinempfehlung

Merlot dei Colli Berici

Varianten

Besonders gut gelingt das Fleisch, wenn man es ins kochende Wasser gibt. Durch die Hitze verschließen sich die Poren, und das Fleisch bleibt saftig und wohlschmekkend. Für eine gute Brühe dagegen muß man das Fleisch in kaltem Wasser aufsetzen.
Natürlich kann die Fleischmischung nach Belieben variiert werden, zum Beispiel mit Truthahn, Kapaun und Kalbsbrust. Mit einer Einlage aus Suppennudeln, Tagliatelle oder Tortellini — um nur einige Möglichkeiten zu nennen — ergibt die Brühe ein ausgezeichnetes Zwischengericht. Im Veneto gibt man häufig hausgemachte »capelli d'angelo« (sehr feine Eierbandnudeln) und unmittelbar vor dem Servieren einige gebratene Hühnerlebern in die Brühe.

CARNE LESSA

SAUCEN

Man reicht sie separat dazu. So kann sich jeder Gast nach Belieben bedienen. Bei nachstehenden Rezepten sind die Zutaten für 10 Personen berechnet.

Pearà *(Pfeffersauce mit Mark)*
Der Überlieferung nach soll der Hofkoch des Langobardenkönigs Alboin diese Sauce im 6. Jahrhundert erfunden haben, um Königin Rosmunde zur Aufgabe der Nahrungsverweigerung zu bewegen. Begonnen hatte sie sie infolge der Quälereien ihres Gemahls, der sie sogar genötigt hatte, aus dem Schädel des ihm unterlegenen Paters Kunimund zu trinken. Der Name dieser Sauce leitet sich von dem venezianischen Wort *péar* — Pfeffer — ab, denn dieser bestimmt ihren Geschmack. Sie ist nicht zu verwechseln mit der ganz anders zubereiteten *pevarada* (s. S. 120), die man zu Braten und Wild serviert. Für die Zubereitung der *pearà* werden benötigt: *250 g Rindermark, 50 g Butter, 500 g Semmelbrösel, 1,5 l heiße Rindfleisch-Hühner-Brühe; eine gute Handvoll geriebener Parmesan; Salz und reichlich frisch gemahlener Pfeffer.*
Die Butter in eine Steingut-Kasserolle geben, das zerkleinerte Rindermark hineingeben und bei milder Hitze auslassen. Semmelbrösel zugeben und gut mit dem Fett verrühren. Die heiße Brühe zugießen und das Ganze 2—3 Stunden köcheln lassen, dabei gelegentlich umrühren. 1/2 Stunde vor Ende der Kochzeit den Parmesan unterrühren, die Sauce mit Salz abschmecken und großzügig pfeffern. Sofort servieren.

Salsa de cren *(Meerrettichsauce)*
Sie ist weniger berühmt und das Rezept bei weitem nicht so alt wie die *pearà*: Erst während der österreichischen Herrschaft zu Beginn des 19. Jahrhunderts fand sie Einzug in die Küchen des Veneto. Für ihre Zubereitung benötigt man: *2 Stangen Meerrettich (insgesamt 200—250 g); 70 g Weißbrotkrume, in Milch eingeweicht und ausgedrückt; eine Prise Salz; eine Prise Zucker; 1 dl Weißweinessig.*
Den Meerrettich schälen, waschen und reiben. Die übrigen Zutaten zugeben und alles gründlich miteinander verrühren. Nach Belieben mit 1—2 EL süßer Sahne verfeinern. Die Sauce kalt servieren.

Salsa verde
Die venezianische Variante der Salsa verde ist von der jüdischen Küche beeinflußt. Sie besteht aus: *2 hartgekochten Eiern, 6 gewässerten Sardellenfilets, 3 kleinen Handvoll Pinienkernen, 200 g kleinblättriger Petersilie, 40 g Kapern, 2 Knoblauchzehen, aus denen man den Keim entfernt hat, dem Saft von 1 Zitrone, 1 Glas Olivenöl »extra vergine«, der in etwas Brühe eingeweichten Krume von 2 Brötchen sowie Salz und Pfeffer.*
Die festen Zutaten fein hacken, mit Zitronensaft und Öl verrühren und mit den Brotkrumen binden. Die Sauce mit Salz und Pfeffer abschmecken.

Salsa coi càpari *(Kapernsauce)*
Hier die einfachste Version. Man benötigt dazu: *100 g Kapern, 70 g gewässerte Sardellenfilets, 2 Knoblauchzehen, aus denen man den Keim entfernt hat, 2 Glas Olivenöl »extra vergine« und den Saft von 1 Zitrone.*
Kapern, Sardellenfilets und Knoblauch fein hacken und in eine Sauciere füllen. Öl und Zitronensaft zugeben und alles miteinander verrühren.

carne in tecia

RINDERSCHMORBRATEN

In Venedig und dem gesamten Veneto heißt dieses Gericht auch el lesso che no se lessa oder el manzo che se cosa da so'lo, *was soviel heißt wie »das Siedfleisch, das nicht gekocht wird« oder »das Rindfleisch, das sich von selbst kocht«. Das Fleisch wird nämlich langsam in einem gut verschlossenen Topf (aus Ton oder Edelstahl) gegart, ohne daß man den Garvorgang ständig überwachen müßte.*
Am besten eignet sich für diesen Schmorbraten Muskelfleisch, das durch die lange Kochzeit schön mürbe wird. Auch Brustkern, Bug oder ein Schwanzstück lassen sich gut verwenden.

Zutaten
für 4 Personen

800 g Muskelfleisch vom Rind
einige Streifen fetter oder durchwachsener Speck
1/2 Glas Olivenöl
30 g Butter
1 Zwiebel
1 Möhre
1 Stange Bleichsellerie
1 Stange Lauch
1 Glas Rotwein
200 g reife Tomaten
2 dl Fleischbrühe
etwas Mehl
Salz und Pfeffer

Zubereitungszeit

mindestens 3 1/2 Stunden

Das Fleisch in Faserrichtung mit dem Speck spicken. Durch das Spicken wird das Fleisch zarter und schmackhafter. Eine Spicknadel erleichtert diese Arbeit. Wem das Spicken dennoch zu aufwendig ist, kann auch den Speck in feine Würfel schneiden und später zusammen mit dem Gemüse zum Braten geben (s. 3. Abschnitt).

Das Fleisch einmehlen. Butter und Öl in einer Kasserolle erhitzen. Das Fleisch hineingeben und etwa 1/4 Stunde von allen Seiten kräftig anbraten, bis es eine goldbraune Farbe hat.

Das Gemüse in feine Würfel schneiden und (eventuell mit dem Speck) zum Fleisch geben. Den Wein zugießen und verdampfen lassen. Die geschälten, abgetropften und zerkleinerten Tomaten, heiße Brühe und etwas Pfeffer zugeben. Die Kasserolle mit einem fest sitzenden Deckel verschließen und den Braten mindestens 3 Stunden bei sehr milder Hitze schmoren lassen.

Möglichst selten nachschauen, ob noch genügend Flüssigkeit im Topf ist; bei Bedarf etwas heiße Brühe nachgießen.

Den fertigen Braten aufschneiden und auf einer Servierplatte anrichten. Die Sauce abschmecken und über den Braten gießen.

Weinempfehlung

Raboso del Piave oder Valpolicella Superiore

Varianten

Man kann das Gemüse auch weglassen oder aber zusätzlich Steinpilze, Hallimasche oder auch Wein zugeben, wobei im Veneto bevorzugt Raboso verwendet wird. Dadurch erhält der Braten einen besonderen Geschmack. Wenn der Bratenfond nicht genügend eingedickt ist, kann man ihn mit einer Messerspitze Maismehl oder Mehl etwas andicken.

pastissada de cavàl

GESCHMORTES PFERDEFLEISCH

Die »pasticciatura«, das heißt der Brauch, Fleisch zu marinieren und anschließend langsam im eigenen Saft zu garen, ist im gesamten nördlichen Adriagebiet von Dalmatien bis in die Marche verbreitet. Ursprünglich aber soll dieses Gericht aus dem westlichen Veneto, genauer gesagt aus Verona, stammen. Man erzählt sich, daß sich die Westgoten Theoderichs und die Erkuler Odoakers im 5. Jahrhundert n. Chr. in der Nähe von Verona einen erbitterten Kampf lieferten, in dessen Verlauf auch zahlreiche Pferde getötet wurden,

die man als Nahrungsmittel schätzte. Es wurde eine Methode entwickelt, das Fleisch zu konservieren. So entstand die pastissada de cavàl. *Obwohl diese Geschichte wenig glaubhaft erscheint, enthält sie, was die Urheber des Rezeptes betrifft, ein Körnchen Wahrheit! Denn die Langobarden konservierten tatsächlich Fleisch durch Einlegen in eine Beize. Die Zugabe von Gewürzen wurde allerdings erst nach der Jahrtausendwende von den Venezianern eingeführt. Die »pasticciatura« war — und ist noch immer — typisch für die Küche Dalmatiens, das einst zu Venedig gehörte. Im Mittelalter lebten große Pferdeherden in den Pinienwäldern der Adriaküste. Außerdem war Verona zu jener Zeit ein beliebter Austragungsort für Ritterturniere und organisiert seit dem vergangenen Jahrhundert eine der bedeutendsten europäischen Pferdeschauen. Es gibt also Gründe genug, daß Verona zur Wahlheimat der* pastissada de cavàl *wurde.*

Zutaten für 4 Personen

1 kg zartes, gut abgehangenes Pferdefleisch (Oberschale)
einige Streifen fetter Speck
1 l Recioto Amarone
etwas Mehl
1/2 Glas Olivenöl
30 g Butter
2 kleine Zwiebeln
2 Möhren
2 Stangen Bleichsellerie
1 Knoblauchzehe
1 Lorbeerblatt
4 Gewürznelken
eine Prise Zimt
eine Prise Paprika
Salz
Pfefferkörner (ganz oder gemahlen)

Zubereitungszeit

mindestens 3 Stunden, dazu die Zeit zum Marinieren

Das Fleisch mit den Speckstreifen spicken; am einfachsten geht dies mit einer Spicknadel (s. voriges Rezept). Zwiebeln, Möhren, Sellerie und Knoblauch fein hacken und in eine Glas- oder Porzellanschüssel geben. Die Gewürznelken, den Zimt, eine Prise Salz und einige Pfefferkörner hinzufügen. Das vorbereitete Fleisch in die Schüssel legen und mit Wein bedecken. 3 Tage marinieren lassen.

Das Fleisch aus der Schüssel nehmen, abtropfen lassen, mit Mehl bestäuben und im Olivenöl ringsum kräftig anbraten. Das Gemüse aus der Marinade nehmen, zum Fleisch geben und anbraten. Die Marinade zugießen, den Topf mit einem Deckel versehen und den Braten auf kleinster Stufe mindestens 3 Stunden schmoren lassen.

Den Braten aus dem Topf nehmen. Den Fond durch ein Sieb seihen und zurück in den Topf gießen. Mit Salz, Pfeffer und einer Prise Paprika würzen, mit etwas Butter verfeinern und mit einer Messerspitze Mehl binden. Die Sauce unter Rühren kurz eindicken lassen.

Den Braten in dicke Scheiben schneiden. Auf einer Platte anrichten und großzügig mit Sauce übergießen. Dazu eine heiße Polenta aus gelbem Maismehl (s. S. 49) reichen.

Weinempfehlung

Valpolicella Classico Superiore oder Recioto Amarone

Varianten

Nach diesem Rezept bereitete man früher auch die *pastissada de muso* (geschmortes Eselsfleisch). Egal ob Pferde- oder Eselsfleisch: Man kann es nach dem Marinieren auch in Stücke schneiden, so daß es eine Art Gulasch ergibt.

castradina s'ciavona

DALMATISCHER HAMMELBRATEN

Hierbei handelt es sich um das traditionelle Essen zum Salute-Fest am 21. November, mit dem Venedig das Ende der zweiten Pestepidemie feiert. An diesem Tag pilgern Scharen von Gläubigen über eine eigens über den Canal Grande gelegte Pontonbrücke zur Kirche Santa Maria della Salute, deren Bau Baldassare Longhena aus diesem denkwürdigen Anlaß 1631 begonnen hatte. Castradina — *gepökeltes, geräuchertes und luftgetrocknetes Hammelfleisch — wurde von den Venezianern einst aus Dalmatien* (S'ciavonia) *eingeführt. Heute bekommt man es nicht einmal mehr auf dem Markt von Rialto, und* castradina *aus eigenen Landen ist eine Rarität. Dennoch wird dieses traditionelle Gericht in einigen wenigen venezianischen Familien zubereitet.*

Zutaten
für 4 Personen

800 g gepökelte, geräucherte und luftgetrocknete Hammelkeule
1 Zwiebel
1 Möhre
1 Stange Bleichsellerie
Pfefferkörner

Zubereitungszeit

4 Stunden Kochzeit, dazu 1/2 Tag Ruhezeit

Die Hammelkeule gründlich waschen. In mittelgroße Stücke schneiden und in einem großen Topf mit viel kaltem Wasser aufsetzen. Das Gemüse und einige Pfefferkörner zufügen und alles 2 Stunden kochen lassen.

Die Hammelkeule einen halben Tag lang im Wasser auskühlen lassen. Das Fett abschöpfen, 2 Schöpfkellen Wasser dazugeben und noch einmal mindestens 2 Stunden kochen.

Die fertig gegarte Hammelkeule aus der Brühe nehmen und heiß servieren. Dazu *verze sofegae* (s. S. 180) reichen.

Weinempfehlung

Merlot dei Colli Berici oder Rosso Superiore dei Colli Euganei

Varianten

Castradina aus Dalmatien und Albanien wird 6—7 Stunden gekocht. Um dem Fleisch seinen strengen Geschmack zu nehmen, wird es mehrmals mit lauwarmem Wasser abgespült und die Brühe nach dem ersten Kochvorgang weggegossen.

ose'leti scampai

GEMISCHTE FLEISCHSPIESSE IN SAUCE

Der italienische Name für dieses Rezept führt bewußt in die Irre: Die Vögelchen (uccelletti), die es verspricht … sind verschwunden (scappati). Dieses Gericht sollte darüber hinwegtrösten, daß kleines Federwild gerade nicht zur Verfügung stand — sei es, daß der Hausherr mit leerer Tasche von der Jagd zurückgekehrt war, sei es, daß keine Jagdsaison war oder die Hausfrau die aufwendige Zubereitung der Vögelchen scheute.

Zutaten für 4 Personen

200 g Kalbfleisch
200 g Schweinelende
100 g Hühnerlebern
100 g Kalbs- oder Schweineleber
200 g Bauchspeck, in 1/2 cm dicke Scheiben geschnitten
1 dl Olivenöl »extra vergine«
30 g Butter
reichlich Salbeiblätter
1 Glas trockener Weißwein
1 dl Brühe
Salz
Pfeffer

Zubereitungszeit

1 Stunde

Kalbfleisch, Schweinelende, Speck und Kalbs- oder Schweineleber in mundgerechte Stücke schneiden.

Die Hühnerlebern säubern und mit einer Prise Salz und einigen Salbeiblättern in der Butter braten.

Die Fleischstücke in folgender Reihenfolge auf Holzspieße stecken: Kalbfleisch, Salbeiblatt, Speck, Hühnerleber, Salbeiblatt, Schweinelende, Salbeiblatt, Leber, Speck, Salbeiblatt. So weiter verfahren, bis alle Zutaten aufgebraucht sind.

Das Olivenöl in einer großen Pfanne erhitzen. Die Spieße hineinlegen und auf starker Hitze ringsum kräftig anbraten. Salzen, pfeffern und mit dem Wein ablöschen. Sobald dieser verdampft ist, nach und nach die Brühe zugießen. Die Spieße gar schmoren, wobei zuletzt noch reichlich Fond in der Pfanne sein sollte.

Die Spieße auf einzelnen Tellern auf heißer Polenta anrichten. Großzügig mit Bratenfond übergießen und servieren.

Weinempfehlung

Cabernet del Montello e Colli Asolani

Varianten

Die Reihenfolge der Fleischstücke läßt sich natürlich ebenso variieren wie die verwendeten Fleischsorten. Man kann zum Beispiel die Hühnerlebern durch andere Innereien, wie gebratenes Hirn, ersetzen.
In einigen Gegenden werden die *ose'leti scampai* folgendermaßen zubereitet: Etwas Bauchspeck und einige Salbeiblätter mit einer dünnen Scheibe Kalbfleisch umwickeln. Die Röllchen mit zwei Zahnstochern fixieren und wie beschrieben schmoren.

CIPRIANI
Inn - Bar

carpaccio

CARPACCIO VOM RINDERFILET

Ende der vierziger Jahre, am späten Nachmittag eines sonnigen Wintertages. Richard Cantwell, Colonel der Infanterie in der amerikanischen Armee in Italien, »zog die Tür von Harry's Bar auf und war drinnen, und er hatte es wieder einmal geschafft und war zu Hause.« *Er setzte sich an den gewohnten kleinen Ecktisch und wartete.* »Dann betrat sie den Raum, strahlend in ihrer Jugend und weit ausschreitenden Schönheit und der Unbekümmertheit um ihr vom Wind zerzaustes Haar. Sie hatte eine matte, beinahe olivfarbene Haut, ein Profil, das dir oder jedem anderen das Herz brechen konnte, und ihr dunkles, lebendiges Haar fiel ihr bis über die Schultern.

›Guten Abend, meine Wunderschöne‹, sagte der Colonel.

›Ach, guten Abend‹, sagte sie. ›Ich hatte schon Angst, ich hätte dich verpaßt. Es tut mir so leid, daß ich mich verspätet habe.‹ [...]

›Kellner‹, rief der Colonel; dann fragte er: ›Willst du auch einen dry Martini?‹

›Ja‹, sagte sie. ›Furchtbar gern.‹

›Zwei Martinis, extra dry‹, sagte der Colonel. ›Montgomerys, fünfzehn zu eins.‹

Der Kellner, der in der Wüste gewesen war, lächelte und verschwand, und der Colonel wandte sich an Renata.

›Du bist auch nett‹, sagte er. ›Außerdem bist du auch sehr schön und bezaubernd, und ich liebe dich.‹

›Das sagst du immer, und ich weiß nicht, was es bedeutet, aber ich höre es gern.‹ [...]

Die Martinis waren eiskalt und richtige Montgomerys, und nachdem sie angestoßen hatten, fühlten sie, wie sie ihren ganzen Körper durchgluteten. [...] Sie wandte den Kopf und hob das Kinn, ohne Eitelkeit, ohne Koketterie, und der Colonel fühlte, wie sein Herz sich umdrehte. [...]«

Der Schauplatz dieser Liebesgeschichte zwischen der bezaubernden Renata, einer neunzehnjährigen venezianischen Contessa, und einem fünfzigjährigen amerikanischen Colonel, der, todgeweiht, bald schon übersetzen wird »über den Fluß und in die Wälder« *— dies ein Hinweis auf den Titel des Romans von Ernest Hemingway —, ist Harry's Bar, eine der mythischen Stätten Venedigs. Von hier ging auch in den dreißiger Jahren die Erneuerung der venezianischen und italienischen Küche aus, dank des Gründers, Giuseppe Cipriani, der mit genialer Intuition Grundprinzipien der neuen Kochkunst — Schlichtheit, Natürlichkeit und Unverfälschtheit — bereits damals vorwegnahm. Heute wird das Image der weltberühmten Harry's Bar wie auch das der nicht minder berühmten Locanda Cipriani auf Torcello von Sohn Arrigo gepflegt.*

Zu den berühmten Erfindungen des Vaters Giuseppe zählen die Kombination von spritzigem weißem Frizzante *aus dem Veneto (Prosecco) mit pürierten Früchten der Saison: der »Bellini«, der »Tiziano«, die »Mimosa« und der besonders trockene Martini, der Lieblingsdrink von Hemingway-Cantwell. Zweifellos die legendärste Kreation von Giuseppe Cipriani ist das* Carpaccio. *Hören wir, was Cipriani zu seiner Entstehung zu sagen hat:*

»Der Contessa Amalia Nani Mocenigo war vom Arzt strenge Diät verordnet worden. Jedwedes gegarte Fleisch war ihr verboten, und so ließ ich mir ihr zuliebe etwas einfallen: Ich schnitt rohes Filet hauchfein auf. Nun, das Fleisch schmeckte allein etwas fade. Es gibt eine sehr einfache und zugleich universelle Sauce, die zu Fleisch ebenso wie zu Fisch paßt. Ich goß etwas davon über das Filet, und zu Ehren des Malers, dem zur Erinnerung in jenem Jahr eine Ausstellung gewidmet wurde, die für viel Gesprächsstoff gesorgt hatte, und auch wegen der Farbe des Gerichts, die an gewisse, von diesem Künstler benutzte Rottöne erinnerte, nannte ich es Carpaccio.«

Zutaten für 4 Personen

300 g rohes Rinderfilet

Für die Sauce

1 Tasse Mayonnaise
4 EL frisches Tomatenpüree
1 TL Senf
2 EL Worcestersauce
5 EL »panna da cucina« (oder Crème double)

Zubereitungszeit

1/4 Stunde

Das rohe Filet hauchfein aufschneiden. (Wenn man das Rinderfilet kurz ins Gefrierfach des Kühlschranks gibt, läßt es sich leichter schneiden.) Die Scheiben auf Tellern auslegen.

Für die Sauce die Mayonnaise, das frische Tomatenpüree, den Senf, die Worcestersauce und die Sahne gründlich miteinander verrühren.

Die Sauce in Streifen über das Fleisch gießen oder mit dem Löffelrücken gleichmäßig verteilen. Das Carpaccio servieren.

Weinempfehlung

Vespaiolo di Breganze oder Bianco di Custoza

Varianten

Im großen und ganzen entspricht dieses Rezept dem von Giuseppe Cipriani. Allerdings verwendete dieser häufig Tomatenketchup anstelle von Tomatenpüree und parfümierte die Sauce zuweilen mit einem Spritzer Whisky oder Cognac.
Mit der ständig steigenden Beliebtheit des Carpaccio kamen zugleich zahllose Varianten auf. So wird beispielsweise das Filet durch Hüfte oder »bresaola« (Trockenfleisch) aus dem Veltlin oder die Originalsauce durch eine eigene Komposition ersetzt. Oder man garniert das Fleisch zum Beispiel mit Steinpilzscheiben, Trüffelsplittern, Parmesanstückchen, Rucola oder anderem mehr und gibt eine Sauce aus Öl, Zitronensaft, Salz und Pfeffer darüber. Interessant ist eine Variante aus der Gegend von Treviso, bei der die Garnitur aus kleinen Radicchios besteht.

lengua salmistrada

PÖKELZUNGE

Heutzutage kann man Pökelzunge bei den bechèri *(Metzgern) küchenfertig kaufen. Früher dagegen pökelten die Bauern des venezianischen Hinterlandes sie nach einem speziellen Verfahren selbst. Im Dialektnamen des Rezeptes ist das Wort* salmistro *enthalten, das sich vom italienischen »salnitro« — Pökelsalz — ableitet. Dieses ist zum einen geschmacksbestimmend und diente zum anderen damals, als es noch keine Kühlschränke gab, dazu, das Fleisch zu konservieren. Man nahm eine Rinderzunge, wälzte sie in reichlich grobem Salz, bestreute sie anschließend mit Pökelsalz (30 g pro kg Fleisch) und legte sie in eine Steingut-Terrine. Darüber verteilte man Gewürze und Kräuter (Wacholderbeeren, Pfefferkörner, Rosmarinzweige, Salbeiblätter und Knoblauchzehen). Man bedeckte die Terrine mit einem Teller, der mit einem Gewicht beschwert wurde, und stellte sie 20—30 Tage an einen kühlen Ort, wobei die Zunge gelegentlich umgedreht wurde. Unter dem Druck des Gewichts trat der Saft aus dem Fleisch, verband sich mit den Salzen und den Gewürzen und bildete eine würzige Marinade. Die Zunge wurde aus der Terrine genommen, gründlich abgespült und nach folgendem Rezept zubereitet:*

CARPACCIO

Zutaten für 6 Personen

1 Pökelzunge von etwa 800 g
1 Möhre
1 Zwiebel
1 Stange Bleichsellerie

Zubereitungszeit

3 Stunden

Die Zunge mehrmals gründlich unter fließendem Wasser abspülen. Mit reichlich Wasser aufsetzen und etwa 1 Stunde kochen lassen.

In einem anderen Topf das Gemüse mit Wasser bedecken und aufkochen lassen.

Die Zunge aus dem Wasser nehmen und zum Gemüse geben, ohne den Kochvorgang zu unterbrechen.

Die fertig gegarte Zunge auf ein Brett legen und häuten, was, solange die Zunge heiß ist, ganz einfach geht.

Die Zunge in feine Scheiben schneiden und auf einer Platte anrichten. Heiß oder kalt mit Spinat, Kartoffelpüree oder auch einer Sauce, wie man sie zu »carne lessa« (s. S. 95) reicht, servieren.

Weinempfehlung

Rosso Superiore dei Colli Euganei

Varianten

Pökelzunge schmeckt allein wie auch als Bestandteil von »carne lessa« vorzüglich. Man kann sie aber auch fein aufschneiden, die Scheiben auf einer Platte hübsch anrichten, mit Gelee überziehen und kalt servieren. Oder man schneidet sie in kleine Stücke, vermischt diese mit Mixed Pickles und gibt etwas Olivenöl »extra vergine« darüber.

tripe a'la trevisana

KUTTELN IN SAUCE

Von seiner ursprünglichen Heimat aus, der Marca Trevigiana, verbreitete sich dieses Gericht im gesamten Veneto bis nach Venedig, wo es auch als tripe in tecia *(= Kutteln aus der Pfanne),* a'la veneta *(= venezianische Art) oder* al parmesàn *(= mit Parmesan) bekannt ist.*
In den ländlichen Osterien der Region wird es als sättigende Hauptmahlzeit serviert. Man braucht dazu Kalbskutteln, genauer gesagt sentope'le *(Blättermagen), die zwar weniger schmackhaft, aber zarter als Rinderkutteln (s. S. 71) sind. Sollten die Kutteln noch nicht gesäubert und vorgekocht sein, so werden sie zunächst zusammen mit einigen Kräutern 1 Stunde in reichlich Wassser gegart. Danach läßt man sie gut abtropfen und schneidet sie in feine Streifen.*

Zutaten für 6 Personen

1 kg Kalbskutteln, küchenfertig vorbereitet
60 g Butter
80 g fetter Speck oder Bauchspeck
1 große Zwiebel
1 Stengel Rosmarin
0,7 l Rindfleischbrühe
Salz, Pfeffer
reichlich geriebener Parmesan

Zubereitungszeit

mindestens 2 Stunden

Zwiebel, Speck und Rosmarin fein hacken und in einer Steingut-Kasserolle in der Butter bei niedriger Temperatur andünsten.

Die Kutteln dazugeben und anbraten, dabei mit einem Holzlöffel umrühren. Salzen, pfeffern und 0,5 l Rindfleischbrühe zugießen.

Den Topf mit einem Deckel verschließen und die Kutteln etwa 2 Stunden langsam schmoren. Dabei gelegentlich umrühren und nach der Hälfte der Garzeit die restliche Brühe zugießen.

Zum Schluß eine große Handvoll geriebenen Parmesan zugeben und umrühren.

Das Gericht vor dem Servieren noch einmal mit Parmesan bestreuen. Dazu geröstetes Bauernbrot oder eine heiße Polenta reichen.

Weinempfehlung

Cabernet del Piave

Varianten

Bei obigem Rezept handelt es sich um die einfachste Variante. Sehr lecker sind auch Kutteln in Brühe. Dafür nimmt man ein paar Kuttelstücke aus dem Topf und gibt sie in eine Tasse mit guter, heißer Rindfleischbrühe. Zusätzlich kann man ein Kräuterbündel (zum Beispiel mit Rosmarin, Salbei, Petersilie, Lorbeer), das zum Schluß entfernt wird, mitkochen oder auch eine Knoblauchzehe, feingehackten Sellerie u. a. dazugeben. In einigen Gegenden verleiht man geschmorten Kutteln durch Zugabe von Tomatensauce oder gehäuteten und feingehackten Tomaten eine rötliche Färbung. Apart ist eine Version namens *a'la visentina* (nach Art von Vicenza), bei der zuletzt eine Handvoll Sultaninen eingerührt wird, die in einem Glas Grappa aus Bassano eingeweicht wurden.

figà a'la venessiana

VENEZIANISCHE KALBSLEBER

Leber gehört zu den roten Innereien. Um ihren leicht bitteren Geschmack zu mildern, wird sie in der venezianischen Küche mit Zwiebeln zubereitet. Eine Spezialität, die in ganz Europa Berühmtheit erlangte.
Der Brauch, den Lebergeschmack durch eine liebliche Zutat zu mildern, reicht im Mittelmeerraum bis in die Antike zurück. Bei den Römern hieß die Leber »iecur ficatum«. Das erste Wort hieß »Leber«, während das zweite auf die damals übliche Zubereitungsart von Leber verwies — übersetzt bedeutet es »mit Feigen«. (Aus ihm ging auch das italienische Wort für Leber, »fegato«, hervor.) Für figà a'la venessiana *wird Kalbsleber verwendet, die zarter und heller ist als Rinder- oder Schweineleber. Wenn man eine ganze Leber kauft, muß man sie zunächst häuten: Man löst die Haut an einer Stelle mit einem spitzen Messer und zieht sie ab. Bekommt man die Leber bereits in Scheiben geschnitten, so muß man nur noch die eventuell vorhandenen* pe'legate *(Häutchen) entfernen.*

Zutaten für 4 Personen

500 g Kalbsleber
2 große weiße Zwiebeln
30 g Butter
1/2 Glas Olivenöl »extra vergine«
Salz, Pfeffer

Zubereitungszeit

1/2 Stunde

FIGÀ A'LA VENESSIANA

Die Leber in dünne, mundgerechte Scheiben schneiden.

Die Zwiebeln in feine Ringe schneiden.

In einer Pfanne das Öl und die Butter erhitzen, die Zwiebelringe hineingeben und zugedeckt langsam goldgelb werden lassen. Sie dürfen keinesfalls braten und sollen nicht zuviel Farbe annehmen. Gelegentlich umrühren.

Nach 1/4 Stunde die Pfanne vom Herd nehmen und die Zwiebeln einige Minuten abkühlen lassen. Die Leberscheiben hineinlegen (auf diese Weise bleiben sie schön zart). Die Pfanne zurück auf den Herd stellen und die Leber bei hoher Temperatur 2—3 Minuten braten. Mit einem Bratenwender die Leberscheiben umdrehen. Nach weiteren 2—3 Minuten die Pfanne vom Herd nehmen und die Leber mit Salz und Pfeffer abschmecken.

Auf einer vorgewärmten Platte anrichten. Dazu passen geröstete Polentascheiben oder auch eine heiße, zarte Polenta.

Weinempfehlung

Bardolino Superiore

Varianten

Häufig gießt man, wenn die Leber in die Pfanne gegeben wird, etwas trockenen Weißwein, Brühe oder auch Milch oder Sahne zu und bestreut das fertige Gericht mit sehr fein gehackter Petersilie.

porsè'lo al late

SCHWEINELENDE IN MILCH

Schweinefleisch ist in Venedig und in der gesamten Region seit jeher sehr beliebt. Jeder Bauer hielt früher ein Schwein. Es war etwas Kostbares und verursachte dennoch, da es so ziemlich alles frißt, kaum Kosten. Außerdem kann man vom Schwein alles verwerten, sogar die Borsten und das Blut, das gekocht und zu einer Süßspeise verarbeitet werden kann. Schweinefleisch wird auf vielerlei Arten zubereitet, zum Beispiel im Ofen, in der Pfanne oder über dem Grill. Das originellste Rezept aber ist zweifellos das folgende. Ein schönes Stück Schweinelende oder Karree ist für ein gutes Gelingen unabdingbar. Das Gericht ist zart, köstlich und ungewöhnlich und sollte gerade heutzutage, wo eine ausgewogene Ernährung im Vordergrund steht, nicht in Vergessenheit geraten.

Zutaten
für 4 Personen

800 g Schweinelende
70 g Butter
etwa 1,2 l Milch (soll das Fleisch völlig bedecken)
1 l trockener Weißwein
1 Stengel Rosmarin
einige Salbeiblätter
Salz, Pfeffer

Zubereitungszeit

2 Stunden, dazu die Zeit zum Marinieren

Die Schweinelende in eine Steingut- oder Glasschüssel legen, mit dem Wein übergießen und 2 Tage darin marinieren. Danach aus dem Wein nehmen und abtropfen lassen.

Die Butter in einer Kasserolle erhitzen und das Fleisch darin anbraten.

Mit Rosmarin, Salbei, Salz und Pfeffer würzen. Anschließend mit der Milch bedecken und 2 Stunden im halb verschlossenen Topf bei milder Hitze leise köcheln lassen. Dabei das Fleisch gelegentlich wenden. Nach Ablauf der Garzeit muß die Milch eingekocht sein.

Das Fleisch aufschneiden, die Scheiben auf einer Platte anrichten, mit der Sauce übergießen und sofort servieren.

Weinempfehlung

Merlot del Montello e Colli Asolani

Varianten

In der Gegend um Padua mariniert man das Fleisch in Weißwein und Essig zusammen mit Aromaten (Knoblauch, Zwiebel und Gewürzen) und gart es danach im Ofen. Dabei gießt man immer nur so viel Milch zu, daß der Topfboden bedeckt ist, und wendet den Braten gelegentlich. In anderen Gegenden verzichtet man aufs Marinieren und gart das Fleisch, wie in obigem Rezept beschrieben.

muséto

»COTECHINO«

Das Wort muséto *bezeichnet in Venedig und Umgebung nicht jenen »cotechino«, der in erster Linie aus Schweineschwarten — auf italienisch heißen sie »cotiche«, daher der Name dieser Wurstspezialität — besteht, sondern ein ähnliches Produkt, das hauptsächlich Fleisch vom »muso« (Maul) des Schweines enthält. Für seine Herstellung nehmen die Bauern einen Schweinskopf ohne Zunge, den sie überbrühen, von Borsten befreien und ausbeinen. Das Fleisch wird durch die grobe und anschließend durch die feine Scheibe des Fleischwolfs gedreht. Dazu kommen dann 30 Prozent Schweinefleisch und -schwarten, ebenfalls durch den Wolf gedreht, sowie Salz und Gewürze. Die Masse wird gründlich miteinander vermengt und in Rinderdarm gefüllt. Dann müssen die* museti *an einem kühlen Ort noch etwa 2 Tage ruhen. Sie sind nur begrenzt haltbar.*
Codeghini *bestehen dagegen je zur Hälfte aus Schweinefleisch und -fett und Schwarten. Das Ganze wird ganz fein zerkleinert, mit 3 Prozent Salz und 1 Prozent Kräutern und Gewürzen aromatisiert und in Rinderdarm gefüllt. Allerdings wurde hier und da bei der Herstellung von* museto *auch Schwarte verwendet, und man gab umgekehrt auch Zutaten des »muso« in den* codeghin. *Inzwischen wurden die Unterschiede durch die Industrieerzeugnisse endgültig verwischt. Als »cotechino« bezeichnet man eine Schweinswurst, die aus einer mittelfeinen Mischung von Schwarten und Sehnen sowie harten und weichen Teilen vom Maul und Schlund besteht.*

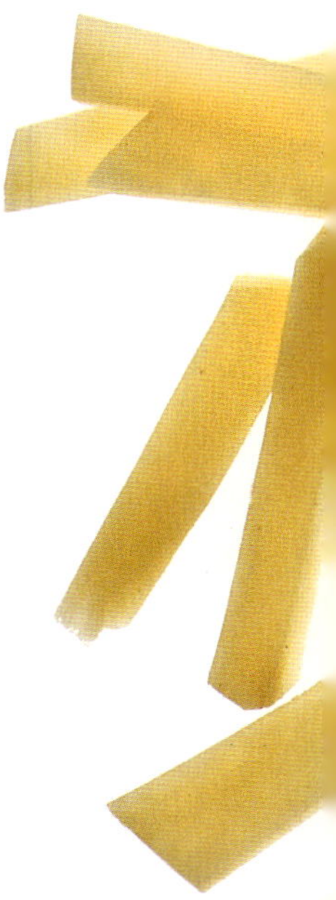

Zutaten für 4 Personen

1 »cotechino« von etwa 800 g

Zubereitungszeit

2 1/2 Stunden

Den Wurstdarm mit einer Gabel oder einer dicken Nadel ringsherum gleichmäßig einstechen, damit der »cotechino« beim Kochen nicht platzt.

Den »cotechino« in einem Topf mit reichlich kaltem Wasser aufsetzen und zum Kochen bringen. Sobald das Wasser sprudelt, die Hitze reduzieren und die Wurst minde-

stens 2 Stunden langsam gar ziehen lassen.

Den »cotechino« aus dem Topf nehmen, in Scheiben schneiden und sofort servieren. Als Beilage Kartoffelpüree oder einen Salat aus weißen Bohnen und Zwiebeln reichen.

Weinempfehlung

Cabernet del Piave

Varianten

Einige Köche gießen 1/2 Glas trockenen Weißwein ins Kochwasser, um den Fettgeruch und -geschmack zu mildern. Um das Platzen der Wurst zu verhindern, kann man auch den Darm an beiden Enden öffnen und den »cotechino« fest in ein Mulltuch einschlagen. Bei dieser Methode verliert die Wurst nicht soviel an Geschmack.

'luganeghe co'la polenta

WURST AUS TREVISO MIT POLENTA

Die Bezeichnung 'luganega *entstammt dem venezianischen Dialekt. Venezianische Händler sollen das Rezept für die köstliche Wurst aus dem Süden des Landes, nämlich aus Lukanien und Basilikata, mitgebracht haben. Weit glaubhafter scheint aber die Behauptung, bei den* 'luganeghe *handele es sich um traditionelle, seit undenklichen Zeiten bekannte Würste, die einst vom alten Rom in den Veneto gelangt seien. Zweifelsfrei steht hingegen fest, daß die* »lucanicae tarvisinae« *bereits im Spätmittelalter weithin bekannt und geschätzt waren. In den verschiedenen Gegenden des Veneto und der Marca Trevigiana wird diese Frischwurst immer wieder anders gewürzt. Trotz der sich stärker abzeichnenden Vereinheitlichung der Produktionsverfahren unterscheiden sich die* luganeghe *nach wie vor je nach Herkunft und Saison deutlich voneinander. Die Wurstfülle besteht aus Schweinebauch ohne Schwarte sowie Schweinebacke und -schulter. Das Fleisch wird durch den Wolf gedreht, gesalzen, gewürzt und in lange Schweinsdärme gefüllt, die man in kurzen, regelmäßigen Abständen abbindet.*

Zutaten
für 4 Personen

4—8 *'luganeghe* aus Treviso (die Menge hängt vom Appetit ab)
80 g fetter Speck
2 EL trockener Weißwein
Polenta, frisch zubereitet (s. S. 49)

Zubereitungszeit

20 Minuten, dazu die Zubereitungszeit für die Polenta

Die *'luganeghe* gleichmäßig mit einer Gabel oder einer dicken Nadel einstechen, damit sie nicht platzen und beim Braten etwas von ihrem Saft abgeben können.

In einer Pfanne bei niedriger Temperatur den feingewürfelten Speck auslassen. Die Würste hineingeben und von allen Seiten anbraten.

Die *'luganeghe* mit dem Wein ablöschen und bei milder Hitze etwa 10 Minuten weiterbraten. Dabei gelegentlich wenden.

Auf einzelne Teller etwas dampfende Polenta verteilen. Ein oder zwei *'luganeghe* darauf plazieren, mit dem Bratenfond beträufeln und sofort servieren.

Weinempfehlung

Refosco dal Peduncolo Rosso di Lison-Pramaggiore

Varianten

'luganeghe werden im ganzen oder auch in Hälften gebraten. Ihre Verwendungsmöglichkeiten sind vielseitig: Sie werden im ganzen mit Wirsing oder weißen Bohnen gekocht, man gibt sie zerpflückt an Fleischsauce für Reis (s. S. 100), Pasta oder Gnocchi, und man verarbeitet sie, fein zerpflückt, in Omelettes und zu Fleischklößchen.

penìn de porco (o de vedè'lo)

SCHWEINS- ODER KALBSFUSS

Diese Zubereitung, die noch heute in ländlichen Gegenden des venezianischen Hinterlands weit verbreitet ist, ist ein Beispiel dafür, wie in der Küche der armen Bevölkerung alles verwertet wurde. Man kann sowohl Schweins- als auch Kalbsfüße verwenden. In beiden Fällen ist die Zubereitung die gleiche, wobei man die Schweinebrühe allerdings weggießen muß, während die Kalbsbrühe früher sogar als ausgesprochene Krankenkost galt. Schweins- und Kalbsfüße werden in der Regel geputzt, abgesengt und gespalten angeboten. Falls sie noch nicht zerteilt sind, bitten Sie den Metzger, dies für Sie zu erledigen.

Zutaten für 4 Personen

2 Schweins- oder Kalbsfüße, gespalten
1 große Zwiebel
1 große Möhre
1 Stange Bleichsellerie
Salz

Zubereitungszeit

3 Stunden

Die 4 Fleischstücke mit dem Gemüse in reichlich kaltem Wasser aufkochen lassen. Salzen.

Die Hitze reduzieren und die Schweins- oder Kalbsfüße mindestens 2 1/2 Stunden leise köcheln lassen.

Aus der Brühe nehmen und auf Tellern anrichten. Dazu reicht man Saucen, wie man sie auch zu »carne lessa« (s. S. 95) serviert, oder verschiedenes gekochtes Gemüse. Auf Messer und Gabel kann man bei Schweins- oder Kalbsfüßen verzichten, die Finger erweisen sich hier als praktischer.

Weinempfehlung

Cabernet dei Colli Berici

Varianten

Manche Hausfrauen geben, wenn sie Schweinsfüße zubereiten, 2—3 EL Essig ans Kochwasser und servieren den *penìn de porco* dann mit Meerrettichsauce (s. S. 99). Man kann die Kalbs- oder Schweinsfüße auch halb gar kochen und anschließend in Wirsing fertig garen. Dieses Gericht heißt *penìn co'e verze.*

po'lastro in tecia

HUHN IN SAUCE

Seit jeher ist es Aufgabe der Bäuerin, Hühner und übriges Federvieh zu versorgen. Selbst wenn es nicht viele Tiere gibt, so sind da stets einige Hähne, Glucken und Küken, die den Fortbestand der kleinen Zucht sichern. Irgendwann ist es wieder einmal soweit: Angefeuert vom Geschrei der Kinder, treibt die Bäuerin ein junges Tier in die Enge, klemmt es fest unter den Arm und dreht ihm den Hals um. Sobald es nicht mehr zuckt, wird es einige Minuten in heißes Wasser getaucht und anschließend gerupft. Es kann sofort verarbeitet werden, muß also nicht abhängen. Die Hausfrau trennt den Kopf mit der Hälfte des Halses ab und schneidet das Huhn vorn auf, um Luftröhre, Speiseröhre und Lunge zu entfernen. Durch einen zweiten Einschnitt weiter hinten werden die Eingeweide herausgeholt, wobei auf keinen Fall die Gallenblase beschädigt werden darf. Die Innereien werden sorgfältig gesäubert und vom Fett befreit, die Leber wird für ein anderes Gericht beiseite gelegt. Als letztes werden die Füße abgetrennt, der letzte Flaum wird abgesengt und das Huhn geachtelt.
Po'lastro in tecia *ist in der Gegend um Venedig die klassische Zubereitungsart für Huhn. Früher wurden auch die gehäuteten Füße und der Kopf, von dem zuvor der Schnabel entfernt wurde, mit verarbeitet. Damals, als die Hühner noch Körner zu fressen bekamen …*

Zutaten für 4 Personen

1 junges Huhn (von gut 1 kg)
50 g Butter
50 g Bauchspeck
etwas Olivenöl
1 große Zwiebel
1 Möhre
1 Stange Bleichsellerie
1 Rosmarinzweig
1 Knoblauchzehe
1 Glas trockener Weißwein
50 g Tomatensauce oder 300 g reife Tomaten
Salz
Pfeffer

Zubereitungszeit

3/4 Stunde

In einer Kasserolle den feingewürfelten Speck im Öl und in der Butter anbraten.

Zwiebel, Möhre, Sellerie und Rosmarin fein hacken, zum Speck geben und unter Rühren kurz andünsten.

Die vorbereiteten Hühnerstücke dazugeben und bei großer Hitze anbräunen lassen. Dabei mit einem Holzlöffel häufiger wenden. Salzen und pfeffern.

Den Weißwein zugießen und verdampfen lassen. Den Knoblauch und die Tomatensauce (bzw. die gehäuteten und zerkleinerten Tomaten) zugeben und die Hühnerstücke im zugedeckten Topf 1/2 Stunde langsam schmoren lassen. Dabei gelegentlich umrühren.

Das geschmorte Huhn in der Sauce servieren und dazu heiße Polenta reichen.

Weinempfehlung

Cabernet Sauvignon di Lison-Pramaggiore

Varianten

Im Veneto würzt man das Gericht häufig zusätzlich mit einer Prise Zimt und 2 Gewürznelken — ein kulinarisches Vermächtnis aus jener Zeit, als Venedig Hauptumschlagplatz für Gewürze aus dem Orient war. Man kann auch Pilze oder Chilischoten zugeben.

faraona co'la peverada

PERLHUHN MIT PFEFFERSAUCE

Das Perlhuhn hat seit jeher eine besondere Stellung unter dem Geflügel inne, was auf sein prachtvolles Gefieder ebenso zurückzuführen ist wie auf sein wohlschmeckendes Fleisch. Perlhühner sind zwischen dem sechsten und achten Monat schlachtreif. Nach dem ersten Lebensjahr wird ihr Fleisch zäh und verliert seinen Wohlgeschmack. Man kann sie auf verschiedenste Weise zubereiten (zum Beispiel geschmort, im Ofen oder am Spieß). Nach dem traditionellen Rezept der venezianischen Küche werden sie gebraten und mit »salsa peverada«, also Pfeffersauce, serviert.

LE VIGNE
SAN PIETRO
REFOLÀ
Cabernet Sauvignon
1987

FARAONA CO'LA PEVERADA

Zutaten für 4 Personen

1 Perlhuhn (von gut 1 kg)
50 g Bauchspeck in dünnen Scheiben
50 g Butter
1/2 Glas Olivenöl
1 Knoblauchzehe
einige Salbeiblätter
1 Rosmarinzweig
1 Glas trockener Weißwein
Salz, Pfeffer

Für die Pfeffersauce

die Innereien des Perlhuhns
etwa 100 g »soppressa veneta« (eine Art Preßkopf aus dem Veneto), in 2 Scheiben geschnitten
1 Glas Olivenöl »extra vergine«
2 Knoblauchzehen
1 kleines Bund Petersilie
1 Zitrone
2 EL starker Essig
Salz
Pfeffer aus der Mühle

Zubereitungszeit

1 1/4 Stunden

Das Perlhuhn vorbereiten, wie im Rezept für Huhn in Sauce beschrieben (s. S. 116), ohne es jedoch zu zerteilen. Die Innereien beiseite legen. Kopf, Füße und Flügelspitzen wegwerfen. Das Perlhuhn leicht salzen, etwas Speck hineingeben, mit Speckscheiben umlegen und mit Küchenzwirn zusammenbinden.

In einem Schmortopf Butter und Öl erhitzen. Das Perlhuhn mit der zerdrückten Knoblauchzehe und dem Rosmarinzweig hineingeben und von allen Seiten anbraten. Mit dem Wein ablöschen und diesen verdampfen lassen. Den Topf in den auf 200°C vorgeheizten Backofen schieben und das Perlhuhn 30—40 Minuten braten, gelegentlich mit dem Fond begießen.

Unterdessen die Pfeffersauce zubereiten:
- Die Innereien, die »soppressa«, 1 Knoblauchzehe, die Petersilie und Zitronenschale fein hacken;
- die Zitrone auspressen und den Saft beiseite stellen;
- in einem Topf 1 Glas Olivenöl »extra vergine« erhitzen, bis es raucht, 1 Knoblauchzehe hineingeben und, sobald sie Farbe annimmt, wieder entfernen;
- die feingehackten Zutaten ins Fett geben, reichlich pfeffern und bei niedriger Temperatur etwa 10 Minuten anschwitzen lassen;
- den Zitronensaft mit dem Essig zugießen und verdampfen lassen; den Topf vom Herd nehmen.

Das Perlhuhn aus dem Ofen nehmen, in Stücke zerteilen und auf einer Platte anrichten. Mit der heißen Pfeffersauce übergießen und mit Polenta servieren.

Weinempfehlung

Cabernet Superiore del Montello e Colli Asolani

Varianten

In Padua reichert man die Pfeffersauce mit 2—3 Sardellenfilets und einer kleinen, in Essig eingelegten Pfefferschote an. Ausgezeichnet paßt diese Sauce auch zu Brathuhn und Wild jeder Art (zum Beispiel Stockente oder Hase). Die Innereien sollten dann allerdings auch von Huhn, Stockente etc. stammen; bei den hier angegebenen Mengen sind etwa 150 g erforderlich. Ersatzweise kann man Hühnerlebern verwenden.

anara co'l pien

GEFÜLLTE ENTE

Gefüllte und gebratene Ente ist eines der traditionellen Gerichte der berühmtesten aller Nächte, des Redentore-Festes, das am Vorabend des dritten Julisonntags gefeiert wird und mit einem Feuerwerk über der Insel Giudecca endet. In früheren Zeiten gab es im venezianischen Hinterland und auf den Inseln der Lagune wohl keinen Bauern, der nicht auch Enten gehalten hätte. Es waren zumeist weiße Pekingenten, die sich durch festes und wohlschmeckendes Fleisch auszeichneten. Heute stammen die Enten in der Regel von großen Farmen. Bei der Zubereitung hat sich indes nichts geändert: Bevorzugt wurden und werden Enten geschmort und mit Pfeffersauce (s. vorheriges Rezept) oder gebraten und zuweilen gefüllt serviert.

Zutaten
für 4 Personen

1 Ente von 1,2 kg
2 Scheiben (50—60 g) »soppressa« (italienischer Preßkopf) oder weiche Salami
100 g Schweinehack
1 Knoblauchzehe
1 Rosmarinzweig
einige Salbeiblätter
1 Bund Petersilie
1 Ei
50 g geriebener Parmesan
1 Prise frisch geriebene Muskatnuß
1 altbackenes Brötchen, gerieben
1/2 Glas Milch
50 g Butter
1/2 Glas Olivenöl
1 Glas trockener Weißwein
100 g Bauchspeck in Scheiben
Salz
Pfeffer

Zubereitungszeit

etwa 2 Stunden

Die Ente wie im Rezept Huhn in Sauce (s. S. 116) vorbereiten. Die Innereien beiseite legen.

Die »soppressa«, die Innereien, den Knoblauch sowie die Rosmarin-, Salbei- und Petersilienblättchen fein hacken und mit dem Schweinehack, dem geriebenen Brötchen, der Milch, dem Parmesan, dem Ei, Muskatnuß, Salz und Pfeffer vermengen. Einige Butterstückchen einarbeiten und den Teig gründlich durchkneten.

Die Ente mit der Farce füllen, die Öffnung mit Küchenzwirn zunähen, mit einigen Salbeiblättern und Speck umlegen und mit Küchenzwirn zusammenbinden.

In einem Bräter etwas Butter und das Olivenöl erhitzen. Die Ente von allen Seiten anbraten. Den Wein zugießen und den Bräter in den vorgeheizten Backofen (200°C) schieben.

Die Ente 1 1/2 Stunden schmoren lassen und dabei gelegentlich mit dem Fond begießen.

Die Ente aus dem Ofen nehmen, die Fäden entfernen und die Füllung herausnehmen. Die Ente in portionsgerechte Stücke zerteilen und auf einer Platte anrichten. Mit dem Fond übergießen und mit der in Scheiben geschnittenen Füllung umlegen. Sofort servieren.

Weinempfehlung

Cabernet del Piave oder Merlot di Lison-Pramaggiore

Varianten

Die würzenden Zutaten für Fond und Füllung lassen sich nach Belieben variieren. Einige Köche verwenden anstelle von geriebenem Brot und Milch ein entrindetes und in trockenem Marsala eingeweichtes Brötchen. Beim Füllen der Ente sollte man berücksichtigen, daß die Farce während des Bratens noch aufgeht. Früher reicherte man sie mit einigen Pinienkernen, in lauwarmem Wasser eingeweichten Sultaninen und einer Prise Zimt an, was dem Gericht etwas Orientalisches verlieh.

Bis heute gehalten hat sich dagegen eine Variante, bei der man anstelle der »soppressa« getrocknete Waldpilze verwendet.

---

dindio a'la s'ciavona

TRUTHAHN DALMATISCHE ART

S'ciavoni *nannten die Venezianer die Einwohner Dalmatiens zur Zeit der Serenissima Repubblica. Aus Dalmatien gelangte dieses herbstliche Truthahnrezept in die Lagunenstadt. Noch heute sind Truthähne auf den Höfen in der Lagune und im Hinterland Venedigs kein seltener Anblick. Beim Kauf eines Truthahns sollte man darauf achten, daß das Tier jung ist. Man erkennt dies an den roten Lappen und hellgrauen Füßen. Das Fleisch älterer Tiere ist trocken und zäh.*

Zutaten
für 8 Personen

1 junger Truthahn von etwa 2,5—3 kg
8 Dörrpflaumen, ohne Stein
8 rohe Maronen, geschält
2 Sellerieherzen
100 g Bauchspeck in Scheiben
Salz
Pfeffer

Zubereitungszeit

2 Stunden

Den Truthahn küchenfertig vorbereiten, wie auf S. 116 beschrieben. Innen und außen leicht salzen.

Die Sellerieherzen in kleine Stücke schneiden, mit den Pflaumen und Maronen vermischen und den Truthahn damit füllen.

Den Truthahn mit den Speckscheiben umwickeln und mit Küchenzwirn zusammenbinden.

Den Truthahn auf den Spieß stecken und über dem Grill braten, dabei gelegentlich mit dem Fond übergießen.

Den Küchenzwirn entfernen, die Füllung herausnehmen und wegwerfen. Den Truthahn zerteilen und sofort servieren. Besonders gut passen als Beilage Ofenkartoffeln.

Weinempfehlung

Pinot Nero di Breganze

Varianten

Truthahn wird grundsätzlich mit aromatischen Zutaten kombiniert. Das vorstehende Rezept, das sich auch für die Zubereitung im Ofen eignet, ist venezianischen Ursprungs. Daneben kennt man im Veneto auch die gängigen Zubereitungsarten für Truthahn, wie panierte Putenschnitzel oder Truthahnbraten. Truthahn mit Granatapfel ist ein interessantes Rezept, das unter dem Namen *paéta al malgaragno* (oder *pomogranà*) in der Provinz Vicenza

(Marostica, Arzignano, Montebello und Umgebung) bekannt ist und dessen Ursprünge ins Mittelalter zurückreichen. Hierbei wird eine junge Truthenne am Spieß oder im Ofen gebraten und dabei mit dem süßsauren Saft von 2—3 Granatäpfeln begossen. Man zerlegt sie in portionsgerechte Stücke und richtet sie auf einer Platte an. Für die Sauce werden feingehackte Innereien in Öl und Butter gebraten und ebenfalls mit Granatapfelsaft abgeschmeckt. Man überzieht den Truthahn mit der Sauce und garniert das Gericht mit einigen Granatapfelkernen.

---

conicio in tecia

KANINCHEN IN SAUCE

Das Kaninchen ist der Liebling aller Kinder auf einem Bauernhof. Früher zogen sie mit der messora *(Sichel) los, um Futter für die Kaninchen zu holen. Die Aufzucht verursachte also keinerlei Kosten. Und da die Tiere sich ständig vermehren, gab es immer genug Fleisch. Richtig zubereitet ist Kaninchenfleisch eine Delikatesse, zumal es leicht verdaulich und somit auch als Krankenkost empfehlenswert ist.*
In der Regel ist ein Kaninchen, das man beim Metzger kauft, küchenfertig vorbereitet. Ansonsten muß man es selbst präparieren: Zunächst bindet man die Hinterläufe fest zusammen und hängt das Kaninchen kopfüber auf. Mit einem kleinen, scharfen Messer schneidet man am Ansatz der Hinterpfoten das Fell ein, löst es etwas und zieht es über die Keulen nach unten. Man bringt auf der Höhe des Schwanzes einen zweiten feinen Schnitt an und streift das Fell bis zum Hals herunter. Als nächstes werden Kopf und Pfoten abgetrennt. Man schneidet den Bauch auf und holt mit den Händen die Innereien heraus (Leber, Herz und Niere beiseite legen, alles übrige wegwerfen). Schließlich kappt man noch die Rippenspitzen, bevor man das Kaninchen zubereitet.

Zutaten
für 4 Personen

1 Kaninchen von etwa 1,2 kg, einschließlich der Innereien
80 g Butter
1/2 Glas Olivenöl
1 Zwiebel
1 Stange Bleichsellerie
1 Möhre
1 Knoblauchzehe
1 Rosmarinzweig
1 1/2 Glas trockener Weißwein
Salz
Pfeffer

Zubereitungszeit
etwa 2 Stunden

Das Kaninchen zerlegen. Dafür die Keulen aus den Gelenken lösen, die Brustknochen zerteilen, die Hinterstücke zwischen Rük-

ken und am Ansatz der hintersten Rippen abtrennen, den Rücken in große Stücke teilen.

In einem Bratentopf 50 g Butter und etwas Olivenöl erhitzen, das Kaninchen mit der Knoblauchzehe und Rosmarin hineingeben. Bei starker Hitze einige Minuten anbraten. Mit 1 Glas Weißwein ablöschen, die Hitze reduzieren und den Knoblauch entfernen. Den Topf mit einem Deckel versehen und das Ganze leise köcheln lassen, dabei gelegentlich umrühren, nach Bedarf Wasser zugießen.

Inzwischen Zwiebel, Möhre, Sellerie und Innereien fein hacken.

In einem zweiten Topf die restliche Butter und etwas Öl erhitzen, das zerkleinerte Gemüse sowie die Innereien und etwas Wein zugeben. Alles bei milder Hitze 1/2 Stunde dünsten, dabei des öfteren umrühren.

Das Ganze zum Kaninchen geben, mit Salz und Pfeffer abschmecken und 1 Stunde köcheln lassen.

Das *conicio in tecia* mit einer heißen Polenta aus Maismehl und mit Ofenkartoffeln servieren.

Weinempfehlung

Bardolino Superiore oder Merlot dei Colli Berici

Varianten

Im Veneto aromatisiert man die Sauce auch mit abgeriebener Zitronenschale anstelle von Wein. Häufig legt man die Kaninchenstücke über Nacht in eine Beize aus Wasser, Essig und Wein (zu gleichen Teilen) oder läßt sie in einer Schüssel einige Stunden ruhen.

lièvaro in salmì

HASENRAGOUT

Der Brauch, Hasen und anderes Wild (zum Beispiel Fasan, Stockente, Wildkaninchen, Auerhahn, Gemse, Reh) zu marinieren, reicht weit in die Vergangenheit zurück und hat sich in den ehemaligen Gebieten der Serenissima Repubblica bis heute als beliebteste Zubereitungsart für Wild gehalten. Im Laufe der Jahrhunderte wurde die Beize mit Gewürzen angereichert, die venezianische Händler aus fernen Ländern mitbrachten. Der Geschmack wandelte sich , einzig der Wein, der nach Belieben rot oder weiß sein darf, blieb stets wichtigster Bestandteil. So gab man früher Sultaninen, Pinienkerne, Schokolade, Zitronat und Amaretti — italienisches Mandelgebäck — ans salmì, während man sich heute auf Kräuter und/oder Gewürze beschränkt. Nach dem venezianischen Rezept gibt man gegen Ende der Garzeit die feingehackte Hasenleber und etwas gekochtes Blut hinzu.
Ein frisch geschossener Hase wird sofort abgezogen und ausgenommen, wie im Einleitungstext zum vorherigen Rezept beschrieben. Die Innereien (Herz und Leber) sowie eine halbe Tasse gestocktes Blut werden bis zur Verwendung in Grappa oder anderen hochprozentigen Alkohol eingelegt. Der vorbereitete Hase muß einige Tage in einer Schüssel an einem kühlen Ort ruhen und wird anschließend noch mindestens einen Tag mariniert.

Zutaten
für 4 Personen

1 Hase von etwa 1,2 kg (mit Innereien und gestocktem Blut, in Grappa eingelegt)
80 g Butter
1/2 Glas Olivenöl
80 g Bauchspeck
etwas Mehl
Salz

Für das *salmì*

1 l körperreicher Rotwein
(z. B. Recioto della Valpolicella
Amarone)
1/2 Glas Essig
1 Zwiebel
1 Stange Bleichsellerie
1 Knoblauchzehe
1 Möhre
1 Rosmarinzweig
1 Thymianzweig
einige Salbeiblätter
einige Minze- oder Basilikumblätter
einige Pfefferkörner
einige Gewürznelken
einige Wacholderbeeren
2 Lorbeerblätter
1 Stückchen Stangenzimt
1 Prise grobes Salz

Zubereitungszeit

3—4 Stunden, dazu die Zeit zum
Marinieren

Den Hasen in Stücke zerlegen. Wein, Essig, das gehackte Gemüse (Zwiebel, Sellerie, Möhre) und die übrigen Gewürze und Kräuter in eine Schüssel geben. Die Hasenstücke hineinlegen und 24 Stunden marinieren.

Am nächsten Tag die Hasenstücke aus der Marinade nehmen, abtropfen lassen, abtrocknen und mit Mehl bestäuben.

Den Speck in feine Würfel schneiden, mit 50 g Butter und etwas Öl in einer Kasserolle anbraten. Die bemehlten Hasenstücke zugeben und von allen Seiten kräftig anbraten.

Die Marinade mit dem Gemüse und den Gewürzen zugeben und das Ganze bei milder Hitze mindestens 3 Stunden schmoren lassen.

Die Innereien und das Blut aus dem Grappa nehmen. Fein hacken und in einem kleinen Topf in etwas Brühe dünsten.

Nach Ende der Garzeit die Hasenstücke aus der Kasserolle nehmen und den Fond durch ein Sieb gießen. Die Hasenstücke mit dem Fond und dem Inhalt des kleinen Topfes zurück in die Kasserolle geben und noch einmal langsam erwärmen. Mit Salz abschmecken.

Das Hasenragout mit heißer Polenta servieren.

Weinempfehlung

Cabernet Superiore dei Colli Euganei oder Pinot Nero del Piave

Varianten

Die Marinade sollte nicht zu stark gewürzt sein, damit sie den Hasengeschmack nicht überdeckt. Wahre Gourmets verwenden daher lediglich Kräuter sowie 5—6 Pfefferkörner und einige Wacholderbeeren. Anstelle von Rotwein kann man ohne weiteres auch Weißwein verwenden. Im Veneto sind *paparde'le al salmì* beliebt, hausgemachte Pasta mit Bratenfond.

màsori a'la va'lesana

WILDVÖGEL NACH ART DER LAGUNENBEWOHNER

Das venezianische Wort màsori *bezeichnet zunächst einmal Stockenten und im weiteren Sinne auch alle anderen großen Vögel, die die Lagune von Venedig und das Podelta bevölkern:* ose'le salvadeghe *(Lagunenvögel im allgemeinen) sowie* creco'le *(Krickenten), Bleßhühner, Knäkenten, Pfeifenten u. a. Früher war das* selvadego de vale *— das Federwild aus der Lagune — weit mehr geschätzt als heute.*
Die Entenjagd folgt einem traditionellen Ritual: Im Herbst rudern die Männer noch vor Tagesanbruch zur Entenjagd hinaus in die Lagune. Im ewig gleichen bedächtigen Rhythmus klatschen die Ruder aufs Wasser. Endlich ist die Jagdtonne in Sicht. Ringsum nichts als Dunst, Wasser und Schilf, eingetaucht in endloses Schweigen. Langsam hellt sich die Szenerie auf, die Laute dringen nicht mehr wie durch Watte ans Ohr des Jägers. Noch immer aber ist er allein und wartet, wartet …
Es kann durchaus vorkommen, daß seine Jagdtasche leer bleibt. Doch sind die Stunden der Stille in dieser so faszinierenden Welt der Lagune Entschädigung genug. Die Stimmung einer solchen Jagd in der Lagune ist in den Bildern des Venezianers Pietro Longhi (1702—1785) treffend festgehalten.
Am späten Vormittag begibt sich der Jäger zu einem casone, *einer Hütte für die Lagunenaufseher, in der sich auch die Jäger treffen. Gemeinsam bereitet man über dem offenen Feuer im Kamin eine Kostprobe der Beute, die man dann mit einem guten Tropfen in fröhlicher Runde genießt.*
Wildvögel und Brackwasserbewohner müssen sofort gerupft, abgeflämmt und ausgenommen werden. Die Innereien werden in Grappa oder anderem hochprozentigem Alkohol eingelegt. Man läßt die Vögel 2—3 Tage abhängen und mariniert sie anschließend noch 12—48 Stunden. Die Beize besteht zu gleichen Teilen aus trockenem Weißwein und Weißweinessig und wird mit Thymian, Majoran und einigen Pfefferkörnern gewürzt. Bei der Zubereitung dieses Federwilds kann man auf eingesalzene Sardellen oder Sardinen nicht verzichten.

Zutaten
für 4 Personen

2 *màsori* (etwa 1,5 kg)
80 g Butter
1/2 Glas Olivenöl
1 Zwiebel
100 g Bauchspeck
1 Glas trockener Weißwein
3 gesalzene Sardinen
15 g Kapern
Salz
Pfeffer

Zubereitungszeit

etwa 1 1/2 Stunden

Die *màsori* wie zuvor beschrieben marinieren. Aus der Beize nehmen, abtropfen lassen, abtrocknen, innen leicht mit Salz einreiben und mit Speckscheiben umwickeln.

Die *màsori* mit der Hälfte der Butter in einen Bräter geben und etwa 20 Minuten im vorgeheizten Ofen (200°C) braten. Aufpassen, daß sie nicht anbrennen!

Die gesalzenen Sardinen säubern, wie auf S. 35 beschrieben. Zusammen mit der Zwiebel und den Kapern fein hacken.

In einer Kasserolle die restliche Butter und das Olivenöl erhitzen, die feingehackten Zutaten hineingeben und bei niedriger Temperatur anschwitzen.

Die *màsori* aus dem Ofen nehmen, vierteln und die Stücke in die Kasserolle legen. Die Hitze hochschalten, den Wein zugießen und verdampfen lassen. Die *màsori* salzen und pfeffern und bei niedriger Temperatur 1 knappe Stunde garen.

Das Geflügel auf einer Platte anrichten, mit dem Bratenfond übergießen und mit Scheiben gerösteter Polenta umlegen.

Weinempfehlung

Cabernet del Piave oder Pinot nero di Breganze

Varianten

Während auf Sardinen (bzw. Sardellen) bei dieser Zubereitung nicht verzichtet werden kann, sind Kapern nicht zwingend erforderlich. Zuweilen wird die Marinade zusätzlich mit Zitronenschale aromatisiert. Aus den in Grappa konservierten Innereien kann man auch eine *salsina par salvadeghi* — eine Wildsauce also — zubereiten. Die Anleitung hierfür finden Sie im Rezept *lièvaro in salmì* auf S. 124. Natürlich kann man *màsori* auch braten, schmoren oder am Spieß zubereiten, doch ist die hier vorgestellte Version »nach Art der Lagunenbewohner« die traditionelle. Das Braten muß nicht unbedingt im Ofen erfolgen, es kann auch über dem offenen Feuer geschehen.

Fische und Meeresfrüchte

baca'là mantecato

STOCKFISCHMUS

Im Spätmittelalter wurde der Stockfisch von venezianischen Kaufleuten aus Nordeuropa mitgebracht, wo sie mit Gewürzen und Salz Handel trieben. Das neue Nahrungsmittel fand sogleich großen Anklang bei der Bevölkerung. Baca'là *ist der venezianische Ausdruck für Kabeljau* (Gadus morhua). *Er kommt entweder gesalzen als* bertagnìn *oder getrocknet als* stocafisso *in den Handel, wobei in Venedig fast ausschließlich letzterer — auf deutsch heißt er Stockfisch — verwendet wird. Die beste Qualität heißt »ragno« (Spinne). Sie ist erkennbar an der silbrig-strohgelben äußeren Färbung und dem weißen Fleisch, das zuweilen eine rötliche Äderung aufweist. Neben der Schwanzflosse muß der Einstich des Hakens zu erkennen sein, an dem der Fisch im trockenen, kalten Wind hing. Fehlt dieser, so muß man von einer künstlichen Trocknung in einer entsprechenden Anlage ausgehen. Ein weiteres wichtiges Qualitätsmerkmal ist der charakteristische angenehme und nicht zu ausgeprägte Geruch. Vor der Zubereitung wird der Fisch auf einem Haublock kräftig mit einem Holzknüppel bearbeitet. Dadurch wird das Fleisch mürbe und nimmt beim anschließenden Wässern, das im Sommer mindestens zwei Tage und in der kalten Jahreszeit doppelt so lange dauert, die Feuchtigkeit besser auf. Erst jetzt kann die eigentliche Verarbeitung erfolgen. Im allgemeinen bereitet der Händler den Stockfisch vor, so daß sich die Hausfrau nur noch für die Art der Zubereitung entscheiden muß. Typisch venezianisch ist die* mantecatura, *die — allerdings nur in bezug auf die Abstammung des Wortes — ebenfalls spanischen Einfluß verrät:* manteca (de cerdo) *lautet das spanische Wort für Schmalz (vom Schwein) und das lateinamerikanische Wort für Butter. Das Gericht hat den Namen* baca'là mantecato *wegen seines Aussehens: cremig-leicht wie eine zarte Buttermischung.*

BACA'LÀ MANTECATO

Zutaten für 6 Personen

1 kg gewässerter Stockfisch
Olivenöl »extra vergine« (nach Bedarf)
2 Bund Petersilie
1 Knoblauchzehe
Salz
Pfeffer aus der Mühle

Zubereitungszeit

1 1/4 Stunden

Den küchenfertigen Stockfisch in eine Kasserolle geben, mit kaltem Wasser bedecken und aufkochen lassen. Abschäumen, den Herd abschalten und den Stockfisch zugedeckt 20 Minuten im Wasser ruhen lassen.

Knoblauch und Petersilie sehr fein hacken oder im Mörser zerreiben.

Das Wasser abgießen, den Stockfisch häuten und sorgfältig entgräten. In eine Schüssel geben und den Fisch mit einer Gabel fein zerpflücken.

Etwas Öl in feinem Strahl dazugießen und gründlich mit einem Holzlöffel rühren.

Erneut Öl dazugeben und weiter rühren. Fortfahren, bis sich eine weißliche, cremig-schaumige Masse ergibt. Die Menge des Öls hängt vom Fettgehalt des Fisches ab.

Zum Schluß die Masse mit der Knoblauch-Petersilie-Mischung, etwas Salz und frisch gemahlenem Pfeffer würzen, alles miteinander verrühren und den *baca'là mantecato* in einer flachen Servierschüssel anrichten. Besonders hübsch wirkt buntes Geschirr, da es einen reizvollen farblichen Kontrast bildet. Man serviert das Stockfischmus kalt und reicht dazu geröstete Polentascheiben.

Weinempfehlung

Gut gekühlter Soave Classico oder Gambellara Superiore

Varianten

Man kann das Stockfischmus auch über kleiner Flamme bereiten und gegen Ende etwas »panna da cucina« (italienische konzentrierte Sahne) unterziehen, um die Mischung noch cremiger zu machen. Da es sich um ein eher deftiges Gericht handelt, kann man es auch gut als reizvollen Kontrast zu feinen Vorspeisen servieren.

baca'là a'la visentina

STOCKFISCH AUS VICENZA

Stockfisch aus Vicenza ist nicht nur im Veneto, sondern überall in Italien und auch im Ausland geschätzt.

Für dieses traditionelle Gericht benötigt man den gut gewässerten stocafisso. *Der gesalzene* bertagnìn *wurde erst viel später, nämlich vor etwa zweihundert Jahren, eingeführt, als, bedingt durch die beginnende Nutzung der Kohle, Salz auch in nordischen Ländern erschwinglich war. Vorher war in diesen Ländern die Salzgewinnung auf natürlichem Wege in Salinen mangels Sonneneinstrahlung und ruhiger Küstengewässer nicht möglich gewesen, während Venedig aus dieser Industrie schon längst einen Teil seiner Einkünfte bezog.*

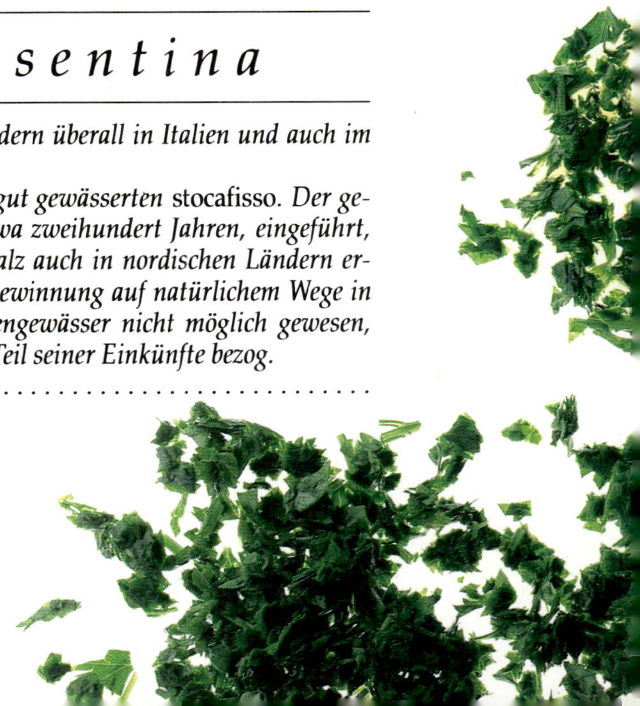

Zutaten für 6 Personen

1 kg Stockfisch, gründlich gewässert
2 dl Olivenöl »extra vergine«
3 dl frische Vollmilch
3 große Zwiebeln
2 Knoblauchzehen
2 Bund Petersilie
3 gesalzene Sardellen
2—3 EL Mehl
2—3 EL geriebener Parmesan
Salz
Pfeffer

Zubereitungszeit

5 Stunden

Den Stockfisch in dicke, etwa 5 cm große Scheiben schneiden. Die Scheiben aufklappen, entgräten und häuten.

Zwiebeln, Knoblauch und Petersilie fein hacken. Die Sardellen wässern, entgräten, waschen und ebenfalls fein hacken.

In einem großen Topf 1 dl Öl erhitzen, bis es raucht. Das Feingehackte hineingeben, vorsichtig salzen und pfeffern. 5—6 Minuten ununterbrochen rühren, den Herd abschalten und den geriebenen Parmesan gründlich unterziehen.

Mit einem Löffel etwas von der Mischung in die Stockfischscheiben geben. Die Fischscheiben im Mehl wenden und nebeneinander auf die im Topf verbliebene Mischung legen.

Das restliche Olivenöl zugießen, alles mit der Milch bedecken und bei niedriger Temperatur mindestens 4 Stunden leise köcheln lassen. Nicht umrühren, den Topf jedoch gelegentlich rütteln, damit der Fisch nicht ansetzt.

Den Stockfisch sofort mit gerösteten Polentascheiben oder mit heißer Polenta servieren.

Weinempfehlung

Durello Superiore dei Lessini oder Tocai Rosso dei Colli Berici

Varianten

Jede Köchin hat wohl im Laufe ihrer jahrelangen Praxis eine eigene Variante dieses Rezeptes entwickelt. So geben einige Hausfrauen den Parmesan nicht in die Füllung, sondern unter das Mehl, in dem die Fischscheiben gewendet werden. Andere füllen den Stockfisch nicht, und wieder andere würzen die Füllung mit einer Prise Muskatnuß oder Zimt. Das zuvor beschriebene ist das Grundrezept. Der Stockfisch kann auch bei mäßiger Hitze im Ofen gegart werden.

bisato in tecia

AAL IN SAUCE

Bisato *nennt man in Venedig den ausgewachsenen Aal, der im Brackwasser der Lagune und bei Comacchio gefischt wird. Der Flußaal* (Anguilla anguilla) *wächst in Flüssen und Seen heran. Ist er geschlechtsreif, zieht er in Richtung Meer. Damit beginnt eine lange Wanderung, die ihn bis zur Saragossasee führt, wo in großen Tiefen seine Laichplätze liegen. Die Larven, die wie transparente Weidenblätter aussehen, treiben im Golfstrom nach Osten und erreichen im dritten Jahr die europäischen Gewässer. Sie sind von Island bis Nordafrika und von der Adria bis zum Schwarzen Meer anzutreffen. In den flacheren, kälteren und weniger salzhaltigen küstennahen Gewässern vollzieht sich eine Veränderung: Der Körper entwickelt sich zur typischen Schlangenform und färbt sich gleichzeitig gelbbraun:*

Aus den »Glasaalen« sind nun »Steigaale« geworden, die gegen die Strömung die Flüsse hinaufwandern, wobei sie sich von Würmern und anderen kleinen Tieren ernähren. Nach vier- bis zehnjährigem Süßwasserleben beginnt die Rückreise in die Saragossasee, von wo die Aale nicht mehr zurückkehren. Sie haben ihre körperliche Entwicklung abgeschlossen. Jedes Jahr vom Spätsommer bis in den Herbst passieren die fetten bisati *auf ihrer Wanderung auch die Lagune von Venedig und die Gewässer bei Comacchio. Mit Netzen, Angeln und Reusen werden sie gefangen. Das Wort* bisato *ist zwar männlich, doch werden bevorzugt die größeren Weibchen gegessen. Dem hiesigen Aal nahe verwandt ist der Amerikanische Flußaal* (A. rostrata).

Zutaten
für 4 Personen

1 kg mittelgroße Aale
1/2 Glas Olivenöl
30 g Butter
2 Knoblauchzehen
2 Lorbeerblätter
1 Gläschen trockener Marsala
1 Bund Petersilie
100 g Tomatensauce (s. S. 100)
Salz
Pfeffer

Für die Marinade

0,5 l Essig
3 Lorbeerblätter
etwas Wasser
Salz
Pfeffer

Zubereitungszeit

etwa 1 Stunde, dazu 2 Stunden zum Marinieren

Die Aale ausnehmen und die Köpfe entfernen. Die Aale häuten, gut abspülen und in 5—6 cm lange Stücke schneiden.

Den Essig, etwas Wasser, 3 Lorbeerblätter sowie je eine Prise Salz und Pfeffer in eine Schüssel geben, die Aalstücke hineinlegen und 2 Stunden marinieren. Den Aal aus der Beize nehmen und abtropfen lassen.

Öl und Butter in einem großen Topf erhitzen, die zerdrückten Knoblauchzehen darin anbraten und, sobald sie etwas Farbe angenommen haben, wieder entfernen. Die Aalstücke in den Topf geben und bei hoher Temperatur einige Minuten anbraten.

Lorbeerblätter und den Marsala zugeben. Wenn der Marsala verdampft ist, Tomatensauce und einen Schuß Wasser zugießen. Salzen und pfeffern. Das Ganze 1/2 Stunde köcheln lassen.

Die Petersilie fein hacken und 2 Minuten vor dem Auftragen zur Sauce geben.

Den *bisato in tecia* sofort mit einer heißen Polenta aus weißem Maismehl servieren.

Weinempfehlung

Vespaiolo Superiore di Breganze oder Bardolino Chiaretto

Varianten

Nicht immer wird der Aal mariniert. Man kann statt dessen 2—3 EL Essig in die Sauce geben. In einigen Gegenden wird der marinierte Aal vor dem Anbraten in Semmelbröseln gewendet, oder man gibt Semmelbrösel zum Andicken in die Sauce. Anstelle von Lorbeer kann man auch Salbei verwenden.

bisato su l'ara

AAL AUS DEM OFEN

Dieses Gericht ist eine Spezialität aus Murano, einer Insel in der venezianischen Lagune, die seit dem 13. Jahrhundert für ihre mundgeblasenen Glaserzeugnisse berühmt ist. Das Wort ara *im venezianischen Namen dieses Gerichtes bezeichnet einen Teil des Brennofens, genauer gesagt, die Platte, auf der die Glasgefäße nach der Herstellung langsam abkühlten, damit sie keine Risse und Sprünge bekamen. War das Glas von der* ara *abgeräumt, stellte man den Topf mit dem* bisato *darauf und ließ das Gericht auf der Resthitze langsam garen. Ähnlich werden auch der* Baeckeoffe *im Elsaß oder ähnliche Gerichte anderswo zubereitet — allerdings in der Resthitze des Backofens nach dem Brotbacken.*

Zutaten
für 4 Personen

1 großer *bisato* von etwa 1 kg
reichlich frische Lorbeerblätter
Salz
Pfeffer aus der Mühle

Zubereitungszeit

etwa 2 Stunden

Den Aal mit Holzasche abreiben, um den Schleim zu entfernen; den Kopf abschneiden und wegwerfen. Den Aal ausnehmen und in 4—5 cm lange Stücke schneiden.

Eine große Steingut-Kasserolle mit einer dicken Schicht Lorbeerblätter auslegen. Eine Lage Aalstücke daraufgeben, salzen, etwas pfeffern und etwas Wasser zugießen. Die Aalstücke mit einer Schicht Lorbeerblätter abdecken.

Den Topf in den auf 170°C vorgeheizten Backofen schieben und den Aal etwa 1—1 1/2 Stunden garen, bis das Fleisch schön weiß und zart ist.

Die Kasserolle aus dem Backofen nehmen, die obere Lorbeerschicht entfernen und den Aal sofort zu Tisch bringen. Dazu paßt eine heiße Polenta aus Maismehl.

Weinempfehlung

Tocai Bianco oder Pinot Bianco dei Colli Berici oder dei Colli Euganei

Varianten

Früher gab man etwas Meerwasser mit einem Schuß Essig in den Topf.

sfogi al vin bianco

SEEZUNGE IN WEISSWEIN

W*egen ihres delikaten Fleisches wird die Seezunge von Feinschmeckern ganz besonders geschätzt. Da die* sfogi *auf sandigem Grund leben, sind sie in der Adria zahlreich vertreten. Aber es gibt hier auch andere Plattfische, so Schollen* (Pleuronectes) *— im venezianischen Dialekt heißen sie* passere *— und den verwandten Butt* (Bothus). *Die folgende Zubereitungsart ist im Veneto sehr beliebt, weil sie den feinen Geschmack dieser Fische unterstreicht.*

Zutaten für 4 Personen

4 Seezungen à etwa 250 g
100 g Mehl
80 g Butter
1/2 Glas trockener Weißwein
Saft von 1/2 Zitrone
Salz
Pfeffer aus der Mühle

Zubereitungszeit

1/2 Stunde

Die Seezungen ausnehmen. Mit der Schere den Kopf, die Schwanzflosse und den seitlichen Flossensaum abschneiden.

Die graubraune Haut der Oberseite am Schwanzende mit einem scharfen Messer etwas lösen und mit einem Tuch in einem Ruck abziehen. Auf der Unterseite genauso verfahren.

Mit einem sehr scharfen Messer die Filets behutsam von der Mittelgräte lösen. In mit Zitronensaft gesäuertem Wasser abspülen, anschließend trockentupfen und mit Mehl bestäuben.

Die Butter in einer großen Pfanne bei niedriger Temperatur aufschäumen lassen und die Filets darin von beiden Seiten goldbraun braten. Wein und Zitronensaft gleichmäßig über die Filets träufeln und die Sauce etwas reduzieren. Die Seezungenfilets salzen und pfeffern. Jede Portion mit etwas Sauce anrichten.

Weinempfehlung

Trockener Prosecco di Conegliano-Valdobbiadene Frizzante

Varianten

Mit trockenem Marsala gelingt dieses Gericht ebenfalls ausgezeichnet. Manche Köche streuen etwas feingehackte Petersilie über die Filets.

sievo'li ai feri

GEGRILLTE MEERÄSCHEN

D*ie* sievo'li *wie auch die ihnen verwandten* bòseghe *sind in flachen Küstengewässern zu Hause. Die Lagune bietet also einen optimalen Lebensraum für sie. Das Fleisch dieser Fische ist weiß und zart, allerdings etwas fett, weshalb man sie bevorzugt grillt. Dabei richtet sich der Abstand zwischen Rost und Glut nach der Größe der Fische: Kleine Exemplare werden bei stärkerer Hitze, das heißt in größerer Nähe zur Glut, gegrillt, größere Fische dagegen bei mäßiger Hitze, die das Fleisch langsam durchdringt.*

Zutaten
für 4 Personen

4 Meeräschen à 200—250 g
(oder 1 Meeräsche von etwa 1 kg)
Olivenöl »extra vergine«
Zitronensaft
Salz und Pfeffer

Zubereitungszeit

1/2 Stunde, dazu die Zeit zum Marinieren

Die Fische ausnehmen, von den Kiemen befreien und schuppen. Anschließend gründlich unter fließendem kaltem Wasser abspülen und trockentupfen.

Aus Öl, Zitronensaft, Salz und Pfeffer eine Marinade bereiten. Die Meeräschen großzügig damit bestreichen und mindestens 1 Stunde ruhen lassen.

Den Rost über dem Grill heiß werden lassen und etwas einölen, damit die Fische nicht anbacken. Die Meeräschen auf den Rost legen und unter gelegentlichem Wenden von allen Seiten grillen. Dabei immer wieder mit der restlichen Marinade bestreichen.

Die Meeräschen mit Zitronenspalten garnieren und sofort servieren.

Weinempfehlung

Prosecco di Montello e Colli Asolani

Varianten

Kleine Meeräschen gelingen auch hervorragend in der Pfanne.
Nach diesem Rezept für gegrillte Meeräschen läßt sich auch jeder andere Fisch zubereiten.

---

branzìn lesso

GEKOCHTER SEEBARSCH

Wörtlich übersetzt heißt bransín, *die norditalienische Bezeichnung für Seebarsch, »Fisch mit sichtbaren Kiemen« (ital.* branchie *= Kiemen). Und auch seine zweite italienische Bezeichnung verrät etwas über ihn — »spiga« heißt Ähre, und der Name »spigola« weist auf die typischen Rückenstacheln des Seebarsches hin. Der See- oder Wolfsbarsch* (Dicentrarchus labrax) *kommt in der Adria, im gesamten Mittelmeer sowie im Ostatlantik vor. Sein festes, weißes Fleisch eignet sich für die unterschiedlichsten Zubereitungsarten. In Venedig beispielsweise wird der Seebarsch gekocht, gegrillt, gebacken, in der Folie gegart oder auch in Gelee zubereitet. Typisch für die venezianische Küche ist jedoch dieses Rezept.*

Zutaten
für 6 Personen

1 Seebarsch von 1,5 kg
2 Lorbeerblätter
1 Zitrone
1 Stange Bleichsellerie
Olivenöl »extra vergine«
Pfefferkörner (ganz oder frisch gemahlen)
Salz

Zubereitungszeit

40 Minuten

Branzìn lesso

Man erkennt einen frischen Fisch an folgenden Merkmalen: Die Augen müssen klar sein, die Kiemen sollen rosa und das Fleisch fest sein, die Schuppen müssen glänzen, und der Fisch muß angenehm nach Meer riechen. Am besten läßt man das Ausnehmen gleich vom Fischhändler erledigen.

Zu Hause die Bauchhöhle noch einmal gründlich säubern. Den Fisch schuppen, die Kiemen entfernen und den Seebarsch sorgfältig unter fließendem kaltem Wasser abspülen.

Den Seebarsch auf den Rost des Fischkochtopfes legen und mit Wasser unter Zugabe von 10 g Salz/Liter bedecken. Die Zitrone halbieren und eine Hälfte mit Schale, Lorbeerblättern, Sellerie und einigen Pfefferkörnern in den Topf geben.

Den Fischkochtopf auf den Herd stellen, das Wasser zum Kochen bringen und dann die Hitze so regulieren, daß das Wasser nur leise simmert. Der Seebarsch sollte langsam durchgaren, ohne zu zerfallen. Die Kochzeit beträgt etwa 1/4 Stunde. (Faustregel: 10 Minuten für Fische von 1 kg, 15 Minuten für 2 kg, 20 Minuten für 3 kg usw.)

Den gekochten Fisch mit dem Rost aus dem Topf heben und zerlegen.

Den Seebarsch auf einer Platte anrichten und mit Zitrone und Petersilie garnieren.

Zu gekochtem Seebarsch serviert man gern Salzkartoffeln und verschiedene Saucen. Sein feiner Geschmack kommt allerdings am besten zur Geltung, wenn man lediglich ein paar Tropfen Zitronensaft und Olivenöl »extra vergine«, etwas frisch gemahlenen Pfeffer und Salz über den Fisch gibt.

Weinempfehlung

Trockener Prosecco di Conegliano-Valdobbiadene Frizzante

Varianten

Um den feinen Fischgeschmack nicht zu übertönen, dürfen die Saucen keinen zu ausgeprägten Geschmack haben. Wenn man beim Kochen die Zitrone wegläßt, kann man den Sud für einen Risotto mit Fischen oder Meeresfrüchten verwenden. Weitere Zubereitungsarten für Seebarsch siehe entsprechende Rezepte für andere Fische.

go in broeto

GRUNDELN IN SAUCE

Mit ihrem dicken Kopf, den großen, weit oben sitzenden Augen und den vorstehenden Lippen sehen die kleinen Lagunenfische — im venezianischen Dialekt heißen sie kurz go *— einfach rührend aus. Aber ihr Fleisch ist einfach zu delikat, als daß man auf ihren Genuß verzichten wollte. Die* go *leben im Seegrasgestrüpp (auf venezianisch* gramigni*) über schlammigem und kiesigem Grund. Im Frühjahr bauen die Männchen zwischen den Wasserpflanzen ein kugelförmiges Nest mit zwei Löchern und warten auf die Weibchen, die ihre Eier in den Nestern ablegen. Die Männchen befruchten die Eier, die Weibchen verschwinden. Jedes Nest wird von bis zu zehn Weibchen besucht. Das Männchen bewacht das Nest, bis der gesamte Nachwuchs geschlüpft ist. Die Kleinen wachsen schnell heran: Im*

Mai messen sie erst 10—15 mm, doch schon im August haben sie eine Länge von 7—9 cm erreicht. Inzwischen ist das Männchen ins Meer gezogen und kehrt erst beim Herannahen der kalten Jahreszeit zurück. Die Wege, die es dabei nimmt, sind immer die gleichen. Es baut sich im Pflanzendschungel eine Höhle, in der es bis zur nächsten Paarungszeit vor Kälte und Räubern Schutz sucht. In diesen Zyklus, der sich ständig unverändert wiederholt, haben sich die Lagunenbewohner eingeschaltet. Dabei gingen sie zuweilen schonungslos vor, indem sie den go *mit besonderen Netzen, kleinen Harpunen oder sogar mit bloßen Händen —* a sappega, a fossenigo'lo *oder* a brasso *— nachstellten, was heute übrigens gesetzlich verboten ist. Meist aber betrieben sie den Fang mit speziellen Netzfallen* (cogo'leti)*, kleinen Reusen* (chebe *und* seste'le) *oder auch mit den großen, in der Lagune üblichen Schleppnetzen* (bragagne)*. Doch selbst die* palpadori*, diejenigen also, die die* go *mit bloßen Händen erbeuteten, indem sie sich an den Nestern zu schaffen machten und so die Fische heraustrieben, zerstörten die Bruthöhlen nicht völlig und verschonten stets ein oder zwei Männchen, um den Fortbestand nicht zu gefährden.*
Der Fisch, von dem hier die Rede ist, trägt heute den wissenschaftlichen Namen Zosterisessor ophiocephalus*, während er früher auch als* Gobius ophiocephalus *oder* venetiarum *bekannt war. Auf italienisch heißt die Schlangenkopf- oder Grasgrundel »ghiozzo«. Diesen Namen, der durch Verschmelzung von »gozzo« (= Kropf) und »ghiotto« (= gefräßig) entstand, hat die Grasgrundel wegen ihres großen Kopfes. Diesen aber hat auch die in der Lagune etwas seltenere und als Speisefisch sehr geschätzte Riesengrundel* (Gobius cobitis)*. Mit einer Länge von bis zu 25 cm ist die* goato de mar*, wie sie in der Lagune heißt, die größte der im Mittelmeer beheimateten Grundeln.*
Das hier vorgestellte Rezept läßt sich ebenso mit Sardinen, Aal, Makrelen, Meerbarben und anderen Fischen zubereiten.

Zutaten für 4 Personen

700 g *go*
1 Glas Olivenöl
2 Knoblauchzehen
1 Glas Weißwein und -essig (gemischt)
Salz
Pfeffer aus der Mühle

Zubereitungszeit

40 Minuten

Die Fische ausnehmen und sorgfältig abspülen — sie sind sehr schleimig —, aber nicht schuppen.

In einer Steingut-Kasserolle das Öl erhitzen, Knoblauchzehen darin anbraten und herausnehmen, sobald sie goldgelb sind.

Die Fische nebeneinander in die Kasserolle legen. Mit einer Prise Salz und Pfeffer würzen. Das Wein-Essig-Gemisch und so viel Wasser zugießen, daß die Fische halb bedeckt sind. Die Kasserolle nicht ganz mit einem Deckel verschließen und das Ganze 20—30 Minuten (je nach Größe der Fische) köcheln lassen. Der Fond muß stark eingekocht und goldgelb sein.

Die *go in broeto* mit gerösteten Polentascheiben servieren.

Weinempfehlung

Vespaiolo di Breganze

Varianten

Früher bereiteten die Fischer dieses Gericht auf ihren Booten mit Meerwasser und einem Schuß Essig zu — heute schier undenkbar! Kurz vor dem Servieren kann

man noch feingehackte Petersilie zugeben. Auch etwas Tomatensauce paßt ausgezeichnet in dieses Gericht.

Sehr kleine *go* schmecken fritiert ausgezeichnet. Dagegen werden *goati* (Riesengrundeln) auch gern gebraten oder gegrillt.

marsoni friti

FRITIERTE GROPPEN

Marsoni *heißen im venezianischen Dialekt die kleinen Groppen* (Cottus gobius), *die über steinigem Grund in klaren Flüssen, wie Piave, Brenta und Astico, anzutreffen sind. Sie heißen deswegen so, weil sie im März* (marso) *besonders reichlich gefangen werden. Wegen ihres unverwechselbaren, köstlichen Geschmacks werden sie auch in Venedig sehr geschätzt. Eine alte venezianische Redensart verlangt* marsoni friti e polentina, un fià de Vézena e vin de spina — *fritierte Groppen mit Polenta, ein Stückchen Vézena-Käse und offenen Wein —, ein Beweis dafür, wie beliebt dieses Gericht seit jeher ist. Ursprünglich stammt es aus der Gegend um Vicenza, wo die* marsoni *aus dem Astico besonders gerühmt werden.*

Zutaten für 6 Personen

1 kg *marsoni*
gelbes Maismehl
reichlich Olivenöl zum Fritieren
Salz
2 Zitronen

Zubereitungszeit

1/2 Stunde

Die *marsoni* sorgfältig abspülen, aber weder die Köpfe entfernen, noch die Fische ausnehmen. Die Fische im Maismehl wenden.

In einer großen Bratpfanne das Öl kräftig erhitzen, die *marsoni* hineingeben und goldbraun fritieren.

Sobald sie schön knusprig sind, mit einer Schaumkelle aus dem Öl nehmen, auf Küchenkrepp zum Abtropfen legen und mit Salz bestreuen.

Die Fische sofort servieren. Dazu Zitronenspalten und eine heiße Polenta reichen.

Weinempfehlung

Gut gekühlter Soave Classico oder Garganega dei Colli Berici

Varianten

Das gelbe Maismehl verleiht den *marsoni* eine appetitliche Kruste. Man kann die Fische aber ebensogut mit Weizenmehl oder mit einer Mischung aus weißem und gelbem Maismehl panieren oder auch ganz auf die Panade verzichten.

rane frite

FRITIERTE FRÖSCHE

Wenn etwas als »Arme-Leute-Essen« bezeichnet werden kann, so sind es zweifelsohne die Frösche. Einst lebten sie zuhauf in Tümpeln und Wasserläufen der Poebene. Inzwischen ist ihr Gequake weitgehend verstummt: Die in der Landwirtschaft eingesetzten Gifte haben ihnen den Garaus gemacht.
Heute fängt niemand mehr Frösche, man kauft sie küchenfertig.

Zutaten
für 4 Personen

32 mittelgroße Frösche oder
400 g Froschschenkel
0,25 l trockener Wein (nach Belieben rot oder weiß)
2 Eier
1 Zitrone
300 g Weizenmehl
0,5 l Öl zum Fritieren
50 g Butter
Salz
Pfeffer nach Belieben

Zubereitungszeit

20 Minuten, dazu die Zeit zum Marinieren

Die sorgfältig gewaschenen und trockengetupften Frösche bzw. Froschschenkel einige Stunden in Wein marinieren.

Die Eier mit einer kräftigen Prise Salz verquirlen.

Öl und Butter in einer Pfanne rauchend heiß werden lassen.

Die Frösche gut abtropfen lassen, durch die verquirlten Eier ziehen und mit Mehl bestäuben.

Portionsweise im heißen Öl fritieren, bis sie leicht gebräunt und knusprig sind. Mit einer Gabel aus dem Öl nehmen und zum Abtropfen auf Küchenkrepp legen. Etwas salzen.

Die fritierten Frösche mit Zitronenspalten servieren.

Weinempfehlung

Tocai Bianco dei Colli Berici

Varianten

Alte Bäuerinnen empfehlen, die Frösche vor dem Einmehlen unbedingt in Ei zu wenden, weil sie sonst zu mager aussehen. Da Frösche nicht jedermanns Geschmack sind, sollte man sich deswegen bei seinen Gästen vorher vergewissern, ob ein solches Gericht gewünscht wird. Falls die Frösche besonders intensiv riechen, legt man sie vor dem Marinieren in Wein kurz in Essig ein.

masanéte

KRABBENSALAT

Masanéte *sind die Weibchen der Gemeinen Krabbe oder Gewöhnlichen Strandkrabbe* (Carcinus maenas), *die in großer Zahl die seichten Gewässer der Lagune von Venedig bevölkert. Strandkrabben besitzen einen kurzen Panzer, der hinten bis zu 4 cm breit wird, und halbkreisförmig angeordnete Beine. Im Herbst wechseln sie den Panzer und bringen die Eier hervor, die von den Weibchen, sobald sie befruchtet sind, unter dem umgeklappten Hinterleib getragen werden. In dieser Zeit schmecken die Krabben am besten, denn sie enthalten jetzt viel Corail, und ihr Fleisch ist besonders aromatisch und fest. Man kauft sie lebend. Auf dem Fischmarkt von Venedig, der* Pescaria, *gehören Krabben zum täglichen Angebot.*

Zutaten für 4 Personen

1 kg lebende *masanéte*
Olivenöl »extra vergine«
1 Bund Petersilie
Salz
Pfeffer aus der Mühle

Zubereitungszeit

etwa 1 Stunde

Die *masanéte* mehrmals sorgfältig abspülen.

In einem großen Topf reichlich Wasser aufkochen lassen, die lebenden Krabben hineingeben und 7—8 Minuten kochen lassen. Den Herd abschalten und die Krabben im Wasser abkühlen lassen, bis sie nur noch lauwarm sind.

Das Wasser abgießen. Die Krabben aus dem Topf nehmen, die Beine abdrehen und mit dem Fingernagel *el petoràl,* die Brustplatte, ablösen, wobei Corail und Fleisch am Rükkenpanzer hängenbleiben.

Die vorbereiteten Krabben in eine Steingutschüssel geben. Salzen, leicht pfeffern, mit feingehackter Petersilie bestreuen und mit Olivenöl begießen. Den Salat vorsichtig vermischen und vor dem Servieren etwas durchziehen lassen.

Krabbensalat ißt man kalt. Gut paßt dazu eine heiße Polenta aus weißem Maismehl.

Weinempfehlung

Trockener Prosecco di Conegliano-Valdobbiadene Frizzante

Varianten

Pikanter schmeckt der Krabbensalat, wenn man ihn zusätzlich mit einer Messerspitze feingehacktem Knoblauch (keine ganze Zehe!) und etwas Essig oder Zitronensaft abschmeckt. Falls jedoch Krabben übrigbleiben, werden sie durch den Essig übersäuert, während sie sonst auch am folgenden Tag noch vorzüglich schmecken.

Hinweis: Nach dem in Deutschland, Österreich und der Schweiz geltenden Tierschutzgesetz müssen Krebstiere vor dem eigentlichen Kochen in Wasser abgetötet werden (z. B. elektrisch).

mo'leche ripiene

GEFÜLLTE BUTTERKREBSE

Mo'leche *heißen im venezianischen Dialekt männliche Strandkrabben, die unmittelbar nach dem Abstreifen des alten Panzers gefangen werden, wenn ihre Haut dünn wie Seidenpapier ist. Die Männchen wechseln ihren Panzer im Frühjahr und Herbst, die Weibchen dagegen nur im Herbst, nachdem die Männchen* (gransi, *von ital. granchi = Krebse) ihren Panzerwechsel abgeschlossen haben und wieder ausreichend zu Kräften gekommen sind, um die Weibchen zu befruchten. Da nur ganz selten eine* mo'leca *ins Netz geht, haben die* molecánti, *die Krabbenfischer der Lagune, sich etwas einfallen lassen: Sie fangen große Mengen von Krabben, sortieren die* gransi boni, *das heißt die guten Krabben, aus denen eines Tages* mo'leche *werden, aus und halten sie in Weidenkörben im Wasser. Wie die* masanete *müssen auch die* mo'leche *lebend zubereitet werden, ein Verfahren, das bei uns jedoch verboten ist.*

Zutaten für 4 Personen

600 g lebende *mo'leche*
3 Eier
etwas Mehl
reichlich Öl zum Fritieren
Salz

Zubereitungszeit

2 1/2 Stunden

In einer großen Schüssel die Eier mit einer Prise Salz verquirlen.

Die lebenden *mo'leche* mehrmals sorgfältig abspülen und abtropfen lassen. Anschließend in die Schüssel geben und vorsichtig mit den verquirlten Eiern überziehen. Die Schüssel mit einem Tuch abdecken und 2 Stunden beiseite stellen, dabei gelegentlich vorsichtig rühren. Nach zwei Stunden haben die Krabben die Eimasse fast vollständig aufgenommen. Sie werden nun mit Mehl bestäubt, nachdem die unteren Beinglieder entfernt worden sind.

Reichlich Öl in einer Pfanne erhitzen und die *mo'leche* portionsweise goldbraun fritieren.

Mit der Schaumkelle aus der Pfanne nehmen. Zum Abtropfen auf Küchenkrepp legen und salzen.

Die *mo'leche* sofort mit einer heißen gelben oder weißen Polenta servieren. Man ißt sie ganz.

Weinempfehlung

Pinot Bianco di Lison-Pramaggiore

Varianten

Man kann Butterkrebse auch nur in Mehl wenden und fritieren. Köstlich schmecken sie auch als *fritata de mo'leche* (Omelett): Die Krabben fritieren und in Stücke schneiden. Eier mit geriebenem Parmesan verquirlen, Krabben hineingeben und gut verrühren. Das Omelett wie gewohnt backen und mit feingehackter Petersilie bestreuen.

canocie conse

HEUSCHRECKEN-KREBSE IN ÖL UND ZITRONE

Heuschreckenkrebse (Squilla mantis), *die aus der Adria in beträchtlichen Mengen gefischt werden, sind zwar nicht so begehrt wie Scampi (s. S. 86), aber man weiß auch ihr Fleisch zu schätzen. Die bis 25 cm langen Krebse mit dem graubraunen Panzer schmecken am besten im Herbst. So lautet denn auch ein venezianisches Sprichwort:* A Santa Caterina 'na canocia val 'na ga'lina — *am 25. November taugt ein Heuschreckenkrebs soviel wie ein Huhn. Zu dieser Zeit haben die Tiere besonders festes Fleisch und reichlich Corail. Wie die anderen Krustentiere lassen sich Heuschreckenkrebse fritieren, grillen, in Sauce und auf vielerlei andere Arten zubereiten. Das einfachste Rezept aber, das zugleich den vorzüglichen Geschmack unterstreicht, besteht darin, die Krebse kurz zu kochen und mit feinstem Olivenöl, Zitronensaft, Salz und frisch gemahlenem Pfeffer anzurichten.*

Zutaten für 4 Personen

1 kg ganz frische *canocie*
feinstes Olivenöl »extra vergine«
1 Bund Petersilie
1 Zitrone, davon 1 Hälfte ausgepreßt
Salz
Pfefferkörner (ganz und frisch gemahlen)

Zubereitungszeit

1/2 Stunde

Die Heuschreckenkrebse mehrmals gründlich abspülen.

Leicht gesalzenes Wasser mit einigen Pfefferkörnern und 1/2 Zitrone zum Kochen bringen, die *canocie* hineingeben und 3 Minuten kochen lassen. Den Herd abschalten und die *canocie* im Wasser lauwarm werden lassen. Das Wasser abgießen.

Die Heuschreckenkrebse aus dem Topf nehmen, die Köpfe entfernen und den Panzer am Schwanz und unter dem Kopf aufschneiden. Das Fleisch auslösen und in eine Schüssel geben.

Etwas Salz, Pfeffer aus der Mühle, den Saft von 1/2 Zitrone, gutes Olivenöl und die feingehackte Petersilie dazugeben, gut durchmischen und servieren.

Weinempfehlung

Prosecco di Conegliano-Valdobbiadene

Varianten

Die Abfälle — Köpfe, Schwänze und Panzer — ergeben, grob zerstoßen und anschließend gekocht, ein schmackhaftes Fumet, das sich, durchgeseiht und mit etwas Knoblauch gewürzt, hervorragend als Grundlage für Risottos und Fischsuppen eignet. Heuschreckenkrebse lassen sich ebenso fritieren, wie beim *frito misto de mar* (s. S. 156) beschrieben, oder grillen. In Venedig werden die *canocie* im ganzen serviert. Jeder richtet seine Portion selbst an.

gransipori a'la venessiana

TASCHENKREBSE VENEZIANISCHE ART

Taschenkrebse sind große Krebstiere, die in seichten Küstengewässern, an Hafeneinfahrten und auf steinigem Grund in der Lagune leben. Heute werden sie von Tauchern mit besonderen Zangen gefangen, da die in der Vergangenheit eingesetzten Netze wegen der außergewöhnlich kräftigen Scheren dieser Tiere wenig erfolgreich waren. In Venedig verwendet man den Begriff gransipori *für zwei unterschiedliche, jedoch gleichermaßen delikate Krustentiere:* Cancer pagurus *und* Eriphia spinifrons. *Beide werden im Herbst besonders zahlreich angeboten, allerdings schmecken sie im Frühjahr am besten. Die* poressa *— das Weibchen — ist schmackhafter als das Männchen.* Gransipori *werden genauso zubereitet wie* granseo'le *(s. S. 36), und sie sollten in jedem Fall fangfrisch sein.*

Zutaten
für 4 Personen

4 große fangfrische *gransipori*
Saft von 1 Zitrone
feinstes Olivenöl »extra vergine«
2 Bund Petersilie
1 Knoblauchzehe
Salz
Pfeffer aus der Mühle

Zubereitungszeit

1 Stunde

Aus der Knoblauchzehe den Keim entfernen, Knoblauch und Petersilie fein hacken.

Die *gransipori* unter fließendem Wasser sorgfältig abspülen, den Panzer mit einer Bürste säubern.

Inzwischen leicht gesalzenes Wasser in einem großen Topf zum Kochen bringen, die Taschenkrebse hineingeben und etwa 20 Minuten kochen.

Die Taschenkrebse aus dem Wasser nehmen. Die Beine am Ansatz abdrehen und die Unterseite des Panzers lösen. Das feste Fleisch und die cremige Substanz aus Panzer, Scheren und Beinen herauslösen, wie bei den *granseo'le* beschrieben (s. S. 36), und in eine Schüssel geben. Das Krebsfleisch mit Olivenöl und Zitronensaft beträufeln, mit der Knoblauch-Petersilien-Mischung, einer Prise Salz und etwas frisch gemahlenem Pfeffer würzen und vorsichtig vermischen.

Die Mischung in die Schalen der *gransipori* füllen und servieren.

Weinempfehlung

Soave Classico Superiore oder Sauvignon dei Colli Berici

Varianten

Auch gutes Olivenöl, etwas Pfeffer und Salz würden zum Würzen des delikaten Krebsfleisches schon ausreichen. Ebenso kann man es auch mit zerlassener und mit Knoblauch aromatisierter Butter abschmecken.

VENEZIA

GRANSIPORI A'LA VENESSIANA

sepe nere co'la po'lenta bianca

SCHWARZE TINTENFISCHE MIT WEISSER POLENTA

Sepien *sind im Mittelmeer und insbesondere in der Adria zahlreich vertreten. Sie leben dort über sandigem Grund. Werden sie zur Flucht veranlaßt, stoßen sie eine Wolke schwarzer Tinte aus, die dem Gegner die Sicht nimmt.*
Die zu den Kopffüßern zählenden Tintenfische haben einen ovalen Körper, der unterschiedlich groß werden kann, Fangarme und eine kalkige Schale, den Schulp, der vor der Zubereitung entfernt wird. Venedig ist die einzige Stadt im Mittelmeerraum, in der man seit jeher die schwarze Tinte zum Würzen von Schmorgerichten wie auch für den berühmten Risotto (s. S. 84) verwendet.

Zutaten
für 4 Personen

1 kg mittelgroße Tintenfische
1/2 Glas Olivenöl »extra vergine«
1 Knoblauchzehe
1 Bund Petersilie
1 Glas trockener Weißwein
Saft von 1/2 Zitrone
Salz
Pfeffer

Zubereitungszeit

etwa 45 Minuten

Die Tintenfische säubern, wie beim *risoto nero* (s. S. 84) beschrieben: Die Tiere häuten, die Augen, harte Kauwerkzeuge, den Schulp und die Eingeweide entfernen, und die Tintenbeutel in eine Tasse geben. Die Tintenfische sorgfältig abspülen, längs teilen und quer in schmale Streifen schneiden.

In einem Topf das Olivenöl erhitzen, den Knoblauch darin goldgelb werden lassen und dann herausnehmen. Die Tintenfische ins Öl geben und einige Minuten unter Rühren anbraten. Den Wein zugießen, verdampfen lassen und die Hitze reduzieren;

einen Deckel auflegen und die Tintenfische auf kleiner Flamme schmoren lassen.

Einige der Tintenbeutel öffnen und die Tinte herauslaufen lassen. (Die verwendete Menge hängt vom persönlichen Geschmack ab.) Die Tinte in etwas lauwarmem Wasser auflösen, durch ein Tuch gießen und zu den Tintenfischen geben. 1/2 Stunde leise köcheln lassen. Das Gericht mit Salz und Pfeffer abschmekken.

Den Topf vom Herd nehmen. Feingehackte Petersilie und etwas Zitronensaft zu den Tintenfischen geben und alles miteinander vermischen.

In Venedig serviert man »schwarze Tintenfische« mit einer heißen Polenta aus weißem Maismehl (Rezept s. S. 49).

Weinempfehlung

Vespaiolo Superiore di Breganze oder Pinot Bianco dei Colli Euganei

Varianten

Um der schwarzen Sauce einen goldenen Schimmer zu verleihen, gibt man nach der Hälfte der Garzeit etwas mit Wasser verdünnte Tomatensauce hinzu. In Chioggia verwendet man keinen Knoblauch. Auch ohne Tinte schmeckt das Gericht ausgezeichnet. Gibt man statt dessen nach der Hälfte der Garzeit zarte, süße Erbsen dazu, erhält man ein Gericht, das in Venedig unter dem Namen *sepe coi bisi,* Tintenfisch mit Erbsen, bekannt ist. Auch hierzu paßt weiße Polenta ausgezeichnet.

folpeti

GEKOCHTE MOSCARDINI

Eigentlich bedeutet das venezianische Wort folpeti *»kleine Kraken«. Nicht diese sind jedoch gemeint, sondern »moscardini«, kleine Moschuspolypen* (Ozaena = Eledone). *Ihr Name rührt von den moschusartigen Duftstoffen her, die sie mit speziellen Drüsen erzeugen. Während die Gemeinen Kraken eine Größe von mindestens 70 cm erreichen, werden Moschuspolypen im Höchstfall halb so groß. Zwar ißt man in Venedig auch Kraken — sie sind an der doppelten Saugnapfreihe zu erkennen —, doch spielen in der traditionellen Küche die rötlichvioletten* folpeti *die wichtigste Rolle. Sie leben auf Schlamm- und Sandböden in der Adria, wo sie sich von toten Kleinlebewesen ernähren. Meist werden kinderfaustgroße Exemplare angeboten, da die jungen Tiere besser schmecken und keine aufwendige Vorbereitung erfordern. Die Weibchen enthalten so viele Eier, daß man sie* folpeti da risi, *»Reispolypen«, nennt. Neben anderen Appetithappen bekommt man in einer volkstümlichen venezianischen Osteria stets auch* folpeti, *die man mit einem Zahnstocher vom Teller aufpickt und mit einem* ombra *— übersetzt »Schatten«, gemeint ist ein Glas Weißwein — herunterspült. »Moscardini« ergeben aber auch ein vorzügliches und unkompliziertes Zwischengericht.*

Zutaten
für 4 Personen

1 kg *folpeti* (etwa 12 Stück)
ein Schuß feinstes Olivenöl »extra vergine«
1 1/2 Zitronen, davon 1 ausgepreßt
2 Lorbeerblätter
1 Bund Petersilie
Salz, Pfeffer

Zubereitungszeit

40 Minuten

Mit einem scharfen Messer die Augen, die Kauwerkzeuge und den Schulp der *folpeti* herauslösen. (Meist wird dies bereits vom Fischhändler erledigt.) Die *folpeti* sorgfältig abspülen.

In einem Topf leicht gesalzenes Wasser mit 2 Lorbeerblättern, 1/2 Zitrone und einigen Pfefferkörnern aufkochen lassen.

Die *folpeti* mit den Tentakeln voran langsam ins Wasser tauchen und wieder herausziehen. Dies mehrmals wiederholen, bis sich die Fangarme wie Locken ringeln. Schließlich die *folpeti* ganz ins Wasser geben, den Topf etwas zudecken und die *folpeti* 1/4 Stunde kochen.

Die *folpeti* aus dem Wasser nehmen, in eine Schüssel geben und lauwarm werden lassen. Mit Salz, frisch gemahlenem Pfeffer, Zitronensaft, feinem Olivenöl und feingehackter Petersilie abschmecken.

Die *folpeti* auf einer Platte anrichten, dabei sollten die gekräuselten Fangarme nach oben zeigen. Sofort servieren.

Weinempfehlung

Tocai Bianco dei Colli Berici

Varianten

Sind die *folpeti* etwas größer, kann man sie vor dem Servieren halbieren. Ausgesprochen kleine Exemplare werden gern mit Mehl bestäubt und fritiert. Häufig sind sie Bestandteil eines »Fritto misto«.

ca'lamareti friti

FRITIERTE CALAMARI

Der Gemeine Kalmar (Loligo vulgaris) *zählt zu den Cephalopoden oder Kopffüßern. Da er in der Adria häufig vorkommt, spielt er in der venezianischen Küche eine wichtige Rolle. Er wird fritiert oder gebraten, eignet sich ausgezeichnet zum Füllen und wird auch gern, wie beispielsweise beim berühmten »Frito misto de mar«* (s. S. 156), *zusammen mit anderen Meeresfrüchten serviert. Der Gemeine Kalmar ist sandfarben bis zartrosa und bräunlich gepunktet. Sein torpedoförmiger Körper besitzt Tentakel und enthält, wie auch der Gemeine Tintenfisch (Sepia), einen Sack mit blauschwarzer Tinte. Auf den Fischmärkten gehören Kalmare zum täglichen Angebot. Sie können bis 50 cm lang werden und heißen, je nach Größe, »calamari« oder »calamaretti«. Mit dem Gemeinen Kalmar verwandt und ihm ähnlich ist der Pfeilkalmar* (Ommatostrephes sagittatus). *Besonders beliebt sind die kleinen Exemplare, die als »tòtani« angeboten und gern zusammen mit Calamari zubereitet werden.*

Calamari erfordern eine sorgfältige Vorbereitung. Größere Exemplare müssen zunächst gehäutet werden: Man nimmt das Tier in die linke Hand und zieht mit der Rechten die Tentakel und die anhängenden Eingeweide heraus, die entfernt werden. Dann werden mit einem scharfen Messer die Augen und die in der Mitte der Tentakel sitzenden Kauwerkzeuge herausgeschnitten. Man drückt den Schulp heraus und schneidet die Schwanzflossen ab. Nachdem Körpersack und Tentakel sorgfältig abgespült wurden, kann die eigentliche Zubereitung beginnen. Die kleinen »calamaretti« müssen nicht zerteilt werden, während man bei mittleren Exemplaren den Körper in etwa 1 cm breite Ringe und die Tentakel in Stücke beliebiger Länge schneidet. Große Calamari schließlich eignen sich vorzüglich zum Füllen — hier werden die gehackten Tentakel mitverwendet — und anschließendem Schmoren.

Zutaten für 4 Personen

1 kg kleine Calamari
etwas Mehl
reichlich Oliven- oder Pflanzenöl zum Fritieren
2 Zitronen
Salz, Pfeffer

Zubereitungszeit

1/2 Stunde

Die Calamari waschen, wie zuvor beschrieben vorbereiten und mit Mehl bestäuben.

In einer großen Pfanne reichlich Öl stark erhitzen und die Calamari hineingeben.

Häufig wenden, damit sie gleichmäßig garen und nicht schlaff oder zäh werden.

Calamari mit einer Schaumkelle aus der Pfanne nehmen, zum Abtropfen auf Küchenkrepp legen, salzen und pfeffern.

Auf einer Platte anrichten und mit Zitronenspalten garnieren.

Weinempfehlung

Trockener Prosecco di Conegliano-Valdobbiadene Frizzante

Varianten

Winzige »calamaretti« muß man lediglich gründlich abspülen. Ringe und Tentakelstücke besonders großer Tiere werden auf die gleiche Weise fritiert wie ganze Calamari. Für gefüllte Calamari mischt man die gehackten Tentakel mit Semmelbröseln, 1—2 Eiern, Knoblauch, Petersilie und einigen Rosmarinblättern, etwas Öl, Salz und Pfeffer. Man füllt die Calamari mit dieser Masse, verschließt sie mit Zahnstochern oder Küchenzwirn und brät sie anschließend in Öl an; danach übergießt man sie mit Weißwein und schmort sie im geschlossenen Topf unter gelegentlichem Wenden, bis sie gar sind.

canestrei friti

FRITIERTE PILGERMUSCHELN

Die Kleinen Pilgermuscheln (Chlamys opercularis) *kommen im Mittelmeer und besonders zahlreich in der Adria vor. Aus der Lagune stammende Muscheln erkennt man an ihrem relativ festen Fleisch. Im Winter kann man sie auch roh mit Pfeffer und Zitronensaft essen. Muscheln aus dem offenen Meer werden grundsätzlich gegart und dann ausgebacken oder in Risottos verarbeitet.* Chlamys *(= Mantel) heißen sie deshalb, weil das Fleisch von* barbato'le *(ital. barba = Bart) überzogen ist. Gemeint ist die Haut, die das Fleisch mit der Schale verbindet und die, da sie meist sehr sandig ist, nicht mitgegessen wird. Kleine Pilgermuscheln wie auch Jakobsmuscheln (s. S. 40) zählen zu den Kammuscheln. Allerdings werden Pilgermuscheln, da sie nicht so appetitlich aussehen, bereits ausgelöst und fertig vorbereitet angeboten: als weiße Fleischstückchen mit einer kleinen schwarzen Kugel, umgeben vom halbmondförmigen orangeroten Corail. Vor der Zubereitung müssen die Muscheln in jedem Fall gründlich abgespült werden, um den Sand zu entfernen.*

Zutaten für 4 Personen

600 g frische *canestrei*
etwas Mehl
1 dl Olivenöl zum Fritieren
Salz
1 Zitrone

Zubereitungszeit

20 Minuten

Die *canestrei* mehrmals unter fließendem Wasser gründlich abspülen, abtrocknen und mit Mehl bestäuben.

Das Öl in einer Pfanne stark erhitzen, die Muscheln hineingeben und fritieren, bis sie »rufen«, wie man früher im Veneto sagte, das heißt bis ihr lautes Geprassel anzeigt, daß sie gar sind.

Die Muscheln mit einer Schaumkelle aus dem Öl nehmen, 2 Minuten auf Küchenkrepp abtropfen lassen und salzen.

Die heißen *canestrei* auf einer Platte anrichten, mit Zitronenspalten garnieren und sofort servieren.

Weinempfehlung

Tocai bianco dei Colli Berici

Varianten

Gehackt und mit Zwiebel und etwas Knoblauch angebraten, ergeben *canestrei* die Grundlage für einen köstlichen Risotto. Zubereitung siehe Rezept *risoto de mar* (s. S. 83). Beliebt sind auch *canestrei in tecia.* Sie werden, ohne sie mit Mehl zu bestäuben, mit fein gehacktem Knoblauch und Petersilie sowie Salz und Pfeffer in etwas Öl gegart, bis sie sich weißlich verfärben, und mit Zitronensaft beträufelt. Die ideale Beilage zu diesem Gericht ist eine weiße Polenta *a'la venessiana.*

frito misto de mar

FRITIERTE MEERESFRÜCHTE

Wie die Fischsuppe gehört auch das »Frito misto« überall an Italiens Küsten auf den Speisezettel. Hierbei gibt es von Gegend zu Gegend Unterschiede, die das lokale und saisonale Marktangebot ebenso widerspiegeln wie jahrhundertealte Gewohnheiten und Traditionen. In Neapel beispielsweise wäre ein »Frito misto« ohne kleine Streifenbarben und »tòtani« (Pfeilkalmare) nicht denkbar. Dagegen gehören zum venezianischen frito misto *kleine Tintenfische (Sepien oder Calamari), Garnelenschwänze oder Scampi*

und fritura, *beispielsweise kleine Blaufische,* sfogi *(Seezungen),* angue'le *(Kleine Ährenfische),* Atherina boyeri *und anderes mehr.*
Früher gab es in Venedig zahlreiche frito'lini, *Läden oder Straßenhändler, die für Passanten* fritura *oder* frito misto *mit Polenta als schnellen Imbiß oder auch für eilige Hausfrauen als Fertiggericht bereithielten. Heute sind sie aus dem Straßenbild fast völlig verschwunden, doch ist das* fristo misto *in den Trattorien der Stadt nach wie vor fester Bestandteil der Speisekarte.*
Vor dem Fritieren werden Fische und Meeresfrüchte entweder nur mit Mehl bestäubt oder anschließend noch durch verquirltes Ei gezogen und in feinen Semmelbröseln gewendet.

Zutaten
für 6 Personen

300 g Garnelenschwänze (oder Scampi)
200 g Tintenfischringe
200 g Pilgermuscheln
300 g *fritura* (Kleine Ährenfische oder andere kleine Fische nach Wahl)
etwas Mehl
reichlich Oliven- oder Pflanzenöl zum Fritieren   Lo ca 350 g
Salz
2 Zitronen

Zubereitungszeit

etwa 1/2 Stunde

Die Garnelenschwänze auslösen, wie auf S. 87 beschrieben. Die übrigen Fische und Meeresfrüchte mehrmals gründlich abspülen.

Sämtliche Fische und Meeresfrüchte mit Mehl bestäuben und in einer großen Pfanne in reichlich siedendem Öl fritieren. Dabei mit den Tintenfischringen und Garnelenschwänzen beginnen und nach 5 Minuten den Rest zugeben.

Die Fische und Meeresfrüchte, sobald sie schön braun und knusprig sind, aus der Pfanne nehmen. Zum Abtropfen auf Küchenkrepp legen und salzen.

Das *frito misto* auf einer Platte anrichten und mit Zitronenspalten garnieren. Heiß servieren.   + Salsa verde

Weinempfehlung

Trockener Prosecco di Conegliano-Valdobbiadene Frizzante

Varianten

Sollte unter den ausgewählten Fischen auch ein größeres Exemplar sein, so muß dieses natürlich ausgenommen und der Kopf entfernt werden. Kleine Fischchen dagegen ißt man ganz. Zuweilen bekommt man in Venedig auch ein *frito misto,* das nur aus *angue'le* oder anderen kleinen Fischen besteht, mit einer weißen Polenta als Beilage. Für ein feineres »Frito misto« verwendet man ausschließlich kleine Krabben, Scampi und Tintenfische (»calamaretti«), die man vor dem Einmehlen und Fritieren 1 Stunde in eine Marinade aus Öl, Zitronensaft und Salz legt.

s'ciosi in salsa

SCHNECKEN IM SUD

S'ciosi *(Weinbergschnecken) sind die großen Verwandten der* bovo'leti *(s. S. 48) und heißen daher auch* bovo'loni. *Diese Bauchfüßer — oder Gastropoden —, wie die Schnecken von den Zoologen genannt werden, gehören zu den Landschnecken, genauer gesagt zu den Schnirkelschnecken* (Helicidae). *Besonders geschätzt werden sie in Frankreich — man denke nur an die* escargots à la bourguignonne *—, doch brachte auch die Küche der Serenissima hochgerühmte Schneckengerichte hervor.*
Im Grunde aber waren Schnecken ein Arme-Leute-Essen; man mußte sie nur sammeln. Sie

erfordern eine spezielle Vorbereitung und die reichliche Verwendung würzender Zutaten, da sie keinen ausgeprägten Geschmack haben.
Weinbergschnecken ernähren sich von allerlei Grünzeug, und so muß man als erstes dafür sorgen, daß sie ihren Darm leeren. Zu diesem Zweck läßt man sie mindestens zehn Tage in einer mit Löchern versehenen und mit Kleie ausgestreuten Holzschachtel oder in einem verschlossenen Weidenkorb fasten. Das einzige, was man ihnen zum Fressen anbietet, sind einige sorgfältig gewaschene Weinblätter und wassergetränkte Weißbrotkrumen. Dadurch wird auch erreicht, daß sich Geschmack und Konsistenz des Fleisches verbessern. Beim Kauf lebender Schnecken erkundige man sich daher unbedingt, ob sie bereits gereinigt sind. Die Prozedur erübrigt sich auch dann, wenn die Gehäuse mit einem Kalkdeckel verschlossen sind, was bedeutet, daß sich die Schnecken im Winterschlaf befinden und ihre Lebensfunktionen auf ein Minimum reduziert sind. Nach Abschluß der »Fastenzeit« werden die Schnecken samt Gehäuse mehrmals unter fließendem Wasser gereinigt. Anschließend gibt man sie in einen großen Topf mit kaltem Wasser, läßt dieses aufkochen und gart die Schnecken etwa 10 Minuten, wobei sie aus ihrem Gehäuse hervorkommen. Anschließend gießt man das Kochwasser ab und schreckt die Schnecken mit kaltem Wasser ab. Man entfernt den hinteren schwarzen Teil und den Kalkdeckel und kann mit der Zubereitung beginnen.

Zutaten für 6 Personen

1 kg *s'ciosi* mit Gehäusen
1/2 Glas Olivenöl »extra vergine«
4 Knoblauchzehen
2 Bund Petersilie
1 Handvoll Sellerieblätter
2 Lorbeerblätter
eine kleine Handvoll Fenchelsamen
2 Glas trockener Weißwein
1/4 l Wasser
Salz
Pfeffer

Zubereitungszeit

5 Stunden

Die Schnecken wie zuvor beschrieben reinigen, abspülen, kochen und vorbereiten.

Die Knoblauchzehen vom grünen Keim befreien und hacken, Petersilie und Sellerieblätter ebenfalls grob hacken.

Olivenöl, Knoblauch, Petersilie, Selleriegrün, Lorbeerblätter, Fenchelsamen, Wein und die Schnecken in eine Steingut-Kasserolle geben, den Topf zudecken und das Ganze 4 Stunden leise köcheln lassen. Dabei mehrmals umrühren und gelegentlich etwas Wasser zugießen. Nach der Hälfte der Garzeit mit Salz und Pfeffer abschmecken.

Die Schnecken auf einer Platte anrichten. Dazu eine heiße Polenta servieren.

Weinempfehlung

Durello Superiore dei Lessini

Varianten

Man kann die Weinbergschnecken unterschiedlich würzen: Der eine fügt etwas Tomatensauce hinzu, der andere gewässerte und feingehackte Sardellen, manch einer bevorzugt als Gewürz abgeriebene Zitronenschale, ein anderer wiederum Rosmarin oder Salbei. In Venedig sowie im gesamten Veneto werden die *s'ciosi* meist ohne Häuschen serviert. Doch gibt es auch ein Gericht, bei dem sie in ihren Gehäusen angerichtet werden. Hierfür kocht man die Schnecken, wie zuvor beschrieben. Anschließend werden die Häuschen gefüllt und mit Kräuterbutter zugestrichen. Man setzt die Schnecken mit der Öffnung nach oben in eine ofenfeste Form und schiebt sie 1/4 Stunde in den vorgeheizten Ofen.

S'CIOSI IN SALSA

IL GAZZETTINO

Gemüse und Eierspeisen

tego'line in tecia

GESCHMORTE BOHNEN IN TOMATENSAUCE

Tego'line *nennt man im Veneto jene Bohnen, die man im ganzen, das heißt samt Hülsen, ißt. Sie wurden aus der Gartenbohne* (Phaseolus vulgaris) *gezüchtet. Die Bohnen werden im unreifen Zustand geerntet, solange die Samen noch weich und die Hülsen fleischig-zart sind. Man unterscheidet die niedrig wachsenden Buschbohnen und die an Gerüsten kletternden Stangenbohnen. Besonders häufig sieht man in den Gärten der Lagune eine Stangenbohnenart namens »meraviglia di Venezia« — auf deutsch »Wunder von Venedig« — mit großen und fleischigen gelben Hülsen.*

Zutaten für 4 Personen

800 g grüne Bohnen
1 Knoblauchzehe
1 Bund Petersilie
1 dl Olivenöl »extra vergine«
100 g Tomatensauce (s. S. 100)
evtl. etwas Brühe
Salz, Pfeffer

Zubereitungszeit

etwa 1 Stunde

Die Bohnen putzen und die Fäden entfernen. Abspülen und kurz in kaltem Wasser liegen lassen. Wasser abgießen und Bohnen abtropfen lassen.

Das Öl in einer Pfanne erhitzen und die geschälte und feingehackte Knoblauchzehe hineingeben. Die Bohnen zugeben, salzen und pfeffern.

Sobald die Bohnen halb gar sind, die Tomatensauce zugießen. Falls das Ganze zu trocken wird, etwas Brühe zugießen.

Die Bohnen zugedeckt etwa 1 Stunde schmoren lassen. Mit der gehackten Petersilie bestreuen und servieren.

Weinempfehlung

Merlot del Piave

Varianten

Das Gericht ist schneller zubereitet, wenn man die Bohnen vorkocht. Damit sie dabei ihre grüne Farbe behalten, gibt man sie in sprudelndes Wasser und gart sie etwa 1/4 Stunde im offenen Topf. Delikat sind auch gekochte kalte Bohnen, mit Öl, Essig, Salz und Pfeffer zu einem Salat angerichtet.

fasioi sofegai

WEISSE BOHNEN IN WÜRZIGER SAUCE

In der venezianischen Küche nehmen die fasioi *eine wichtige Stellung ein. Zum einen gehören sie in viele traditionelle Gerichte (s.* pasta e fasioi, *S. 64), zum anderen werden sie als preiswerter Eiweißlieferant, gewissermaßen als »Fleisch der Armen«, geschätzt. Im 15. Jahrhundert wurden die ersten weißen Bohnen von Händlern nach Venedig gebracht. Diese hatten sie in Spanien kennengelernt, wohin man sie zunächst aus Amerika eingeführt hatte. Am beliebtesten sind in Venedig die dünnschaligen und mehligen weißen Bohnen aus Lamon, einem kleinen Dorf in der Provinz Belluno.*

Zutaten für 4 Personen

500 g frische (bzw. 250 g getrocknete) weiße Bohnen
100 g Pfeffersauce (s. S. 98)
1/2 Glas Perlhuhnbratenfond (s. S. 118) oder Olivenöl
Salz

Zubereitungszeit

1 1/2 Stunden, dazu die Zeit für die Vorbereitung der Sauce

Die weißen Bohnen in reichlich Wasser kochen und erst zum Schluß salzen, damit sie nicht hart werden. (Getrocknete Bohnen müssen zuvor etwa 8 Stunden oder über Nacht in kaltem Wasser eingeweicht werden. Man kann 1 TL Natron zufügen.

Das Wasser abgießen, die Pfeffersauce mit dem Bratenfond bzw. Olivenöl verrühren und über die Bohnen gießen. Nach Bedarf salzen und alles gründlich miteinander verrühren.

Kurz durchziehen lassen und servieren.

Weinempfehlung

Cabernet Sauvignon di Lison-Pramaggiore

Varianten

Zwiebeln, Möhren, Bleichsellerie, Knoblauch und Petersilie andünsten, nach Belieben Tomatensauce zugeben und die Bohnen in dieser Mischung schmoren. Ausgezeichnet schmecken *fasioi* in dieser Zubereitung zu *museto* (s. S. 114) und *'luganeghe* (s. S. 115).

sego'lete agrodolse

ZWIEBELCHEN SÜSS-SAUER

Aus vielen Gerichten der venezianischen Küche ist die Zwiebel nicht wegzudenken. Kaum eine Zubereitung, die sie nicht mit ihrem Geschmack bereicherte, wie beim saòr *(s. S. 35) oder* figà a'la venessiana *(s. S. 111) der Fall. In Venedig mischt man sie auch mit gekochten weißen Bohnen zu einem köstlichen Salat* (fasioi co'le sego'le) *oder reicht sie gekocht als Beilage. Sehr verbreitet sind »Zwiebelchen süß-sauer«, für die sich die kleinen, platten »borrettane« am besten eignen, die hierzulande unter der Bezeichnung »Schaschlikzwiebeln« angeboten werden.*

Zutaten für 4 Personen

400 g Schaschlikzwiebeln
Olivenöl »extra vergine«
1/2 Glas trockener Weißwein
1 Lorbeerblatt
1 Gewürznelke
1/2 Glas Weißweinessig
Salz

Zubereitungszeit

1 Stunde

Die Zwiebeln schälen und zusammen mit Öl, etwas Salz, Lorbeerblatt, Gewürznelke und Weißwein in eine ofenfeste Kasserolle geben. 5 Minuten auf großer Flamme kochen lassen. Anschließend die Kasserolle in den vorgeheizten Backofen schieben und die Zwiebeln langsam garen, bis sie goldgelb sind.

Kurz vor Beendigung des Garvorgangs den Essig zugießen und verdampfen lassen.

Weinempfehlung

Gambellara oder Bianco di Custoza

Varianten

Süß-saure Zwiebelchen schmecken vorzüglich zu *carne lessa* — gemischtem gekochtem Fleisch (s. S. 95) —, sie sind auch eine appetitanregende Vorspeise.
Um stets etwas für unerwartete Gäste im Haus zu haben, kann man sie gut in Öl oder Essig einlegen.
Zunächst das Rezept für »Zwiebeln in Essig«: Die Zwiebelchen 1 Minute in sprudelndem, leicht gesalzenem Wasser blanchieren, danach gut abtropfen lassen. Anschließend 24 Stunden in Würzessig einlegen. In ein Glas füllen, 1 Lorbeerblatt sowie einige Pfefferkörner und Gewürznelken zugeben und alles mit dem Essig, den man kurz aufgekocht hat, bedecken. Wenn der Essig abgekühlt ist, etwas Öl zugießen und das Glas verschließen. Die Zwiebelchen vor dem Verzehr 2 Monate ruhen lassen. Beim Einlegen der Zwiebeln in Öl muß man dagegen einige Tage warten, bis sich die Zwiebeln mit Öl vollgesogen haben. Man gießt erneut Öl nach und verschließt erst dann die Gläser endgültig.

fenoci col late

FENCHEL MIT MILCH

Schon seit der Antike ist dieses Gemüse im Mittelmeerraum bekannt. Dies bezeugt der Name des Ortes, an dem die Wiege der abendländischen Kultur stand: das bei Athen gelegene Marathon (altgriech. márathon *= Fenchel), wo die Griechen 490 v. Chr. die persischen Invasoren zurückschlugen. Es gibt zwei Fenchelarten: den mild schmeckenden kultivierten Fenchel sowie den wilden Fenchel, der hauptsächlich wegen der aromatischen, auch medizinisch genutzten Samen geschätzt wird. Die alten Bauern des Veneto erzählen von einem schädlichen Wurm —* vermo can *—, der zuweilen in den großen Fenchelknollen saß und, wenn er versehentlich mitgegessen wurde, heftige Bauchschmerzen hervorrief. Dank der modernen Schädlingsbekämpfung ist diese Gefahr heute gebannt.*

Zutaten für 4 Personen

500 g Fenchel (nach dem Putzen gewogen)
30 g Butter
etwas Olivenöl »extra vergine«
etwa 3 dl Milch
Salz und Pfeffer

Zubereitungszeit

3/4 Stunde

Die Fenchelknollen von welken oder schadhaften Außenblättern befreien, oben glattschneiden und längs halbieren.

Die Stücke in einen Topf geben. Mit kaltem, leicht gesalzenem Wasser bedecken und einige Minuten kochen lassen.

Den Fenchel aus dem Wasser nehmen, abtropfen und abkühlen lassen. Anschließend jede Hälfte in drei Spalten schneiden.

Die Butter mit etwas Öl in einer Kasserolle zerlassen. Die Fenchelstücke unter gelegentlichem Wenden von allen Seiten anbräunen.

Mit Milch bedecken, salzen und pfeffern und 10—15 Minuten in der Milch garen, bis diese zu einer dicken Sauce verkocht ist.

Den Fenchel mit der Sauce auf einer Platte anrichten.

Weinempfehlung

Bianco di Custoza

Varianten

Man kann den Fenchel auch roh an einen gemischten Salat geben, ihn kochen oder im Ofen überbacken. Unter den verschiedenen Rezepten, die alle auch in der venezianischen Küche bekannt sind, ist das hier vorgestellte wohl das populärste. Kleine und ganz frische Fenchelknollen müssen nicht erst blanchiert werden; man kann sie gleich in der Milch garen. Zuweilen gibt man, um den Fenchelgeschmack noch zu unterstreichen, auch geriebenen Parmesan hinzu.

spàresi lessi

GEKOCHTER SPARGEL

Im Veneto wächst Spargel auch wild. Hier ist die Spargelsuche wie andernorts das Pilzesammeln ein beliebtes Freizeitvergnügen. Spargelstangen sind die Sprossen des Asparagus officinalis, *die aus dem unterirdischen Wurzelstock ans Tageslicht kommen. Sobald sie zu sehen sind, führt man ein spezielles Messer an dem empfindlichen Sproß entlang in die Erde, schneidet die Spargelstange ab und zieht sie heraus. Die Pflanze, die ans Licht gelangen will, treibt alsbald wieder einen Sproß aus. Dies ist der Grund für die Ergiebigkeit und Rentabilität der* sparesere *(Spargelfelder). Die beliebteste der im Veneto angebauten Spargelsorten stammt aus Bassano del Grappa (Vicenza), dessen Schwemmland — die Brenta fließt hier — besonders für den Anbau geeignet ist.*

Zutaten für 4 Personen

1 kg Spargel aus Bassano
3 Eier
Olivenöl »extra vergine«
etwas Essig
Salz
Pfeffer aus der Mühle

Zubereitungszeit

1/2 Stunde

Die Spargelstangen auf gleiche Länge schneiden und von oben nach unten schälen. Dabei die Spitzen nicht beschädigen.

Jeweils 5—6 Stangen zu einem Bündel zusammenbinden.

Die Bündel in einen hohen Topf geben, der so weit mit kaltem, leicht gesalzenem Wasser gefüllt ist, daß die Köpfe herausragen. Zugedeckt je nach Dicke 15—25 Minuten kochen.

In der Zwischenzeit die Sauce zubereiten: Die Eier kochen, bis sie hart sind, und mit einer Gabel grob zerkleinern. Etwas Salz und Pfeffer sowie einen Schuß Essig und Olivenöl hinzufügen und alles gründlich miteinander verrühren.

Den Spargel aus dem Wasser nehmen, die Fäden entfernen und die Stangen auf eine große Platte legen (die Spitzen sollen in die Mitte zeigen). Den Spargel mit der Sauce überziehen.

Weinempfehlung

Pinot Grigio di Breganze oder del Piave

Varianten

Spargel paßt gut zu Eiern. Dabei werden Eier nicht nur in Saucen verarbeitet, son-

SPÀRESI LESSI

dern auch als Beilage serviert. Ein klassisches Gericht ist beispielsweise *spàresi coi vovi duri,* Spargel mit hartgekochten Eiern.
In anderen traditionellen Zubereitungsarten für gekochten Spargel wird zerlassene Butter verwendet, die mit einer Handvoll frisch geriebenem Parmesan und eventuell Semmelbröseln vermischt ist, oder auch eine leichte Sauce aus Öl und Essig (im Verhältnis 4 : 1), gehackten Kräutern (Petersilie und Basilikum), Salz und Pfeffer: Alle Zutaten einige Minuten gründlich verrühren und die Sauce separat zum Spargel reichen.

me'lansane al fongheto

AUBERGINEN MIT KNOBLAUCH UND PETERSILIE

In den Gärten der Lagune begann der Anbau von Auberginen, nachdem die jüdische Küche zur Verbreitung der Eierfrüchte, wie sie auch heißen, beigetragen hatte (15. bis 16. Jahrhundert). Zuvor galt die Aubergine bei den Venezianern als magische und gesundheitsschädigende Pflanze. Ihr Name leitet sich vermutlich von der lateinischen Bezeichnung malum insanum *— übersetzt »Apfel, der verrückt macht« — ab. Heute ist die Aubergine vom Speisezettel der Venezianer nicht mehr wegzudenken, und vom Frühling bis zum Spätherbst kommt sie in verschiedenster Zubereitung auf den Tisch.*

Zutaten für 6 Personen

1,2 kg Auberginen (die längliche, dunkelviolette Sorte)
1 Glas Olivenöl »extra vergine«
1 Knoblauchzehe
2 Bund Petersilie
Salz

Zubereitungszeit

etwa 1 Stunde

Die Auberginen waschen und abtrocknen, den Stiel und die Kelchblätter abschneiden. Die Früchte längs vierteln und entkernen.

Die Viertel in Stücke schneiden, salzen und eine Weile in einem Sieb abtropfen lassen, um den Auberginen die Bitterstoffe zu entziehen.

Knoblauch und Petersilie fein hacken und im Öl anbraten, die Auberginen dazugeben und ohne Deckel langsam garen.

Weinempfehlung

Raboso oder Merlot del Piave

Varianten

Häufig werden Auberginen in Scheiben geschnitten und gegrillt oder aber mit Mehl bestäubt und fritiert. Auch gibt man sie gerne an »peperonada« (s. S. 95).

pissacani o roso'line in tecia

LÖWENZAHN ODER KLATSCHMOHN MIT SPECK

Pissacani *lautet die dialektale Bezeichnung für die jungen Triebe des Löwenzahns* (Taraxum officinale), *der Kindermund nennt sie auch Pusteblume.* Roso'line *heißen die jungen Triebe des Klatschmohns* (Papaver rhoesas). *Beide Pflanzen sind im Veneto von besonderer kulinarischer Bedeutung.*

Zutaten für 4 Personen

800 g *pissacani* oder *roso'line*
ein Schuß Olivenöl
100 g fetter Speck
2 Knoblauchzehen
Salz
Pfeffer

Zubereitungszeit

etwa 1 1/2 Stunden

Löwenzahn oder Klatschmohn von den äußeren Blättern befreien und die Wurzeln mit einem scharfen Messer stutzen, ohne sie jedoch ganz abzuschneiden. Das Gemüse mehrmals gründlich abspülen.

In einem großen Topf leicht gesalzenes Wasser aufkochen und darin das Gemüse 1/2 Stunde kochen lassen.

Das Gemüse aus dem Wasser nehmen, abkühlen lassen und ausdrücken.

Den Speck in feine Würfel schneiden und in einer Pfanne in etwas Öl zusammen mit den gehäuteten ganzen Knoblauchzehen anbraten.

Das Gemüse zugeben, leicht pfeffern und etwa 20 Minuten dünsten, dabei gelegentlich rühren. Mit Salz abschmecken.

Vor dem Servieren die Knoblauchzehen entfernen. Dieses Gemüse paßt vorzüglich zu gemischtem gekochtem Fleisch (carne lessa, s. S. 95) oder zu Braten.

Weinempfehlung

Valpolicella Classico oder Cabernet del Piave

Varianten

Der fette Speck läßt sich durch rohen oder geräucherten Bauchspeck ersetzen, und natürlich kann man *pissacani* und *roso'line* auch mischen. Im Veneto gießt man das Kochwasser nicht weg, sondern trinkt es glasweise morgens auf nüchternen Magen, da man ihm entgiftende, verdauungsfördernde und schweißtreibende Eigenschaften zuschreibt.

radicio rosso ai feri

GEGRILLTER RADICCHIO

Der Radicchio (Cichorium intybus) *heißt deshalb so, weil man nicht nur die Blätter der Pflanze, sondern auch ihre kleine Wurzel (ital. radicchio = Würzelchen) essen kann. Infolge spezieller Züchtungen variiert die Farbe der Blätter von Grün bis Rötlich, bis sie sich schließlich zur Erntezeit im Herbst in diversen Rottönen präsentiert: vom Tiefrot des »rosso di Treviso« über das leuchtende Rot des Radicchio »di Verona«, die weiß marmorierten Köpfe des Radicchio »di Castelfranco« bis hin zum rosafarbenen »di Chioggia«. Auch in der Form unterscheiden sich die vier aus dem Veneto: Die Sorten aus Verona und Chioggia haben runde feste Köpfe; der Radicchio aus Castelfranco ist ebenfalls kugelförmig, doch hat er breite und ausgefranste Blätter; der Radicchio aus Treviso schließlich zeichnet sich durch lanzettförmige Blätter mit kräftiger weißer Rippe aus, die locker rosettig stehen. Radicchio hat einen zarten, angenehm bitteren Geschmack. Im Veneto wird er als Geschenk angesehen, das der Herbst dem Winter macht, um dessen triste Farben durch bunte Tupfer zu beleben.*

Zutaten für 6 Personen

800 g Radicchio »rosso di Treviso« (die länglichen Köpfe)
1 Glas Olivenöl »extra vergine«
Salz
Pfeffer aus der Mühle

Zubereitungszeit

1/2 Stunde

Den Grill anheizen. Warten, bis die Glut leicht mit Asche bedeckt ist, und den Rost auflegen.

Nur schöne, feste Radicchioköpfe verwenden. Die Wurzeln so stutzen, daß nur ein kleiner Ansatz übrigbleibt, der die Blätter zusammenhält, schälen und anspitzen.

An der Wurzel beginnend die Köpfe behutsam längs halbieren, ohne daß sie dabei auseinanderfallen.

Die Radicchiohälften mehrmals gründlich abspülen, abtropfen lassen und zum Trocknen auf ein Küchentuch legen.

In einer Schüssel das Öl mit einer Prise Salz und frisch gemahlenem Pfeffer verrühren. Die Radicchiohälften kurz in dieser Marinade ziehen lassen, auf den heißen Rost legen und 5 Minuten grillen. Die Blätter, wenn sie schlaff werden, mit der Marinade bestreichen. Den Radicchio wenden. Darauf achten, daß er nicht anbrennt.

Gegrillter Radicchio schmeckt gut als Beilage zu gegrilltem Fleisch, Braten oder Wild.

Weinempfehlung

Tocai Rosso dei Colli Berici oder Refosco dal Peduncolo Rosso di Lison-Pramaggiore

Varianten

Radicchio läßt sich auch gut im Ofen zubereiten: Die Hälften wie oben beschrieben vorbereiten, in eine ofenfeste Form legen und diese in den heißen Backofen schieben. Roh schmeckt er ebenso ganz ausgezeichnet: Die Köpfe, an der Wurzel beginnend, je nach Größe vierteln oder achteln. Für die Marinade etwas Salz in 1 EL Essig auflösen und über den Radicchio träufeln,

RADICIO ROSSO E ALTRE VERDURE AI FERI

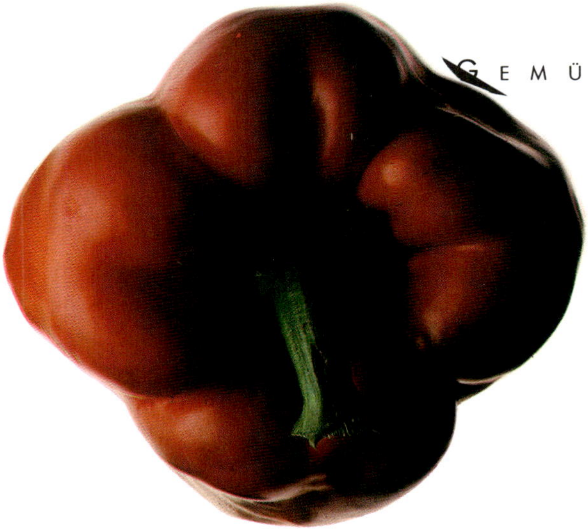

gutes Olivenöl »extra vergine« zugeben und umrühren. Man kann anstelle von Öl auch feingewürfelten Speck verwenden, der in der Pfanne ausgelassen und über den Radicchio gegeben wird.

peperonada

GEMÜSERAGOUT MIT PAPRIKASCHOTEN

Dieses höchst einfache Gericht besteht aus gemischtem gekochtem Gemüse, wobei Paprikaschoten dominieren. Man bereitet »peperonada« dann zu, wenn die Gemüsegärten frisches Gemüse in Hülle und Fülle hervorbringen, nämlich im Sommer bis in den Herbst. Dazu paßt ausgezeichnet carne lessa *— gemischtes gekochtes Fleisch — (s. S. 95) oder Braten.*

Zutaten
für 4 — 6 Personen

400 g frische rote, gelbe und grüne Paprikaschoten
400 g weiße Zwiebeln
400 g Tomaten
Auberginen (nach Belieben)
Möhren (nach Belieben)
einige Stangen Bleichsellerie (nach Belieben)
Olivenöl »extra vergine«
Salz

Zubereitungszeit

40 Minuten bis 2 Stunden, je nach Geschmack

Das geputzte Gemüse waschen und in kleine Stücke oder in Streifen schneiden. Die Tomaten in kochendes Wasser tauchen und häuten.

Etwas Öl in einem großen Topf erhitzen. Zunächst die Zwiebeln, dann die Paprikaschoten, danach Möhren, Auberginen, Sellerie und zuletzt die Tomaten in den Topf geben.

Das Ganze salzen und bei milder Hitze langsam zum Kochen bringen. Gründlich miteinander verrühren. Wenn die *peperonada* nicht zerkochen soll, etwa 1/2 Stunde schmoren. Bevorzugt man sie dagegen musartig, muß die peperonada noch mindestens 2 Stunden garen. Dabei gelegentlich umrühren. Mit Salz abschmecken, in eine Schüssel füllen und lauwarm oder kalt servieren.

Weinempfehlung

Pinot Nero del Piave

Varianten

Daß von einer derart einfachen Zubereitung, für die sich so viele verschiedene Zutaten eignen, zahlreiche Varianten bekannt sind, liegt auf der Hand. Die hier vorgestellte stammt von einer betagten Trevisanerin. Paprika, Zwiebeln und Tomaten werden zu gleichen Teilen verarbeitet und Auberginen, Möhren und Sellerie in sorgfältig abgestimmten Mengen zugegeben, so daß sie das geschmackliche Gleichgewicht nicht stören. Man kann auch, bevor man das Gemüse in den Topf gibt, zunächst Zwiebeln oder Schalotten in Öl glasig werden lassen.

---

pevaroni

PAPRIKA-GEMÜSE

Erst im 16. Jahrhundert gelangten Gemüse- und Gewürzpaprika (Capsicum annuum) *nach Europa, und zwar fast gleichzeitig aus Amerika (vermutlich Brasilien) und aus dem Orient. In der Renaissance war Venedig noch der europäische Gewürzumschlagplatz Nummer eins, wobei es seine Handelskontakte vor allem im Morgenland suchte. Schließlich wurde der Gewürzpaprika aus dem Osten nach Venedig eingeführt und mit ihm der Cayennepfeffer* (C. frutescens), *der sich besonders in den slawischen Nachbarländern besondere Beliebtheit erwarb. Dennoch setzte sich der Paprika in den verschiedenen Geschmacksnuancen — von der mild-süßen Note des Gemüsepaprikas bis hin zur feurigen Schärfe der kleinen Schoten — hier erst nach der Besetzung Venedigs durch Napoleon im Jahre 1797 und der durch ihn beschlossenen Abtretung des Gebietes an Österreich durch. Als Beilage zu gebratenem, geschmortem und auch gekochtem Fleisch ist er sehr beliebt.*

Zutaten für 6 Personen

6 große rote, gelbe und grüne Paprikaschoten
2 Möhren
3 Stangen Bleichsellerie (nach Belieben mit oder ohne Grün)
1 Knoblauchzehe
2 gesalzene Sardellen
etwas Olivenöl
ein Schuß Essig
Salz (nach Bedarf)
Pfeffer (nach Geschmack)

Zubereitungszeit

1/2 Stunde

Die Paprikaschoten gründlich waschen und vorbereiten: von den Stielen befreien, aushöhlen, entkernen und in 1 cm breite Streifen schneiden.

Den Sellerie und die Möhren ebenfalls waschen, putzen und in Streifen schneiden.

Etwas Wasser mit einem Schuß Essig und einer Prise Salz in einem Topf erhitzen, die Paprikastreifen hineingeben und 5 Minuten kochen lassen.

Mit der Schaumkelle herausnehmen, in einem Sieb abtropfen lassen, anschließend in eine Schüssel geben.

Das Essigwasser erneut aufkochen. Die Sellerie- und Möhrenstreifen hineingeben und ebenfalls 5 Minuten garen.

Das Wasser abgießen, Sellerie- und Möhrenstreifen in einen Mörser geben. Die Sardellen abspülen, zerkleinern und zusammen mit dem Knoblauch ebenfalls in

PEVARONI

den Mörser geben. Alles zu einer Paste zerreiben und diese über die Paprikastreifen geben.

Etwas Öl dazugießen und gründlich rühren. Mit Salz und Pfeffer abschmekken.

Weinempfehlung

Refosco dal Peduncolo Rosso di Lison-Pramaggiore

Varianten

Das hier vorgestellte Rezept entstammt der traditionellen venezianischen Küche, die inzwischen jedoch auch manche Anregung und Erfahrung aus anderen Regionen Italiens übernommen hat. Daher bekommt man hier Paprika heute in den verschiedensten Zubereitungen: roh im gemischten Salat; oder über der offenen Flamme geröstet, gehäutet und nur mit Olivenöl, Salz und Pfeffer angemacht; süß-sauer, das heißt in Öl gebraten und mit einem Spritzer Essig aromatisiert; und schließlich auch mit Fleisch, Reis oder einem anderen Gemüse gefüllt und im Ofen gegart.

patate a'la venessiana

KARTOFFELN VENEZIANISCHE ART

Nachdem sie im 16. Jahrhundert mit den spanischen Galeonen aus der Neuen Welt nach Europa gelangt war, fand die Kartoffel nicht gleich so großen Zuspruch. Insbesondere in Venedig konnte man sich mit ihr zunächst nicht anfreunden. Lange galt sie als Nahrung für Bergler und par pori cani, *für arme Schlucker. Im Friedensvertrag von Campoformio (1797) trat Napoleon Venedig an Österreich ab, und eines der zahlreichen Vermächtnisse, die die »Deutschen« den Venezianern hinterließen, war die Vorliebe für Kartoffeln. Heute werden sie fritiert, gebacken, als Püree, in Aufläufen und auf viele andere Arten zubereitet. Die hier vorgestellte Kombination von Kartoffeln und Zwiebeln ist die klassische venezianische Methode, auch wenn die französische Küche die Urheberrechte für dieses Gericht beansprucht.*

Zutaten für 4 Personen

600 g Kartoffeln
40 g Butter
1/2 Glas Olivenöl »extra vergine«
1 große Zwiebel
1 Bund Petersilie
Salz

Zubereitungszeit

etwa 1/2 Stunde

Die Kartoffeln schälen, abspülen, abtrocknen und in kleinere Stücke schneiden.

Die Zwiebeln häuten und fein hacken, in Öl und Butter anschwitzen. Die Kartoffeln zugeben und bei mäßiger Hitze braten, dabei häufig mit dem Holzlöffel umrühren.

Zum Schluß die gehackte Petersilie darüberstreuen und mit Salz abschmecken.

Weinempfehlung

Bardolino oder Tocai Rosso dei Colli Berici

Varianten

Würziger schmeckt das Gericht, wenn man zusammen mit der Zwiebel feingewürfelten Bauchspeck und einige Rosmarinnadeln anbrät.

castraùre de sant'erasmo

GEBACKENE ARTISCHOCKEN

Castraùre *(= beim Zurückschneiden anfallende Zweige) heißen im Veneto die zarten Artischocken. Üblicherweise schneiden die venezianischen Bauern die Pflanzen auf einige wenige Blütenstände — oder auch nur einen — zurück, die sich dann besonders kräftig entwickeln können und reichlich Früchte tragen.*
Diese jungen, zarten castraùre *tragen den Beinamen »Sant'Erasmo«, da sie von der Laguneninsel gleichen Namens stammen. Hier gibt es ein Kloster des heiligen Erasmus oder, wie er im Volksmund heißt, »Sant'Elmo«. Er ist der Schutzpatron der Seeleute, sein Fest wird am 2. Juni begangen. Gleichzeitig wird sein Name mit einem meteorologischen Phänomen in Zusammenhang gebracht, dem St.-Elms-Feuer, einer bei Gewitter zum Beispiel an Masten auftretenden elektrischen Lichterscheinung.*

Zutaten für 4 Personen

16 junge, zarte Artischocken
1 Knoblauchzehe
1 Zwiebel
50 g Bauchspeck
etwas Olivenöl »extra vergine«
Salz, Pfeffer

Zubereitungszeit

etwa 1/2 Stunde

Die Artischocken von den Stielen und eventuellen holzigen Außenblättern befreien und längs halbieren.

Knoblauch, Zwiebel und Speck fein hacken und in einer ofenfesten Pfanne in etwas Olivenöl anbraten. Die Artischocken dazugeben und anbräunen. Dabei vorsichtig umrühren.

Salzen, pfeffern, einen Schuß Wasser zugeben und die Artischocken zugedeckt 10 Minuten garen.

Anschließend die Pfanne in den vorgeheizten Backofen schieben und die *castraùre* noch etwa 10 Minuten ohne Deckel garen, bis sie schön knusprig sind.

Weinempfehlung

Vespaiolo di Breganze

Varianten

Castraùre werden auch roh gegessen: Aus Öl, Salz und Pfeffer eine Sauce rühren und die zarten Artischockenblättchen hineintunken. Reichhaltiger werden die gebackenen Artischocken, wenn man gegen Ende des Garvorgangs Sahne oder Béchamelsauce und frisch geriebenen Parmesan zugibt.

articiochi a'la venessiana

ARTISCHOCKENBÖDEN VENEZIANISCHE ART

Nicht nur in Venedig, sondern im gesamten Gebiet der ehemaligen »Serenissima Repubblica« sind die articiochi *nicht zuletzt auch wegen ihrer Heilkräfte — sie wirken nachweislich leberstärkend, verdauungsfördernd, entwässernd, antirheumatisch und tonisierend — äußerst geschätzt. Im späten Winter und Frühjahr sind auf dem Gemüsemarkt von Rialto wie auf allen Märkten des Veneto die schönsten Artischocken in großen Mengen aufgetürmt. Besonders auffallend sind die »violetti di Venezia«, die aus den Gemüsegärten der Lagune stammen. Und es gibt keinen Gemüsestand ohne die obligatorische Terrakottaschüssel, in der inmitten von Zitronenhälften, die ein Verfärben des Gemüses verhindern, die geputzten, von Blättern und Heu befreiten Artischockenböden schwimmen.*

Zutaten für 4 Personen

12 Artischockenböden
1/2 Glas Olivenöl »extra vergine«
20 g Butter
1 Bund Petersilie
1 Knoblauchzehe
Salz
Pfeffer

Zubereitungszeit

1/2 Stunde

Makellose Artischockenböden auswählen. Damit sie sich nicht dunkel verfärben, bis zur Verarbeitung in Wasser legen, dem Zitronensaft zugegeben wurde.

Petersilie und Knoblauch fein hacken und im Öl anschwitzen.

Die Artischockenböden dazugeben und langsam gar dünsten, dabei nach Bedarf etwas Wasser zugießen. Mit Salz und Pfeffer abschmecken.

Weinempfehlung

Bardolino oder Tocai Rosso dei Colli Berici

Varianten

In Venedig werden Artischocken ganz in der Pfanne gegart oder auch gekocht und anschließend Blatt für Blatt mit einer Sauce aus Öl, Essig, Salz und Pfeffer genossen. Artischockenböden lassen sich auch im Ofen überbacken. Hierbei würzt man sie, wie oben beschrieben, oder füllt sie mit einer Mischung aus gehackten, hartgekochten Eiern, Schinken, Petersilie, Basilikum, Knoblauch, Salz und Pfeffer und bestreut sie mit Semmelbröseln.

ARTICIOCHI

cardi in tecia

GEDÜNSTETE KARDEN

Die Karde (Cynara cardunculus) *ist eine Verwandte der Artischocke* (Cynara scolymus). *Allerdings wird sie nicht wegen der Blüten, sondern wegen ihrer fleischigen Blattstiele angebaut. Zur geschmacklichen Verbesserung werden diese durch Überstülpen von Blechröhren oder Zusammenbinden gebleicht. Karden gibt es vom Spätherbst bis in die ersten Winterwochen. Sie werden auch als Gemüseartischocken bezeichnet.*

Zutaten
für 4 Personen

500 g Karden
1 EL Mehl
2 EL Zitronensaft
1/2 Glas Olivenöl »extra vergine«
20 g Butter
1 Zwiebel
Salz
Pfeffer
frisch geriebener Parmesan

Zubereitungszeit

1 Stunde

Die Karden vorbereiten: die Blattstiele abbrechen und oben glattschneiden. Anschließend die Stiele entfasern und die gezahnten Blattansätze am rechten und linken Rand entfernen. Die Stiele in 8 cm lange Stücke schneiden.

Das Gemüse mit reichlich Wasser in einen Topf geben. Etwas Salz und, damit die Karden sich nicht verfärben, 1 EL Mehl und etwas Zitronensaft zugeben. Aufkochen lassen und 1/2 Stunde garen.

Die Zwiebel fein hacken. In Öl und Butter glasig dünsten, salzen und pfeffern. Die Karden abgießen und zur Zwiebel geben. Noch kurz mitdünsten und vor dem Servieren mit frisch geriebenem Parmesan bestreuen.

Weinempfehlung

Bardolino Chiaretto

Varianten

Die Karden kochen, wie zuvor beschrieben. Mit Butterflöckchen in eine ofenfeste Form schichten, salzen und pfeffern.
1 l Béchamelsauce mit 1 dl Sahne, geriebenem Parmesan und 2 Eigelben verfeinern. Die Karden mit der Sauce übergießen und etwa 20 Minuten im Ofen überbacken.

verze sofegae

GESCHMORTER WIRSING

Seinen Namen verdankt der Wirsing (Brassica oleracea var. sabauda) *der intensiv grünen Farbe seiner Blätter (lat. viridia = grüne Gewächse, zu »viridis« = grün). Sie sind groß und kraus, stehen sehr dicht und bilden einen lockeren, abgeflachten Kopf. Dieser fällt bei den Frühjahrs- und Sommersorten eher klein aus, während er beim Herbst- und Winterwirsing recht üppige Ausmaße erreichen kann. Unter allen Kohlarten kommt dem Wirsing in der venezianischen Küche die größte Bedeutung zu. Hierbei nimmt der zarte Wirsing aus Padua eine Spitzenstellung ein. Er wird im Spätherbst angeboten, wenn sich der Nebel über die Felder senkt und Rauhreif die Pflanzen überzieht. Die Wirsingsaison dauert bis zum Winterende.*

Zutaten für 4 Personen

etwa 1 kg zarter Wirsing aus Padua
1 dl Olivenöl »extra vergine«
1 Zwiebel
1 Knoblauchzehe
1 Rosmarinzweig
Salz
Pfeffer aus der Mühle

Zubereitungszeit

2 1/2 Stunden

Die groben oder welken Außenblätter und den Strunk vom Wirsing entfernen. Den Kohl gut abspülen und fein hobeln.

Zwiebel, Knoblauchzehe und Rosmarinnadeln fein hacken. Das Öl in einem großen Topf erhitzen und das Feingehackte darin andünsten. Die Wirsingstreifen zugeben, salzen und pfeffern.

Das Gemüse zugedeckt gut 1 1/2 Stunden bei sanfter Hitze schmoren. Danach noch etwa 1/2 Stunde ohne Deckel weiter garen, damit die überschüssige Flüssigkeit verdampft. Gelegentlich umrühren.

Den Wirsing nicht zu heiß als Beilage zu Fleischgerichten servieren.

Weinempfehlung

Die Auswahl des passenden Weines hängt davon ab, wozu man den Wirsing serviert. Gut dazu paßt ein Gambellara oder ein Garganego.

Varianten

Häufig verwendet man weniger Öl (50 g) und dafür zusätzlich 50—100 g feingewürfelten fetten oder durchwachsenen Speck. Einige Köche lassen den Knoblauch weg, andere gießen nach der Hälfte der Garzeit 1 Glas Weißwein oder Brühe zu, oftmals wird auch etwas Tomatensauce zugegeben.

suca rosta

KÜRBIS AUS DEM OFEN

Vom Spätsommer bis Winterende gehört der Riesenkürbis (cucurbita maxima), *der im ganzen oder in Stücken verkauft wird, zum Angebot der Obst- und Gemüsehändler im Veneto. Die Bezeichnungen »marina« oder »di Chioggia« weisen die Kürbisse als lokale Erzeugnisse aus. Sie besitzen eine warzige, graugrünliche Schale und goldgelbes Fruchtfleisch, das im Veneto auch die Grundlage für einen köstlichen Risotto liefert (s. S. 80).*

Zutaten für 4 Personen

1 kg *suca baruca*
Zucker oder Salz

Zubereitungszeit

etwa 2 Stunden

Den Kürbis ungeschält in Stücke schneiden und die Kerne entfernen.

Die Kürbisstücke in den auf 200°C vorgeheizten Backofen geben und 2 Stunden garen, bis das Fleisch weich ist.

Nach Belieben mit Zucker oder Salz bestreuen.

Weinempfehlung

Gambellara Superiore (für die salzige) bzw. Recioto Spumante di Gambellara (für die süße Variante)

Varianten

Häufig wird der Kürbis etwa 2 Stunden in leicht gesalzenem Wasser gekocht. So zubereitet, aßen ihn früher die Kinder auf dem Land als kleine Zwischenmahlzeit. Man kann den geschälten und zerteilten Kürbis auch durch einen Backteig ziehen und knusprig fritieren. Die Kerne sind ebenfalls eßbar: Sie werden gesalzen und im Ofen geröstet.

seano rava

KNOLLENSELLERIE GEBRATEN

Knollensellerie (Apium graveolens *var.* rapaceum) *ist verwandt mit dem Bleichsellerie* (A. graveolens *var.* dulce). *Während letzterer wegen der fleischigen Blattstiele und des Grüns angebaut wird, liefert der Knollensellerie schmackhafte Sproßrüben. Besonders begehrt sind die dicken Knollen des Selleries aus Verona.*

Zutaten für 4 Personen

2 Sellerieknollen
50 g Butter
frisch geriebener Parmesan
Salz

Zubereitungszeit

40 Minuten

Die Sellerieknollen schälen, abspülen und achteln.

Die Sellerieschnitze in leicht gesalzenem Wasser kochen, bis sie gar, aber noch knackig sind. Das Wasser abgießen.

In einer Pfanne die Butter zerlassen und die Sellerieschnitze bei milder Hitze goldgelb braten, mit Parmesan bestreuen und die Pfanne vom Herd nehmen, sobald der Käse geschmolzen ist.

Weinempfehlung

Tocai Rosso dei Colli Berici oder Bardolino Chiaretto

Varianten

Man kann Knollensellerie auch fein würfeln und mit Knoblauch und Petersilie dünsten oder in Scheiben schneiden, kochen und dann mit Öl vermischt und mit Salz und Pfeffer bestreut anrichten. Vorzüglich schmeckt dieses Gemüse in Julienne, also streichholzfeine Stifte, geschnitten und mit Mayonnaise und ein wenig Senf überzogen.

erbete rave

GEKOCHTE ROTE RÜBEN

Der venezianische Name erbete rave *bezeichnet die runden Roten Rüben* (Beta vulgaris *ssp.* vulgaris *var.* vulgaris) *und meint speziell die in diesem Landstrich gezüchteten Sorten »Chioggia« und »Quarantina di Chioggia«. Aufgrund ihres hohen Zuckeranteils sind rote Rüben für Diabetiker ungeeignet. Man bekommt rote Rüben als Konserven, so daß jede Vorbereitung entfällt und man sie nur noch nach Geschmack anrichten muß.*

Zutaten für 4 Personen

4 mittelgroße *erbete rave*
etwas Olivenöl »extra vergine«
etwas Essig
Salz, Pfeffer

Zubereitungszeit

etwa 1 Stunde

Die Roten Rüben gründlich abspülen und etwa 1 Stunde in kaltes Wasser legen.

Anschließend die ungeschälten Rüben in leicht gesalzenem Wasser kochen, bis sie weich sind. Das Wasser abgießen und das Gemüse abkühlen lassen.

Die Roten Rüben schälen und in feine Scheiben schneiden. Mit Öl, Essig, Salz und Pfeffer abschmecken. Kalt als Beilage zu Omeletts, hartgekochten Eiern oder gekochtem Fleisch servieren.

Weinempfehlung

Valpolicella Classico

Varianten

Man kann Rote Rüben auch dämpfen, oder man gibt sie in ein hitzebeständiges Gefäß, bedeckt sie zur Hälfte mit Wasser und gart sie im Ofen, bis sie weich sind. Sie werden wie zuvor beschrieben weiterverarbeitet.

vovi a l'ocio (de bò)

SPIEGELEIER

In jeder Küche spielen Eier als Zutat (im Pastateig, in Kuchen, Süßspeisen etc.) oder als Bindemittel (beispielsweise für Backteige, Saucen und Füllungen) eine entscheidende Rolle. Doch auch als eigenständige Speise sind sie seit jeher beliebt. Heute essen wir fast ausschließlich Hühnereier, früher gehörten auch die Eier von Enten, Wachteln, Perlhuhn und anderem Federvieh dazu. Im Veneto gibt es kaum ein Gehöft, das nicht stolz wäre auf seinen Hühnerhof.

Unsere Vorfahren wußten viel über Eier: zum Beispiel, daß Eier, ganz frisch »getrunken«, aufgrund ihres erhöhten Proteingehalts stärkend und aufbauend wirken, daß sie eine poröse Schale besitzen und daher nicht neben Lebensmitteln mit starkem Aroma gelagert werden dürfen; weiterhin wußten sie, daß Eier im Frühling und Sommer am besten sind, und auch, daß man vor dem Kochen mit einer feinen Nadel ein kleines Loch in die Schale stechen muß, damit sie nicht platzen. Eier standen bei ihnen so hoch im Kurs, daß sie häufig im Tauschhandel anstelle von Geld benutzt wurden.

Die venezianische Küche kennt eine Vielzahl von Rezepten für Eierspeisen, wobei gerade die einfachsten auch die ursprünglichsten sind. An erster Stelle sind hier die vovi a l'ostrega *— wörtlich »Austerneier« — zu nennen: Eigelbe, die roh auf großen Löffeln serviert werden. Man bestreut sie mit Salz und nach Geschmack mit etwas Pfeffer und beträufelt sie mit etwas Zitronensaft, bevor man sie schlürft. Die* vovi sudài *gehören auch dazu — in der Schale gekochte Eier, die nach dem ersten Aufwallen des Wassers herausgenommen und in Eierbechern serviert werden. Man würzt sie mit einer Prise Salz und löffelt sie aus. Varianten sind die* vovi duri, *hartgekochte Eier, die etwa 8 Minuten im sprudelnden Wasser garen, und die wachsweichen 5-Minuten-Eier.* Vovi sofegai *oder* in camisa, *wörtlich »Eier im Hemd« und bei uns als »verlorene Eier« bekannt, werden folgendermaßen zubereitet: In einem Topf Wasser unter Zugabe von einem Schuß Weißweinessig (1 EL pro Liter) zum Sieden bringen. Die Eier einzeln auf einen kleinen Teller schlagen und behutsam ins Wasser gleiten lassen; nach 3 Minuten vorsichtig mit der Schaumkelle herausnehmen, auf ein Holzbrett geben und die Ränder glattschneiden. Verlorene Eier werden auf Spargel, Spinat oder anderem Gemüse angerichtet. Gern wendet man sie auch in verquirltem Ei und Semmelbröseln und brät sie anschließend goldgelb. Oder man setzt sie auf ein Bett aus gegrillten Paprika- und Speckstreifen, bestreut sie mit Semmelbröseln und gratiniert sie 2 Minuten im heißen Backofen.* Vovi a l'ocio (de bò) *sind Spiegeleier, die — früher in Schmalz — heute in Öl oder Butter gebraten werden. Am besten bereitet man sie einzeln zu, wobei sie sich schön wölben und am Rand goldgelb gebräunt sein sollen.*

Zutaten für 4 Personen

8 Eier
100 g Butter
Salz

Zubereitungszeit

etwa 1/4 Stunde

Die Butter in einer Pfanne erhitzen, bis sie zu schäumen beginnt.

Die Eier nacheinander auf einen kleinen Teller schlagen, mit einer Prise Salz bestreuen und in die Pfanne gleiten lassen.

Mit dem Bratenwender oder einem Löffel das Eiweiß zusammenhalten, damit es nicht zu sehr auseinanderläuft.

Wenn das Eiweiß gestockt und an den Rändern gebräunt ist, das Ei mit der Schaumkelle herausnehmen und auf eine große Platte legen. Die restlichen Eier genauso zubereiten.

Die Spiegeleier mit gekochtem Gemüse nach Wahl servieren.

Weinempfehlung

Tocai dei Colli Berici

Varianten

Abwandlungen sind nur möglich hinsichtlich der Wahl des Bratfetts, beispielsweise Olivenöl oder diverser Buttermischungen, und dem Bett, auf dem die Spiegeleier angerichtet werden — zum Beispiel auf Fontina, einem milden italienischen Käse, auf Zucchini oder auf Erbsen und Schinken.

fritata co'le sego'le

ZWIEBEL-OMELETT

Früher fand sich in jeder venezianischen Küche eine farsòra, *in der ausschließlich Omeletts zubereitet wurden. Die* farsòra *ist eine große Eisenpfanne mit niedrigem Rand und einem dicken, völlig ebenen Boden. Sie wird niemals gespült, sondern nur mit einem Lappen sorgfältig ausgewischt. Falls die Omeletts trotzdem ansetzten, wurde die Pfanne mit Schmalz eingefettet, stark erhitzt, mit feinem Salz ausgestreut und anschließend kräftig mit einem Lappen ausgerieben. Bei den heutigen Pfannen mit Antihaftbeschichtung erübrigen sich Prozeduren dieser Art.*

Omeletts werden bei starker Hitze zubereitet, wodurch die Eimasse schnell stockt und außen bräunt, während sie innen schön saftig bleibt.

Zutaten für 4 Personen

8 Eier
2 Zwiebeln
60 g Butter
Salz
Pfeffer

Zubereitungszeit

etwa 1/4 Stunde

In einer Schüssel die Eier mit etwas Salz und einer Prise Pfeffer verquirlen.

Die Zwiebel in dünne Scheiben schneiden und in einer Pfanne in der Butter glasig werden lassen, jedoch nicht bräunen.

Die leicht schaumig geschlagenen Eier in die Pfanne gießen. Wenn die Masse gestockt ist, die Pfanne rütteln: Das Omelett darf auf keinen Fall ansetzen.

Sobald es auch oben fest wird, das Omelett mit einem ausreichend großen Deckel wenden. Auf der zweiten Seite ebenfalls einige Minuten backen.

Das Omelett auf eine runde Platte gleiten lassen und servieren.

Weinempfehlung

Tocai Bianco dei Colli Euganei

Varianten

Wie überall, bereitet man auch in Venedig Omeletts auf alle möglichen Arten zu. Hier die gängigsten: *fritata rognosa* mit Zwiebeln und gewürfeltem Bauchspeck oder mit zerpflückter *'luganega* (s. S. 115), einer Wurstspezialität aus dem Veneto, Omelett mit gekochten Garnelen, mit *mo'leche frite* (s. S. 147), mit blanchierten *bruscando'li* (s. S. 80), mit *sparasi* (Spargel), mit feingehackten Wildkräutern wie Mutterkraut *(Chrysanthemum parthenium)* und schließlich mit *puina* (Ricotta) oder einen anderen Käse.

D e s s e r t s

b a i c o ' l i

DOGENGEBÄCK

*B**evor die Backwarenindustrie den Markt mit Produkten der verschiedensten Art überzog, backten die* parone de casa *— die Hausfrauen — regelmäßig selbst, um stets Gebäck für Besuch, den süßen Hunger zwischendurch und vor allem natürlich für den Morgenkaffee im Haus zu haben. Die traditionellen Plätzchen der Serenissima waren (und sind) die* baico'li. *Sie wurden im 18. Jahrhundert von einem Konditor erfunden, der ihnen auch ihren Namen gab: Ihn erinnerten die Plätzchen an eine kleine Meeräsche, an den* baico'lo. *Auch als »Dogengebäck« waren sie bekannt. Man reichte sie zum Kaffee, mit Zabaione, mit Vin Santo oder auch zu Moscato dell'Istria. Besonders gern knabberte man sie zu heißer, mit einem Hauch Zimt und Muskatnuß aromatisierter Schokolade. Heute macht man* baico'li *kaum noch selbst. Zudem werden sie von der Firma Colussi di Vittorio Veneto in unübertrefflicher Qualität angeboten. Wie in der »guten alten Zeit« sind sie in traditionellen Blechdosen verpackt, auf denen in altertümelnden — natürlich venezianischen — Worten geschrieben steht:* No gh'è a sto mondo no più bel biscoto / più fin, più dolce, più lisiero e san / par mogiar nella cicara e nel goto / del Baico'lo nostro venezian *(übersetzt: Es gibt kein schöneres, feineres, süßeres, leichteres und gesünderes Gebäck zu Kaffee und Milch als unseren venezianischen »baico'lo«).*
Damit bleibt den Hausfrauen viel Mühe erspart. Denn da die dünnen Plätzchen in zwei Arbeitsgängen hergestellt werden, nimmt ihre Herstellung viel Zeit in Anspruch und ist arbeitsaufwendig.

Zutaten für 6 Personen

400 g feinstes Mehl
70 g Butter
60 g Zucker
15 g Hefe
1 Eiweiß
1 1/2 Glas frische Milch
1/2 TL Salz

Zubereitungszeit

3 Stunden für den ersten Arbeitsgang, 2 Tage Ruhezeit, 1 Stunde für den zweiten Arbeitsgang

Die Hefe in 1/2 Glas lauwarmer Milch auflösen.

---

100 g Mehl auf die Arbeitsfläche häufen, in die Mitte eine Mulde drücken und die Milch mit der Hefe hineingießen. Alles zu einem ziemlich festen Teig verkneten (nach Bedarf noch etwas Mehl zufügen). Den Teig zu einer Kugel formen, oben kreuzweise einritzen und in eine bemehlte Schüssel legen. Mit einem Tuch abdecken und an einem nicht zu kühlen Ort 1/2 Stunde ruhen lassen. Der Teig muß sein Volumen verdoppeln.

Das Eiweiß steif schlagen, die Butter mit angefeuchteten Händen weich kneten und die restliche Milch lauwarm werden lassen.

Auf der Arbeitsfläche das restliche Mehl mit dem Zucker und einer Prise Salz vermengen. In die Mitte eine Mulde drücken und die Teigkugel, den Eischnee und die weiche Butter hineingeben. Alles etwa 10 Minuten mit den Händen gründlich durchkneten und dabei langsam so viel lauwarme Milch zugießen, bis der Teig schließlich geschmeidig wie ein Brotteig ist.

Den Teig in 4 Portionen teilen. Jede mit den Händen zu einer Rolle von 8—10 cm Durchmesser formen.

Ein Backblech leicht mit Butter einfetten und die Teigrollen mit ausreichendem Abstand darauflegen. Die Rollen behutsam flach drücken, so daß sie eine seitlich abgeflachte Form erhalten. Das Blech mit einem Tuch abdecken und die Teigrollen an einem nicht zu kalten Ort 2 Stunden gehen lassen.

---

10 Minuten vor Ende der Ruhezeit den Backofen auf 180°C vorheizen. Das Blech hineinschieben und die Teigrollen 10 bis 15 Minuten backen. Dabei sollen sie eine goldgelbe Färbung annehmen, aber keineswegs bräunen.

Das Blech aus dem Ofen nehmen und die Teigrollen auskühlen lassen. Anschließend das Blech mit einem Tuch abdecken. 2 Tage ruhen lassen.

Die Teigrollen mit einem scharfen Messer leicht schräg wie eine Wurst in 2 mm dicke Scheiben schneiden.

Das leere Backblech in den Ofen schieben und diesen auf 180°C vorheizen. Das Blech herausnehmen (die Ofentür sofort wieder schließen), die *baico'li* darauflegen und etwa 10 Minuten backen. Dabei dürfen sie aber auf keinen Fall bräunen. Die *baico'li* ganz auskühlen lassen und in eine Blechdose oder ein fest verschließbares Glas füllen. So halten sie sich mehrere Monate.

Weinempfehlung

Recioto di Soave Liquoroso

Varianten

Um das Ganze zu beschleunigen und vor allem die zweitägige Ruhezeit zu vermeiden, mengt man 1 Eigelb unter den ersten Teig und arbeitet dann nach Rezept weiter. Natürlich kann man nach Belieben auch mehr oder weniger Zucker verwenden. Die Zutaten sind für 6 Personen berechnet.

ossi da morto

ANIS-KNOCHEN

Ihren seltsamen Namen haben diese Plätzchen, die man im gesamten Veneto — in Verona unter der Bezeichnung trandoti *— kennt, von ihrer länglichen, an den Enden verdickten Form, die an einen Knochen erinnert.* Ossi da morto *ißt man das ganze Jahr hindurch: Man tunkt sie zum Frühstück in den Milchkaffee, und man serviert sie als schnelles Dessert zusammen mit Vin Santo. In Venedig bekommt man die* ossi da morto *bei den* pistóri *(Bäckern), die zugleich* sca'letèri *sind, das heißt zusätzlich zu Brot auch Kleingebäck anbieten. Früher wurde Feingebäck in weit größerer Vielfalt als heute hergestellt und verkauft. Damals bezeichnete der Begriff* sca'letèr *— so das Wörterbuch von G. Boerio aus dem Jahr 1856 — ausschließlich »den* ciambellaio*, also denjenigen, der* ciambelle *(Krapfen in Ringform) herstellt und verkauft«, während »als* offellaro *bezeichnet wird, wer knuspriges Gebäck anbietet;* bericuocolai, cialdonaio, cantucciaio *bzw.* confortinaio *heißt, wer* bericuocoli, cialdoni, cantucci *bzw.* confortini *backt und verkauft.* Pasticcere *oder* pastelliere *wird genannt, wer süßes Gebäck verkauft«. Weiterhin führt Boerio zur Bezeichnung* sca'letèr *aus: »Vermutlich wurde das Wort* scalete *früher für jede Art von süßem Gebäck benutzt, das man bei den Ciambellai bekam, wobei es vielleicht insbesondere jenes mit Zucker bestreute und mit Butter bestrichene Brot meinte, das in seiner Form beispielsweise an das noch heute bekannte jüdische Ostergebäck aus ungesäuertem Teig erinnert, das die Form einer Sprossenleiter besitzt.«*

BISCOTI VENESSIANI

Zutaten
für 5 Personen

500 g feinstes Mehl
1 Glas Milch
150 g Zucker
50 g Hefe
100 g Butter
2 EL Öl
3 ganze Eier
1 Gläschen Anislikör
eine Prise Salz

Zubereitungszeit

1 Stunde, dazu die Ruhezeiten (3 Stunden plus 1 Nacht)

Die Hefe in der lauwarmen Milch auflösen. Die Butter schmelzen. 2 ganze Eier und 1 Eigelb mit einer Prise Salz in einer Schüssel schaumig schlagen.

Das Mehl auf die Arbeitsfläche häufen und in die Mitte eine Mulde drücken. Die verquirlten Eier, flüssige Butter, 2 EL Öl, Zukker, Anislikör und die Milch mit der Hefe in die Mulde gießen. Das Ganze zu einem glatten, elastischen Teig verkneten. Mit einem Tuch abdecken und etwa 3 Stunden an einem nicht zu kühlen Ort ruhen lassen.

Aus dem Teig Rollen von etwa 2 cm Durchmesser formen und diese in 15 cm lange Abschnitte teilen. Die Enden etwas flach drücken und stauchen, um dem Gebäck die charakteristische Knochenform zu verleihen.

Die »Anisknochen« auf das Backblech legen und im mäßig vorgeheizten Ofen (bei etwa 150°C) backen.

Herausnehmen und mit dem Eiweiß bestreichen. Die »Anisknochen« über Nacht ruhen lassen.

Erneut in den mäßig vorgeheizten Backofen schieben und 20—30 Minuten backen.

Weinempfehlung

Recioto della Valpolicella Liquoroso

Varianten

In der Gegend um Treviso wird keine Milch, sondern Wasser verwendet, also eine Art Brotteig hergestellt. Zuweilen gibt man etwas Honig hinzu und verringert dafür die Zuckermenge. Bei den *trandoti* aus Verona dagegen bildet eine geschmeidige Polenta die Ausgangsbasis, die mit einer Handvoll Mehl und anderen Zutaten verknetet wird.

bigarani

DOPPELT GEBACKENE KRINGEL

B*ei den zuvor vorgestellten* baico'li *und* ossi da morto *handelt es sich um nur zwei der zahlreichen typisch venezianischen Gebäckarten. Sie alle haben eines gemeinsam: den Hefeteig, der bevorzugt mit Milch statt Wasser zubereitet wird. Durch geringfügige Abwandlungen der Zutaten, vor allem aber durch unterschiedliche Formen entstehen immer wieder andere Sorten: Die* bigarani *erinnern in ihrer Form vage an die weibliche Scham (im venezianischen Dialekt* biga*), während die* pando'li *eine phallische Form haben; die runden* bussolai *(»bussola« = Kompaß) sind weniger süß und im Geschmack brotähnlich; die unregelmäßig geformten Gebäckstücke heißen* bruti ma boni *(= häßlich, aber gut);* pevarini *sind — der Name deutet es an — mit weißem Pfeffer gewürzt,* bianchetí *dagegen sind kleine Kringel mit weißem Zuckerguß (ital.* bianco *= weiß). Die Aufzählung ließe sich beliebig fortsetzen. Früher brachte man Wöchnerinnen* bigarani *zusammen mit einer Flasche Vin Santo zur Stärkung.*

Zutaten
für 5 Personen

500 g feinstes Mehl
1 Glas Milch
3 ganze Eier
100 g Zucker
100 g Butter
50 g Hefe
eine Prise Salz

Zubereitungszeit

1 Stunde, dazu die Ruhezeiten (3 Stunden plus 1 Nacht)

Die Hefe in der lauwarmen Milch auflösen. Die Butter schmelzen. Die Eier (bis auf 1 Eiweiß) mit einer Prise Salz verquirlen.

Das Mehl auf die Arbeitsfläche häufen. Eier, die Milch mit der Hefe, Butter und Zucker in die Mitte geben. Alles so lange mit den Händen durchkneten, bis sich ein weicher, glatter Teig ergibt. Mit einem Tuch abdecken und 3 Stunden an einem wärmeren Ort gehen lassen.

Aus dem Teig 15—20 cm lange Rollen von etwa 1,5 cm Durchmesser formen. Die Stücke etwa zur Hälfte zusammenrollen und ein Ende zu einem Kringel nach innen biegen.

Mit ausreichendem Abstand auf das Backblech legen und bei mäßiger Hitze (etwa 150°C) 1/4 Stunde backen. Das Blech aus dem Ofen nehmen. Die *bigarani* mit dem leicht geschlagenen Eiweiß bestreichen und über Nacht ruhen lassen.

Am folgenden Morgen erneut etwa 20 Minuten in den lauwarm vorgeheizten Ofen schieben. Die *bigarani* müssen zuletzt durchgebacken, dabei aber nicht zu braun sein.

Weinempfehlung

Prosecco di Conegliano-Valdobbiadene »Superiore di Cartizze«

Varianten

Bigarani mori — dunkle Kringel — erhält man durch Zugabe von geriebener Schokolade oder Kakaopulver oder auch von kräftig gerösteten und fein gemahlenen Mandeln (bei den hier verwendeten Zutatenmengen sind 50—60 g erforderlich). Sehr hübsch sieht es aus, wenn man die helle und dunkle Sorte mischt.

amareti venessiani

VENEZIANISCHE MAKRONEN

Diese Plätzchen verdanken ihren venezianischen Namen ihrem leicht herben Geschmack (ital. amaro = herb, bitter), der durch die ausgewogene Mischung aus süßen Mandeln und einigen Bittermandeln (auch von Aprikose oder Pfirsich) zustande kommt. Perfekt sind sie, wenn sie außen knusprig und innen weich sind.

Zutaten
für 8—10 Personen

500 g süße Mandelkerne (ungehäutet)
50 g Bittermandelkerne (ungehäutet)
500 g Zucker
4 Eiweiß
10 g Zimtpulver
abgeriebene Schale von 2 Zitronen
eine Prise Salz

Zubereitungszeit

40 Minuten

Die Eier trennen, die Eiweiße zu steifem Schnee schlagen.

Die Mandeln sehr fein hacken. Zucker, abgeriebene Zitronenschale, Zimt, eine Prise Salz und Eischnee zugeben und alles miteinander vermengen.

Ein Backblech mit Butter einfetten. Von der Mandelmasse walnußgroße Stückchen abstechen, diese mit ausreichendem Abstand auf das Backblech setzen und etwas flach drücken. Das Blech in den vorgeheizten Ofen (150—180°C) schieben und die Makronen etwa 20 Minuten backen. Dabei dürfen sie nicht zu stark bräunen.

Weinempfehlung

Moscato dei Colli Euganei

Varianten

Die würzenden Zutaten (Zimt und Zitronenschale) lassen sich nach Belieben abwandeln oder ergänzen. Zum Beispiel kann man den Teig mit 1 Gläschen Likör parfümieren. Köstlich geraten die Makronen auch, wenn man anstelle der Mandeln Haselnüsse oder geröstete Erdnüsse verwendet.

za'leti

MAISGEBÄCK

Der Dialektname dieses Gebäcks leitet sich von dem italienischen Wort »gialletti« ab und spielt auf die Farbe der Plätzchen an (ital. giallo = gelb). Wie die frito'le *(s. S. 199) sind auch die* za'leti *ein typisches Karnevalsgebäck und gelten als glücksbringend. In jeder Gegend des Veneto und fast in jeder Familie sind immer wieder andere Versionen der* za'leti *bekannt, die ihre Entstehung den typischen lokalen Erzeugnissen, den speziellen Vorlieben und oftmals auch der spontanen Eingebung verdanken.*

Zutaten für 6 Personen

400 g feines Maismehl
300 g feines Weizenmehl
3 ganze Eier
150 g Zucker
150 g Butter
100 g Sultaninen
70 g Pinienkerne
20 g Hefe
1 Glas Milch
abgeriebene Schale von 1 Zitrone
eine Prise Salz
eine Prise Vanille
Puderzucker zum Bestäuben
Butter für das Backblech

Zubereitungszeit

etwa 1 Stunde

Die beiden Mehlsorten sieben und miteinander vermengen. Die Hefe in der lauwarmen Milch auflösen. Sultaninen in lauwarmem Wasser einweichen und die Butter zum Schmelzen bringen.

In einer Schüssel die Eier mit dem Zucker schaumig schlagen, nach und nach die Mehlmischung, eine Prise Salz, die Milch mit der Hefe, ausgedrückte Sultaninen, Pinienkerne, Zitronenschale, flüssige Butter und eine Prise Vanille dazugeben. Alle Zutaten gründlich miteinander vermengen. Es muß sich ein homogener, weicher Teig ergeben. Falls er zu fest ist, etwas Milch zugeben.

Aus dem Teig Rollen von 3—4 cm Durchmesser formen und diese so schneiden, daß sich entweder kleine ovale Brötchen ergeben oder man Rauten von 7—8 cm Länge mit abgerundeten Spitzen daraus formen kann.

Das Backblech leicht einfetten, die Rauten oder Brötchen mit ausreichendem Abstand darauf plazieren und je nach Größe 25 bis 30 Minuten bei 180°C backen.

Die *za'leti* abkühlen lassen und mit Puderzucker bestäuben. Lauwarm oder kalt servieren.

Weinempfehlung

Bianco di Custoza oder Vespaiolo di Breganze

Varianten

Bei der Mehlmischung ist jedes Mengenverhältnis von 1 : 1 bis zu 2 Teilen Maismehl und 1 Teil Weizenmehl zulässig. Zuweilen wird anstelle von gelbem auch weißes Maismehl verwendet. Zum Einweichen der Sultaninen eignen sich ebenso Grappa oder Rum ganz vorzüglich. Die Pinienkerne können ganz wegfallen oder durch Zitronat ersetzt werden. Oftmals wird auch die Hefe weggelassen.

crosto'li o ga'lani

KNUSPERGEBÄCK

Daß crosto'li *und* ga'lani *aus Venedig — oder zumindest aus dem Veneto — stammen und im Karneval geboren wurden, steht für die Venezianer außer Zweifel. Erstmals werden sie in Kochbüchern aus dem 16. Jahrhundert erwähnt. Giovàne de Rosselli beschreibt sie in seinem Werk* Opera nova chiamata Epulario *(Venedig, 1518) wie folgt: »Krapfen voll Luft: Krapfen, die gefüllt scheinen, sich aber als leer erweisen.« Andererseits schwören die Toskaner, sie erfunden zu haben, und nennen sie »cenci« (= Lappen) oder »chiacchiere« (= Schwätzchen). Letztendlich aber melden alle Regionen Italiens lautstark die Urheberschaft für dieses Gebäck an. Die Bezeichnungen* crosto'li *und* ga'lani *(= Schleifen) beziehen sich auf ein und dasselbe Gebäck in unterschiedlichen Formen: Bei ersterem handelt es sich um Teigrauten, die in der Mitte mit dem Teigrädchen eingeschnitten sind — sie entsprechen den toskanischen »cenci« —, während* ga'lani *verschlungene Teigbänder (»chiacchiere«) darstellen.*

Zutaten für 6 Personen

300 g feinstes Mehl
60 g Zucker
2 Eier
60 g Butter
1 Gläschen Grappa
1/2 Glas Milch
eine Prise Salz
Pflanzenöl (oder Schmalz) zum Ausbacken
50 g Puder- oder Vanillinzucker
zum Bestreuen

Zubereitungszeit

1 Stunde

Die Butter weich werden lassen.

Das Mehl auf die Arbeitsfläche häufen. Eier, Butter, Zucker, Milch, Grappa und eine Prise Salz in die Mitte geben. Alles gründlich miteinander verkneten, bis ein Teig entsteht, der sich mit dem Nudelholz bearbeiten läßt.

Den Teig möglichst dünn ausrollen. Mit dem Teigrädchen Rauten oder Rechtecke ausschneiden und diese in der Mitte kreuzweise einritzen *(crosto'li),* oder aber etwa 3—4 cm breite Streifen ausschneiden und phantasievoll verknoten *(ga'lani).*

In einer großen Pfanne reichlich Öl erhitzen. Die *crosto'li* bzw. *ga'lani* darin knusprig ausbacken, ohne sie jedoch zu stark zu bräunen.

Mit der Schaumkelle aus dem Fett nehmen und zum Abtropfen auf Küchenkrepp legen. Auf einen Teller legen und mit Puderzucker bestäuben.

Weinempfehlung

Recioto della Valpolicella Spumante

Varianten

Nach einer alten Faustregel sind Butter und Zucker so abzuwiegen, daß sie jeweils die Hälfte des Eiergewichts ausmachen. Die Mehlmenge richtet sich dagegen nach der Teigbeschaffenheit. Der Grappa ist typisch für den Veneto und läßt sich durch Marsala oder Vin Santo ersetzen. Zusätzlich kann man das Gebäck mit Orangensaft und/oder der abgeriebenen Schale von 1 Zitrone aromatisieren.

frito'le venessiane

VENEZIANISCHE KRAPFEN

Frito'le *und Karneval sind in Venedig untrennbar miteinander verbunden, das eine wäre ohne das andere nicht denkbar. Die Krapfen werden möglichst heiß gegessen und halten für die Dauer eines Maskenballs vor. Da sie recht gehaltvoll sind, passen sie ausgezeichnet in die kalte Jahreszeit. Für ihre Füllung eignen sich die vielfältigsten Zutaten von Äpfeln und Kürbis über Grieß, Polenta und Reis bis hin zu den verschiedensten Cremes. Immer gleich aber ist der Backteig und das Fritieren in Öl, eine althergebrachte Zubereitungsart der chinesischen Küche. Seit den Zeiten Marco Polos pflegte die Serenissima Repubblica häufige, intensive Kontakte mit China. Mit diesem Kapitel der venezianischen Geschichte befaßte sich auch eine Ausstellung mit dem Titel »La Cina a Venezia« (China in Venedig), die 1987 im Palazzo Ducale zu sehen war. Im 18. Jahrhundert, der Blütezeit des Carnevale, war man geradezu verrückt nach Chinoiserien. Selbst im Stadtbild hinterließ dies Spuren: Manche Brücken erinnern an die Verbotene Stadt, auch die Lampenkugeln muten chinesisch an. Ja selbst gewisse Elemente in den Fresken Tiepolos oder auch die Form und Dekoration von Porzellan lassen derartige Einflüsse spüren.*

Zutaten für 6 Personen

500 g feinstes Mehl
2 Glas Milch
2 Eier
130 g Sultaninen
80 g Zucker
40 g Hefe
2 Gläschen Grappa
fein abgeriebene Schale von 1 Zitrone
eine Prise Zimtpulver
eine Prise Salz
Pflanzenöl oder Schmalz zum Ausbacken
reichlich Vanillinzucker

Zubereitungszeit

1/2 Stunde (für den ersten Arbeitsgang), dazu 5 Stunden zum Gehen und 1/2 Stunde (für den zweiten Arbeitsgang)

Die Sultaninen in Grappa einweichen und die Hefe in 1/2 Glas lauwarmem Wasser auflösen.

In einer Schüssel Mehl, Eier, Milch, Zukker, Zitronenschale sowie je eine Prise Salz und Zimt gründlich miteinander vermengen. Die Hefe und die Sultaninen mit dem Grappa zugeben und das Ganze gründlich mit dem Holzlöffel bearbeiten, bis sich ein glatter, eher flüssiger Teig ergibt. Die Schüssel mit einem Tuch abdecken, und den Teig an einem nicht zu kühlen Ort 5 Stunden gehen lassen.

Danach erneut mit dem Holzlöffel bearbeiten. Falls der Teig nicht geschmeidig genug ist, etwas Milch oder Wasser zugeben.

In einer Pfanne reichlich Öl erhitzen, eßlöffelweise den Teig hineingeben und aufpassen, daß die Bällchen nicht aneinander kleben. Die Krapfen auf einer Seite knusprig braun werden lassen, danach wenden und auf der anderen Seite fertigbacken. Mit einer Schaumkelle aus dem Fett nehmen und zum Abtropfen auf Küchenkrepp legen.

Noch heiß in Vanillinzucker wälzen und pyramidenartig auf einem Teller anrichten.

FRITO'LE VENESSIANE

Weinempfehlung

süßer Malvasia

Varianten

Die »historischen« *frito'le* enthielten keine Milch, sondern nur Wasser. Außerdem waren sie nicht mit Grappa, sondern mit Anislikör aromatisiert (man kann den Alkohol auch ganz weglassen) und wurden zusätzlich mit Pinienkernen und Zitronat angereichert. Die Prise Zimt verrät eindeutig orientalischen Einfluß, sie ist kein unbedingtes Muß. Zimt und Anis sind nicht jedermanns Geschmack.

spumilie

BAISERS

Als Dessert wie auch als Dekoration für aufwendige Torten ist dieses Gebäck in Venedig sehr beliebt. Die Baisermasse läßt sich ganz nach Phantasie färben (zum Beispiel mit Kakaopulver oder Kaffee) und kann in unterschiedlichsten Formen (beispielsweise als Schalen, Kringel oder Pilze in verschiedenen Größen) aufs Blech gespritzt werden.

Zutaten
für 5 — 6 Personen

4 Eiweiße
200 g Vanillinzucker
Butter und Mehl für das Backblech

Zubereitungszeit

etwa 1 Stunde, dazu die Zeit zum Abkühlen

Eiweiß mit dem Schneebesen oder dem Rührgerät sehr steif schlagen.

Vanillinzucker durchsieben und unter den Eischnee ziehen. Dabei behutsam von unten nach oben vorgehen, damit der Eischnee nicht zusammenfällt.

Ein Backblech mit Butter einfetten und mit Mehl bestäuben. Mit einem großen Löffel oder besser noch mit einer weiten Tasse etwas Eischnee aufnehmen und auf das Backblech setzen. Zwischen den Häufchen ausreichend Abstand lassen.

Das Blech in den lauwarmen Ofen (100°C) schieben und die Baisers bei halb geöffneter Backofentür etwa 1/2 Stunde backen. Dabei dürfen sie auf keinen Fall Farbe annehmen.

Das Blech aus dem Ofen nehmen. Die Baisers, sobald sie abgekühlt sind, vom Blech lösen und auf einer Platte anrichten.

Weinempfehlung

Prosecco di Conegliano-Valdobbiadene »Superiore di Cartizze«

Varianten

Etwas dickere Baisers kann man mit Schlagsahne oder Eis füllen.
Man kann den Ofen auch lauwarm vorheizen, abschalten und die Baisers hineinschieben, bis sie trocken und fest sind.

rosada

VANILLE-PUDDING

Das Wichtigste bei dieser delikaten und überraschend einfachen Süßspeise ist das langsame und ständige Rühren im Wasserbad. Das Ergebnis ist ein fester und dabei leichter Pudding, den man in Venedig nicht stürzt, sondern direkt in der Schüssel serviert. Seinen venezianischen Namen hat er wegen seiner Farbe, die von den vielen Eigelben herrührt. Die frühere Bezeichnung »Katalanische Creme« dagegen verrät die Herkunft des Rezeptes.

Zutaten für 4 Personen

0,5 l frische Milch
80 g Zucker
5 Eigelb
1 Vanilleschote

Zubereitungszeit

etwa 1/2 Stunde, dazu die Zeit zum Abkühlen

Die Milch mit der Vanilleschote aufkochen, lauwarm werden lassen und die Vanilleschote entfernen.

In einer Schüssel Eigelb mit dem Zukker schaumig schlagen. Die lauwarme Milch zugießen und mit dem Holzlöffel vorsichtig unterrühren.

Die Creme in eine hitzebeständige Schüssel (oder ein anderes geeignetes Gefäß) füllen. Im Wasserbad unter ständigem, gleichmäßigem Rühren garen, wobei das Wasser nicht sprudeln darf.

Die *rosada* erkalten lassen und in der Schüssel servieren.

Varianten

Anstelle der Vanilleschote kann man ersatzweise ein Päckchen Vanillinzucker oder die abgeriebene Schale von 1 Zitrone verwenden.

crema frita

GEBACKENE CREME

Bereits ab den frühen Morgenstunden bekommt man dieses beliebte leichte Gebäck in den Brotläden und an den Ständen auf den Gemüsemärkten Venedigs und anderer Städte des Veneto. Es ist so köstlich, daß man es ohne weiteres als Dessert bei einem festlichen Essen reichen kann.

Zutaten für 5 Personen

200 g feinstes Mehl
180 g Zucker
1 dl frische Milch
3 Eier plus 2 Eigelb
abgeriebene Schale von 1 Zitrone
reichlich Semmelbrösel
reichlich Pflanzenöl und Butter zum Fritieren
Vanillinzucker zum Bestreuen

Zubereitungszeit

1 1/2 Stunden

Alles Eigelb mit dem Zucker in einem größeren Topf verquirlen. Das gesiebte Mehl und die Zitronenschale daruntermengen. Nach und nach unter ständigem Rühren die Milch zugießen.

Den Topf auf den Herd stellen und die Creme aufkochen, dabei kontinuierlich und stets in derselben Richtung rühren. Den Topf nach 10 Minuten vom Herd ziehen.

Eine Marmorplatte oder eine andere glatte Arbeitsfläche mit Wasser befeuchten. Die Creme daraufgießen und mit einem Spatel gut fingerdick glattstreichen. Erkalten lassen.

Die Eiweiß steif schlagen. In einer großen Pfanne Öl und Butter stark erhitzen.

Die Creme in Quadrate oder Rhomben schneiden, in den Eischnee tauchen, dann in Semmelbröseln wenden und goldgelb fritieren.

Mit Vanillinzucker bestreuen und heiß servieren.

Weinempfehlung

Moscato dei Colli Euganei oder anderer Dessertwein

Varianten

Man kann die Creme auch auf ein eingefettetes Backblech gießen. Besonders köstlich schmeckt sie, wenn man sie mit etwas Vanille würzt oder die Milch zunächst mit einer Vanilleschote aufkocht. (Bevor man sie zu den Eigelben gießt, muß sie erst wieder erkalten!) Noch knuspriger werden die Schnitten, wenn man sie vor dem Überziehen mit Eischnee und Semmelbröseln in Mehl wendet.

---

zabajòn

WEINSCHAUM-CREME

Einem alten venezianischen Hochzeitsbrauch zufolge servierten die Freunde dem frischgebackenen Bräutigam am Ende des langen Festessens diese Creme, um ihn für die »Mühen« der ersten Nacht zu stärken.
Vermutlich ist der Name zabajòn *illyrischen Ursprungs. In Istrien und Dalmatien, einst Teil der Serenissima Repubblica di Venezia, war ein Rezept für einen dicken, nahrhaften Gerstenbrei weit verbreitet. Es ist durchaus vorstellbar, daß die Venezianer es übernahmen und ein völlig neues Rezept daraus entwickelten.*
Zabaione wird pur als Dessert serviert oder auch in anderen Süßspeisen verwendet.

Zutaten für 6 Personen

8 Eigelb
12 EL Zucker
3 dl Marsala mit Ei (oder anderer süßer Wein)
eine kräftige Prise Zimtpulver

Zubereitungszeit

1/2 Stunde

FRITO'LE VENESSIANE

Die Eigelb mit dem Zucker in einen Topf geben und mit dem Holzlöffel oder Schneebesen so lange rühren, bis eine blaßgelbe schaumige Masse entsteht.

Wein und Zimt zugeben und gründlich umrühren.

Die Creme im Wasserbad bei niedriger Temperatur unter ständigem Rühren in derselben Richtung erhitzen, bis sie schaumig und dick wird. Sie darf dabei auf keinen Fall kochen.

Die Weinschaumcreme sofort in Gläser füllen und servieren.

Weinempfehlung

Vin Santo di Gambellara

Varianten

Die *zabajòn* muß nicht unbedingt heiß serviert werden. Man kann sie auch lauwarm oder kalt genießen. Zuweilen wird sie mit einer Sahnehaube gekrönt oder zusätzlich mit einigen Löffeln Rum parfümiert.
In einem bäuerlichen Rezept werden auch die Eiweiße verwendet. Man gibt den Eischnee zu der Eigelb-Zucker-Mischung, rührt um und erhält einen leichten Schaum, den man entweder so genießt oder zusätzlich mit Espresso oder Milchkaffee anreichert. Bei diesem Rezept wird auf das Garen im Wasserbad verzichtet. Diese einfache Version der *zabajòn* heißt *sbatudin* (ital. sbattere = schlagen, rühren). Häufig bereiten Mütter sie für ihre im Wachstum befindlichen Kinder zum Frühstück oder als kleine Zwischenmahlzeit am Nachmittag zu.

budín de cioco'lata

SCHOKOLADEN-PUDDING

Im 18. Jahrhundert besuchte man in Venedig gern die boteghe del café, *die damals üblichen Kaffeehäuser, um eine Tasse Schokolade oder Kaffee, vielleicht auch einen* café cioco'latà *oder einen »rosolio« (süßen aromatischen Likör) zu genießen. In den Komödien Carlo Goldonis wird dieses Ambiente mit seinen Bräuchen lebendig. Damals bereitete man die heiße Schokolade aus geriebener Bitterschokolade, Zucker, Milch und Zimtpulver, der Kaffee dagegen wurde in primitiven Kaffeemaschinen, den sogenannten* cògome, *gebraut und durch ein Sieb eingeschenkt. Die Gäste bestellten* café de co'lo *und* cioco'lato de cu'lo, *was — so G. Boerio in seinem Dizionario — bedeutete, daß man dem ersten Kaffee, der im »Hals« (= collo) der »caffettiera« stand, bevorzugte, da er nicht so trüb war wie der letzte Rest; bei der Schokolade aber war es genau umgekehrt: Jeder wollte am liebsten den letzten Rest aus der Schokoladenkanne (ital. culo = Gesäß, gleichzeitig ist hierunter aber auch der Boden eines Gefäßes zu verstehen), also das Konzentrat. Zu den Favoriten unter den Schokoladerezepten gehört nach wie vor dieser Pudding, den man mit* baico'li *serviert.*

Zutaten
für 4 Personen

100 g Blockschokolade, geraspelt
100 g Kartoffelstärke (oder feinstes Mehl)
100 g Butter
100 g Zucker
1/2 l Milch
3 Eigelb

Zubereitungszeit

1/2 Stunde, dazu die Zeit zum Abkühlen

Eine Puddingform mit Likör ausschwenken.

In einem Topf die Butter und den Zucker schaumig rühren und die Eigelbe zugeben.

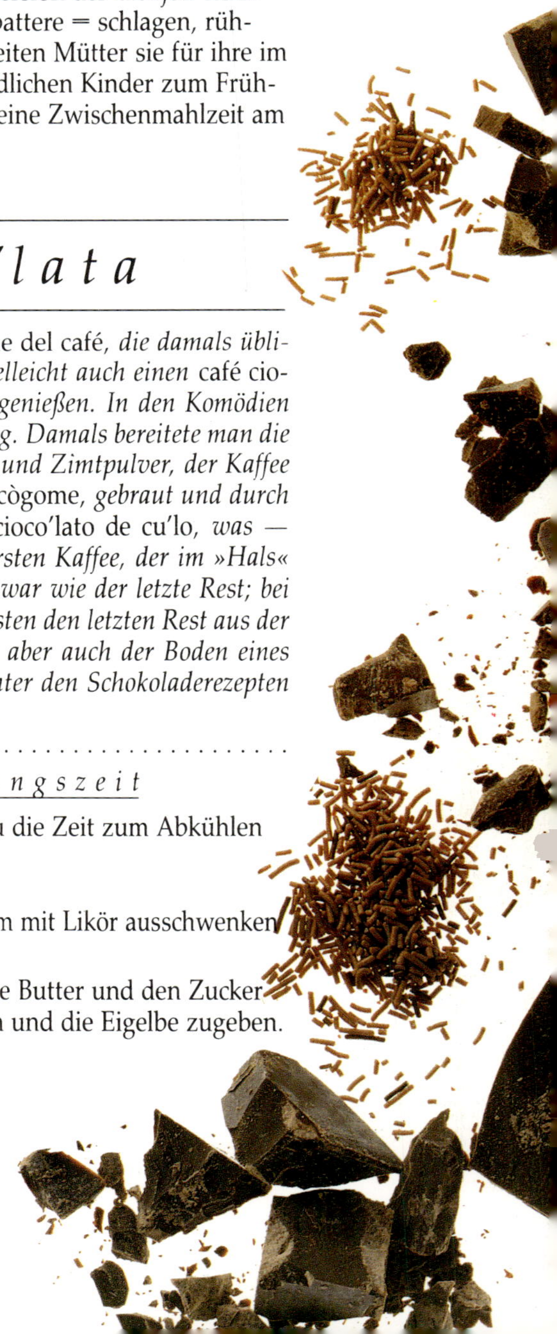

Das Kartoffelmehl, nach und nach die Milch und zuletzt die geraspelte Schokolade unter ständigem Rühren zugeben.

Die Creme bei mäßiger Hitze eindicken lassen und in die Form gießen. Den Pudding zugedeckt zunächst an einem kühlen Ort, dann im Kühlschrank erkalten lassen.

Vor dem Servieren auf eine Platte stürzen.

Weinempfehlung

Recioto di Gambellara

Varianten

Man kann die Puddingform auch mit Wasser ausspülen oder ausbuttern oder mit etwas Mandelöl ausstreichen. Die obige Zubereitung entspricht dem traditionellen Rezept. Einen weicheren Pudding (ohne Haut) erhält man, wenn man ihn im Backofen im Wasserbad garen läßt: Hierfür den Ofen auf 150°C vorheizen, in einen größeren Topf so viel kochendes Wasser füllen, daß die Puddingform zu zwei Dritteln darin versinkt, und den Pudding 20 Minuten garen. Mit Alufolie abdecken und nach weiteren 10 Minuten aus dem Ofen nehmen.

fugassa de pasqua

OSTERFLADEN

Jede Stadt im Veneto kennt ein eigenes Rezept für diesen traditionellen Hefefladen, der zur Feier der Auferstehung Christi am ersten Sonntag nach dem ersten Vollmond im Frühling gebacken wird. In Vicenza heißen diese Kuchen in der einfachen Ausführung und ungeachtet ihrer jeweiligen Größe fogasse, *die mit Grappa aromatisierten nennt man* bussolà *und die mit gefärbten Eiern geschmückten* colombine. *In Treviso werden sie vornehmlich mit Anis gewürzt. Verona ist bekannt für seine* brassadèle, *köstliche Kringel, die ohne Loch* el brassadelòn *heißen und in dieser Version ein Gebäck für jeden Tag darstellen. Eine Bauernregel lautet hier:* Se non piove su l'olivela, piove su la brassadela — *Wenn es nicht auf den Olivenbaum (= am Palmsonntag) regnet, dann regnet es auf den Fladen (= an Ostern). In Padua bereitet man den Fladen ähnlich zu wie in Venedig. In einer etwa dreißig Kilometer entfernten Ortschaft namens Este hingegen gibt es eine Konditorfamilie, die seit Generationen für ihre* fogassa pasquale *berühmt ist und das Rezept sorgsam hütet. Der Kuchen ist so exquisit, daß jedes Jahr einer speziell für den Papst gebacken wird. Aus Venedig schließlich stammt das nachfolgende komplizierte Rezept.*

Zutaten für 5 Personen

500 g feines Mehl
150 g Butter
150 g Zucker
1/2 Glas Milch
25 g Hefe
6 Eier
1 Gläschen Kirsch
abgeriebene Schale von 1 Orange
1 Päckchen Vanillinzucker
eine Prise Zimtpulver
eine Prise Salz
Butter und Mehl für die Form
40 g gemahlene Mandeln und Hagelzucker zum Bestreuen

Zubereitungszeit

insgesamt etwa 1 Stunde Arbeitszeit, dazu 9 Stunden zum Gehen und etwa 1 Stunde Backzeit

Die Hefe in der lauwarmen Milch auflösen. 150 g Mehl in eine Schüssel sieben, die Milch mit der Hefe zugießen und das Ganze so lange kneten, bis sich ein glatter, elastischer Teig ergibt. Eine Kugel formen, diese mit einem Tuch abdecken und in

einer Schüssel an einem nicht zu kühlen Ort 2 Stunden ruhen lassen. Der Teig soll zur doppelten Größe aufgehen.

150 g gesiebtes Mehl, die Hälfte der weichen Butter, 2 Eier plus 1 Eigelb (verquirlt) sowie 100 g Zucker zugeben und den Teig erneut gründlich durchkneten. Zurück in die Schüssel geben und zugedeckt weitere 2 Stunden ruhen lassen.

Schließlich das restliche gesiebte Mehl, die restliche Butter, 2 ganze Eier, Kirsch, Orangenschale, Vanillinzucker, Zimt und Salz zugeben und so lange durchkneten, bis sich ein weicher, glatter Teig ergibt. Zudekken und weitere 5 Stunden gehen lassen.

Das restliche ganze Ei und das verbliebene Eiweiß verquirlen. Die Mandeln blanchieren, häuten und hacken. Eine Springform ausbuttern und leicht mit Mehl bestäuben.

Den Teig ein letztes Mal leicht durchkneten, in die Springform geben und zu einer Taube formen. Mit verquirltem Ei bestreichen und mit gehackten Mandeln bestreuen. Bei mittlerer Hitze (180°C) etwa 1 Stunde backen. Zur Garprobe mit einer Stricknadel in den Kuchen stechen: Bleibt kein Teig daran haften, ist der Kuchen fertig.

Den Fladen aus dem Ofen nehmen und mit Hagelzucker bestreuen. Nach Belieben mit gefärbten Eiern dekorieren und lauwarm oder kalt servieren.

Weinempfehlung

Moscato dei Colli Euganei

Varianten

Es gibt einfachere Rezepte, bei denen die Zahl der Arbeitsgänge, nicht aber die Ruhezeiten reduziert sind und weniger Zutaten verwendet werden. Kompliziertere dagegen sehen bis zu 5 Arbeitsgänge und zuweilen noch weitere Zutaten vor.

torta nico'lota

BROTTORTE

Diese Torte wurde von den Bewohnern jener kleinen Insel in der Lagune erfunden, auf der die Kirche von San Nico'lò dei Mendigo'li *steht, und erhielt dadurch ihren Namen. Man erzählt sich, daß die Bürger Paduas im 7. Jahrhundert auf diesem Eiland vor den Langobarden Zuflucht suchten. Sie waren arm und lebten vom Fischfang in der Lagune. (Der Dialektname der Insel,* Mendigo'la, *leitet sich von dem italienischen Wort »mendicanti«, zu deutsch »Bettler«, ab.) Der nach der Kirche benannte Kuchen macht aus der Not eine Tugend: Er kommt mit bescheidenen Zutaten, in der Hauptsache altbackenem Brot, aus. In früheren Zeiten wurde er auch in den Klöstern Venedigs zubereitet und jeden Freitagmorgen an Bettler verteilt. Noch heute wird er in einigen Brotläden Venedigs und in einer feineren Variante in Konditoreien angeboten.*

Zutaten für 5 Personen

300 g altbackenes Weißbrot (entrindet)
6 dl Milch
100 g feines Mehl
30 g Butter
100 g Zucker
100 g Sultaninen
2 Eier
eine Prise Salz
Fenchelsamen

Zubereitungszeit

etwa 2 Stunden

Die Sultaninen in lauwarmem Wasser einweichen. Die Eier verquirlen. Das Brot kleinschneiden, in eine große Schüssel geben, mit der Milch übergießen und mindestens 1/2 Stunde einweichen.

Gesiebtes Mehl, Zucker, weiche Butter, ausgedrückte Sultaninen, verquirlte Eier und eine Prise Salz zum Brot geben. Das Ganze zu einem nicht zu flüssigen und nicht zu festen Teig verarbeiten.

Eine Springform ausbuttern und mit Semmelbröseln ausstreuen. Den Teig hineingeben, glattstreichen und mit Fenchelsamen bestreuen. Die Torte im vorgeheizten Ofen bei 180°C knapp 1 Stunde backen.

Abkühlen lassen, aus der Form nehmen und servieren.

Weinempfehlung

Vin Santo di Gambellara oder Moscato Passito

Varianten

Man kann die Torte nach Belieben mit 1 Gläschen Grappa, Pinienkernen und Zitronat anreichern. Etwas lockerer wird der Teig durch Zugabe von 1 TL Trockenhefe. Fenchelsamen können ebenso unter den Teig gemischt werden. Wenn man feine Apfelschnitze und die abgeriebene Schale von 1 Zitrone unter den Teig mengt, erhält man eine einfache Version eines Kuchens, der im Veneto als *macafame* — übersetzt etwa »Hungervertreiber« — bekannt ist.

pinsa venessiana

MAISTORTE

Pinsa *ist beinahe so etwas wie Pizza: eine sättigende, nahrhafte Speise, deren Zutaten je nach Gebiet und persönlichem Geschmack variieren. Überall jedoch bildet gelbes Maismehl die Grundlage. Früher wurde es mit Schweinebrühe (s. S. 49) geschmeidig gemacht, und zum Süßen verwendete man Honig oder Melasse, denn Zucker war damals zu teuer. Das Ganze wurde zu einer festen Polenta verarbeitet, die in mehrere Lagen Kohlblätter gewikkelt und schließlich in der Glut im Kamin gegart wurde. Bei den Bauern war die* pinsa *das klassische Gericht für das Fest der »befana«, einer Hexe, die in der Dreikönigsnacht die Kinder beschenkt. Sie brieten sie unter der Glut der Freudenfeuer, die sie in der Nacht vom 5. zum 6. Januar auf den Feldern anzündeten, um das alte Jahr und den scheidenden Winter zu verbrennen. In Vicenza hieß die* pinsa *auch* putana soto 'l fogo *— wörtlich »die Hure unter dem Feuer« —, denn sie vereint sich mit allem und jedem (gemeint waren die Zutaten) und gart unter der Glut. Noch heute wird sie in Venedig und in ländlichen Gebieten der Umgebung zubereitet.*

Zutaten
für 8 Personen

300 g gelbes Maismehl
200 g Weizenmehl
1/2 l Milch
1/2 Packung Trockenhefe
200 g Butter (oder Schmalz)
200 g Zucker
100 g Sultaninen
30 g Pinienkerne
50 g Zitronat und kandierter Kürbis
5 getrocknete Feigen
1 Apfel
1 Gläschen Grappa
etwas Anissamen
eine Prise Salz
Butter und Semmelbrösel für die Form

Zubereitungszeit

etwa 2 Stunden

Die Sultaninen in lauwarmem Wasser einweichen, die Feigen in Stückchen schneiden, den Apfel schälen und in feine Schnitze teilen.

Das Weizenmehl in eine Schüssel sieben, die Hefe und den Zucker untermengen.

Milch, Butter, 1 Glas Wasser und eine Prise Salz in einen Topf geben. Alles aufkochen lassen und das Maismehl einstreuen. Unter ständigem Rühren 10 Minuten kochen lassen.

Das Weizenmehl (mit Hefe und Zucker) und alle übrigen Zutaten zugeben, gründlich umrühren und die Masse unter ständigem Rühren weitere 20 Minuten kochen lassen.

Eine Springform mit Butter einfetten und mit Semmelbröseln ausstreuen. Den Teig hineingeben (er muß die Form 3—4 cm hoch ausfüllen).

Die Torte 1 Stunde im vorgeheizten Ofen bei 180°C backen. Man kann sie aus dem Ofen nehmen, wenn sich eine braune Kruste gebildet hat und wenn an einer Stricknadel, die man in den Teig sticht, kein Teig haften bleibt.

Die Torte lauwarm oder kalt servieren.

Weinempfehlung

Recioto di Soave oder della Valpolicella

Varianten

Die Zutaten lassen sich nach Belieben variieren oder ergänzen: Rum oder Anislikör anstelle von Grappa, Fenchel- anstelle von Anissamen, eine Birne anstelle des Apfels (oder auch beides), zusätzlich andere kandierte Früchte — dies sind nur einige von zahlreichen Möglichkeiten. Ein anderer traditioneller Kuchen des Veneto heißt *torta sabiosa* (Sandkuchen). Da hierbei Kartoffelmehl und Eier (die Eiweiß steif geschlagen) zur Verwendung kommen, ist dieser Kuchen etwas bröselig.

tírame su

»TIRAMI SU«

Seinen Namen — wörtlich übersetzt heißt es »baue mich auf« — verdankt dieses Dessert seinem hohen Kalorien- und Nährwertgehalt. Die Zubereitung ist höchst einfach und erfordert überdies kein Kochen. Wichtig ist allerdings, daß man gute und absolut frische Zutaten verarbeitet. Da es sich um ein relativ »junges« Rezept handelt, gibt es keine eigentlich traditionelle Zubereitung, dafür aber eine Vielzahl von Varianten, von denen die beste hier vorgestellt werden soll.

Zutaten für 6 Personen

6 Eier
500 g sehr frischer Mascarpone
50 g steifgeschlagene Sahne
300 g Zucker
3 dl nicht zu starker Espresso
1 Gläschen Kirsch oder Rum
400 g Löffelbiskuits (etwa 25 Stück)
20 g herbes Kakaopulver

Zubereitungszeit

1/2 Stunde

Die Eier trennen und die Eiweiß zu steifem Schnee schlagen.

Die Eigelb und 100 g Zucker mit dem Schneebesen schaumig schlagen, Mascarpone, Eischnee, Sahne und Likör am besten mit einem Holzlöffel unterzie-

hen und alles gründlich miteinander verrühren.

Den restlichen Zucker in 3 dl Espresso auflösen. Einige Löffelbiskuits kurz hineintauchen und nebeneinander in eine rechteckige Form legen. Mit einer Schicht Creme überziehen und erneut eine Lage kaffeegetränkter Löffelbiskuits hineingeben. Darauf wieder eine Schicht Creme verteilen. Auf diese Weise fortfahren, mit einer Cremeschicht abschließen, die man sorgfältig glatt streicht.

Die Form mit Klarsichtfolie abdecken und das Dessert einige Stunden kalt stellen.

Vor dem Servieren mit Kakaopulver bestäuben.

Weinempfehlung

Recioto della Valpolicella Liquoroso

Varianten

Anstelle der Löffelbiskuits kann man Biskuitboden und anstelle von Kirsch einen aromatischen Brandy verwenden. Die Alkoholmenge bleibt dem persönlichen Geschmack überlassen. Man kann auch über die einzelnen Lagen etwas fein geschnittenes Orangeat und Zitronat streuen. In diesem Fall wird das Dessert zum Schluß ebenfalls mit Kakao bestäubt.

mando'lato veneto

MANDEL-KONFEKT

Im wahrsten Sinne des Wortes in aller Munde ist dieses Mandelkonfekt in der Weihnachtszeit. Früher stellte man es in jeder Familie selbst her — eine Arbeit, die sich viele Hausfrauen angesichts der hervorragenden Fertigprodukte heute ersparen. Das dem »torrone« aus Cremona und anderen Gegenden Italiens sehr ähnliche mando'lato *erlebte seine Premiere im Jahr 1892. Sein Erfinder war ein* spezièr *(Apotheker) aus Cologna Veneta, einer großen Ortschaft an der Grenze zwischen den Provinzen Vicenza, Verona und Padua.*

Zutaten für 12—15 Personen

1 kg Äpfel
2 kg gehäutete und geröstete süße Mandeln
4 Eiweiß
1 TL Zimtpulver
weiße Oblaten

Zubereitungszeit

etwa 3 Stunden

Den Honig 1/2 Stunde bei sehr milder Hitze unter ständigem Rühren langsam erwärmen. Anschließend 1/2 Stunde ruhen und lauwarm werden lassen.

Unterdessen 2 Eiweiße zu steifem Schnee schlagen.

Den Honig nochmals 1/2 Stunde bei sehr milder Hitze unter ständigem Rühren erwärmen. Dabei den Eischnee behutsam unterziehen.

Wieder 1/2 Stunde ruhen lassen. Inzwischen die restlichen 2 Eiweiße steif schlagen. Eine große Form mit Oblaten auslegen.

Den Honig erneut aufsetzen und bei milder Hitze unter ständigem Rühren die zweite Portion Eischnee unterziehen. Zum Schluß die Mandeln und den Zimt zugeben, noch einmal behutsam umrühren und die Masse in die vorbereitete Form gießen.

Die völlig erkaltete Masse in kleine Stücke brechen.

Weinempfehlung

Vin Santo di Gambellara

Varianten

Der Zimt verrät die venezianische Herkunft des *mando'lato.* Verglichen mit dem »torrone« ist es dunkler. Im Veneto gibt man auch gern Zitronat hinzu.

pomi coti

GEFÜLLTE BRATÄPFEL

Während heute Zitrusfrüchte die vorrangige Rolle spielen, waren Äpfel einst die einzigen Früchte, die der Bevölkerung des Veneto im Winter zur Verfügung standen. Man aß sie als Tafelobst, bereitete sie aber auch auf vielfältige Arten zu: geraspelt mit zerbröselten Keksen als Kinderkost, als Füllung in Baisers, als Kuchenbelag, im Ofen gegart etc. Unsere Großmütter legten die Apfelschalen häufig auf die heiße Herdplatte, so daß der Raum alsbald von einem würzigen Duft erfüllt war. Äpfel zu füllen und im Ofen zu backen ist nach wie vor — auch in der modernen Küche — eine der beliebtesten Zubereitungsarten.

Zutaten für 6 Personen

6 schöne, möglichst säuerliche Äpfel
50 g Amaretti (italienische Makronen)
50 g Sultaninen
60 g Zucker
1/2 Gläschen fruchtiger Likör (z. B. Kirsch)
30 g Butter
1 Glas Weißwein

Zubereitungszeit

30—40 Minuten

Die Äpfel gründlich waschen und die Kerngehäuse ausstechen.

Die Amaretti zerstoßen, mit den Sultaninen und dem Likör vermengen. Die Äpfel

SANTA SOFIA
CLASSICO 1988
SANTA SOFIA
PEDEMONTE (VERONA) ITALIA

POMI COTI

mit dieser Mischung füllen und in eine ofenfeste Form setzen.

Das Ganze mit Wein übergießen, auf jeden Apfel ein Butterflöckchen setzen und die Äpfel mit Zucker bestreuen.

Die Form in den auf 200°C vorgeheizten Ofen schieben und die Äpfel je nach Größe 20—30 Minuten backen.

Die *pomi coti ripieni* sofort in der Form auftragen.

Weinempfehlung

Süßer Malvasia und Recioto di Soave

Varianten

Bei der Füllung sind der Phantasie kaum Grenzen gesetzt: Genauso köstlich wie die obige Variante sind beispielsweise zerstoßene Walnüsse mit Grand Marnier oder Orangenmarmelade mit Zitronat oder Löffelbiskuits mit Rum und Sultaninen. Bratäpfel schmecken auch lauwarm oder kalt (nicht aus dem Kühlschrank!).

persegada

QUITTEN-BROT

Quitten — im venezianischen Dialekt heißen sie pomi codogni *— sind roh nicht für den Verzehr geeignet. Gleichwohl stand einst in jedem Nutzgarten des Veneto ein Quittenbaum* (Cydonia vulgaris)*, denn seit langem sind seine Früchte wegen ihres angenehmen, unverwechselbaren Geschmacks beliebt. Aus ihren Schalen, zusammen mit denen anderer Früchte, bereitete man den »ratafià«, einen milden süßen Likör, den man zum Abschluß eines Mittagessens oder auch* fora de ora*, zwischendurch, genoß. Im Gegensatz zu diesem Likör ist die* persegada*, eine feste, nahrhafte Marmelade, nach wie vor populär. Besonders Kinder essen sie gern. In Würfel geschnitten und in Zucker gewälzt, hält sich Quittenbrot in fest verschlossenen Gläsern oder Blechdosen über einen längeren Zeitraum, so daß man im Winter stets etwas Süßes für unerwarteten Besuch im Hause hat. Die korrekte italienische Bezeichnung für Quittenbrot lautet »cotognata«, doch hat sich im Veneto der Name* persegada *bis heute gehalten. Er stammt aus jenen Zeiten, als man das Konfekt noch aus Pfirsichen (= pesche) herstellte.*

Zutaten für 4 Personen

Quitten
Zitronen
Zucker

Zubereitungszeit

etwa 2 1/2 Stunden, dazu die Zeit zum Erkalten und Trocknen

Die Quitten gründlich waschen und in reichlich Wasser ziemlich weich kochen. Anschließend schälen und vom Kerngehäuse befreien.

Die Quittenstücke in einen Topf geben und unter ständigem Rühren so lange kochen, bis sie musig werden.

Das Mus durch ein feines Sieb streichen und dieselbe Menge Zucker sowie pro 500 g Fruchtfleisch den Saft von 1 Zitrone zugeben.

Das Ganze wieder 40 Minuten kochen und auf der ausgeschalteten Herdplatte lauwarm werden lassen.

Kleine Förmchen oder ein Backblech mit höherem Rand bereit stellen, das man mit Backpapier auslegt.

Die *persegada* in die Form bzw. Förmchen gießen und 12 Stunden auskühlen lassen. Anschließend 1 Tag an die frische Luft stellen, stürzen und auch von der anderen Seite trocknen lassen.

Die *persegada* nach Belieben in kleinere Würfel oder Rechtecke schneiden und diese in fest verschließbaren Behältern aufbewahren. Quittenbrot hält sich mehrere Monate.

Weinempfehlung

ein süßer Wein mit höherem Alkoholgehalt

Varianten

Im Veneto läßt man die *persegada* zuweilen auch auf einem Bett aus Lorbeerblättern trocknen. Andere Früchte eignen sich für dieses Rezept ebenso. Dabei bleiben die Zutatenmengen stets die gleichen.

pe'ladèi

GEKOCHTE MARONEN

Maronen sind die Früchte der Edelkastanie. Früher bezog sie Venedig aus dem gebirgigen Hinterland. An den Straßenecken gab und gibt es auch heute noch zahlreiche Stände, die heiße, geröstete Maronen feilbieten.

Zutaten
für 6 Personen

1 kg Maronen
eine Prise Salz
1 Salbeistengel

Zubereitungszeit

die Zeit zum Vorbereiten der Maronen, dazu 3/4 Stunde Kochzeit

Die Maronen schälen, in einen Topf füllen und mit kaltem Wasser bedecken.

Mit Salbei und Salz würzen.

Aufsetzen und 45 Minuten kochen.

Die gekochten Maronen heiß als Dessert oder am Nachmittag als kleinen Imbiß servieren.

Weinempfehlung

Recioto della Valpolicella oder di Soave

Varianten

In seiner Komödie *Le massere* beschreibt Carlo Goldoni dieses Rezept, wobei das Wasser durch eine Mischung aus Wasser und Milch und der Salbei durch Fenchelsamen ersetzt wird.

Maronen werden nicht nur als *pe'ladèi* oder Röstkastanien zubereitet, sondern auch gekocht und getrocknet. Dann muß man sie lange und gründlich kauen, was ihnen auch ihren Namen einbrachte: Sie heißen *stracaganasse* — das bedeutet, daß sie den Kiefer ermüden.

Literaturhinweise

Alberini, Massimo, *Presentazione* in AA. VV., *Pasta & Pizza,* Mailand, Mondadori, 1974

Bocci, Zeffiro, *I vini veneti,* Verona, ESAV/ ESPRO Ed., 1980

Boerio, Giuseppe, *Dizionario del dialetto veneziano,* Mailand, A. Martello Ed., 1971 (anastatischer Neudruck der 2. Auflage, gedruckt 1856 von der Premiata Tipografia Giovanni Cecchini Editore)

Boni, Ada, *Cucina regionale italiana,* Mailand, Mondadori, 1988

Capnist, Giovanni, *I dolci del Veneto,* Padua, F. Muzzio Ed., 1983

Carnacina, Luigi, *La grande Cucina,* Mailand, Garzanti, 1960

Cipriani, Giuseppe, *L'angolo dell'Harry's Bar,* Mailand, Rizzoli, 1978

Coltro, Dino, *La cucina tradizionale veneta,* Rom, Newton Compton Ed., 1983

Contini, Mila, *Veneto in Bocca,* Palermo, La Nuova ED.RI.SI, 1988

Courtine, Robert J. (Hrsg.), *Larousse Gastronomique,* Paris, Larousse, 1984

Da Mosto, Ranieri, *Il Veneto in cucina,* Florenz, A. Martello-Giunti Ed., 1974

Gioco, Giorgio, *La cucina scaligera,* Mailand, F. Angeli Ed., 1982

Gosetti Della Salda, Anna, *Le ricette regionali italiane,* Mailand, Solares, 1967

Maffioli, Giuseppe, *La cucina veneziana,* Padua, F. Muzzio Ed., 1982

Id., *La cucina padovana,* Padua, F. Muzzio Ed., 1981

Id., *La cucina trevigiana,* Padua, F. Muzzio Ed., 1983, 1988

Martini, Anna, *Vecchia e nuova cucina regionale italiana,* Mailand, Mondadori, 1982

Riedl, Rupert, *Fauna und Flora der Adria,* Hamburg und Berlin, Verlag Paul Parey, 1970

Salvatori de Zuliani, Mariù, *A tola co i nostri veci. La cucina veneziana,* Mailand, F. Angeli Ed., 1983

Zorzi, Alvise, *La vita quotidiana a Venezia nel secolo di Tiziano,* Mailand, Rizzoli, 1990

Zorzi, Elio, *Gastronomia veneziana,* Venedig, Zanetti, o. D.
Id., *Osterie veneziane,* Bologna, Zanichelli, 1928; später: Venedig, Filippi, 1967

L'Accademia Italiana della Cucina, monatlich erscheinende Zeitschrift, gegründet 1953 von Orio Vergani, Mailand, Hrsg. A.I.C.

Ricette

Antipasti

Primi Piatti
Pasta, Zuppe e Riso

Carne, pollame e selvaggina

Pesce, Crostacei e molluschi

Contorni e uova

Dolci e dessert

Rezepte

Vorspeisen

Pasta, Suppen und Reis

Fleisch, Geflügel und Wild

Fische und Meeresfrüchte

Beilagen und Eierspeisen

Desserts

BILDNACHWEIS

Archivio Arsenale, Venedig (Seiten 19, 21)
Archivio Fotografico Osvaldo Böhm, Venedig (Seiten 8—9, 11, 18)
Cameraphoto, Venedig (Seiten 2, 6—7, 15, 32—33, 94, 188)
Francesco Turio Böhm, Venedig (Seiten 12—13, 17, 22, 23, 24—25, 26, 29, 31)
Fulvio Roiter/Overseas, Mailand (Seite 34)
Alle übrigen Fotos: Luca Steffenoni

DANKSAGUNG

Leihgaben
Giuseppe Dominici, Venedig: Antiquitäten
Fondaco srl, Venedig: Gobelins
Jesurum und die Herren Levi Morenos, Venedig:
Tischtücher und Spitzen
Richard Ginori, Mailand: Porzellan
Vetreria Carlo Moretti, Murano: Gläser und Kristall

Die Zubereitung der Gerichte besorgten
Frau Mirella Terrin Bettio, Küchenchefin des Restaurants *Agli Alboreti*, Venedig,
und Herr Elia Rizzo, Küchenchef des Restaurants *Il Desco*, Verona.

Der Verlag dankt insbesondere
Contessa Maria Pia Ferri
Frau Giovanna Giol
Frau Silvana Mainardis de Campo
Herrn Girolamo Marcello
für die Erlaubnis, in ihren Häusern zu fotografieren;

ferner

Bonifazio Brass von der *Locanda Cipriani*, Torcello
Natale Rusconi vom *Hotel Cipriani*, Venedig
für die freundliche Aufnahme unseres Fotografen.

Schließlich danken wir für ihre wertvolle Unterstützung:
Contessa Barbara Berlingieri, Venedig
Frau Anna Linguerri, Venedig
Frau Paola Marini, Direktorin des Museums in Bassano
Herrn Carlo Pagnini der Firma Richard Ginori, Mailand
Herrn Francesco Paolini, Venedig
dem Atelier Nicolao, Venedig
Lugo & Poiesi, Antiquitätenhandel, Venedig.